省级精品课程教材
高等教育审计精品教材

审计案例

Auditing Cases

（第四版）

王砚书 董丽英 郑秀杰 等 编著

东北财经大学出版社 大连
Dongbei University of Finance & Economics Press

图书在版编目（CIP）数据

审计案例 / 王砚书，董丽英，郑秀杰等编著．—4版．—大连：东北财经大学出版社，2022.8（2026.1重印）
（高等教育审计精品教材）
ISBN 978-7-5654-4564-4

Ⅰ．审…　Ⅱ．①王…②董…③郑…　Ⅲ．审计-案例-高等学校-教材　Ⅳ．F239

中国版本图书馆CIP数据核字（2022）第110183号

东北财经大学出版社出版
（大连市黑石礁尖山街217号　邮政编码　116025）
网　　址：http://www.dufep.cn
读者信箱：dufep@dufe.edu.cn
大连金华光彩色印刷有限公司印刷　东北财经大学出版社发行
幅面尺寸：185mm×260mm　字数：458千字　印张：20　插页：1
2022年8月第4版　2026年1月第5次印刷
责任编辑：王　莹　责任校对：周　晗　孔利利
封面设计：张智波　版式设计：原　皓
定价：49.00元

教学支持　售后服务　联系电话：（0411）84710309

如有印装质量问题，请联系营销部：（0411）84710711

第四版前言

党的十九大以来，以习近平同志为核心的党中央着眼党和国家事业全局，改革审计管理体制，加强党对审计工作的领导，着力构建集中统一、全面覆盖、权威高效的审计监督体系，推动新时代审计工作深度嵌入党治国理政总体格局，组建中央审计委员会，作为党中央决策议事协调机构。习近平总书记担任中央审计委员会主任，亲自谋划、亲自部署、亲自推动审计领域重大工作，发表一系列重要讲话，作出一系列重要指示批示，为新时代审计工作指明了前进方向、提供了根本遵循。

党的二十大高举中国特色社会主义伟大旗帜，全面贯彻习近平新时代中国特色社会主义思想，擘画了全面建设社会主义现代化国家、以中国式现代化全面推进中华民族伟大复兴的宏伟蓝图，明确了新时代新征程党和国家事业发展的目标任务。审计人要把深入学习贯彻党的二十大精神作为首要政治任务，深刻领悟"两个确立"的决定性意义，增强"四个意识"、坚定"四个自信"、做到"两个维护"，深刻把握新时代新征程审计工作战略定位和前进方向，依法忠实履行审计职责，努力发挥审计在党和国家监督体系中的重要作用，为实现党的二十大确立的目标任务提供审计保障。中国式现代化是前无古人的开创性事业。审计作为经济监督部门，要不断探索创新服务保障中国式现代化建设的理念、思路和实现路径。

敢于担当的审计职业精神和扎实过硬的专业能力是发挥审计在党和国家监督体系中的重要作用的基础条件。从2019年1月《审计案例》第三版出版至今，我国注册会计师审计准则和企业会计准则不断有修订和解释出台；2021年8月国务院办公厅发布《国务院办公厅关于进一步规范财务审计秩序　促进注册会计师行业健康发展的意见》（国办发〔2021〕30号）；2022年10月，财政部发布《关于加大审计重点领域关注力度　控制审计风险进一步有效识别财务舞弊的通知》，要求会计师事务所不断健全质量管理体系，完善审计程序，注册会计师严格执行审计准则，提高应对财务舞弊的执业能力，财政部门、注册会计师协会持续加强审计秩序管理和业务指导；2023年3月，中共中央办公厅、国务院办公厅印发《关于进一步加强财会监督工作的意见》，指出要进一步健全财会监督体系，发挥中介机构执业监督作用，会计师事务所等中介机构要严格依法履行审计、鉴证等职责，确保独立、客观、公正、规范执业。上述法规政策的出台在很大程度上要求"审计案例"这门审计学、会计学专业的核心课程继续创新与提高。本书正是在上述背景下，在全面建成河北省精品在线开放课程"审计学"、河北省精品资源课程"审计案例"，全面建设"审计学"省级线上线下混合式一流系列课程、省级一流专业以及审计学专业争创国家级一流专业的基础上组织编写的。

本书内容基于自2012年1月1日起开始执行的中国注册会计师执业准则，结合2016年、2019年至2022年不断修订发布的《中国注册会计师审计准则》及其应用指南、问题解答等，以注册会计师财务报表审计为主线，编写了审计业务承接与审计计划案例、审计风险评估案例、销售与收款循环审计案例、购货与付款循环审计案例、生产与存货循环审计案例、筹资与投资循环审计案例、货币资金审计案例、损益形成及利润分配审计案例、审计业务终结阶段案例等主要内容。通过本书的学习，读者可以全面了解企业财务报表审计的基本业务流程，熟悉企业财务报表审计活动的各个业务环节和过程，全面系统地掌握企业财务报表审计的实务操作技巧和应用。

本书在保证案例内容的系统性和完整性的前提下，适当降低了某些内容的理论深度，以审计准则的规定作为逻辑起点，进行严密的逻辑推理和严谨的分析查证，在文字表述上尽量做到详尽通顺、浅显易懂，在基本案例的引入上注意提示其直观背景，在数据的逻辑关系设计和案例问题的剖析上注意阐明其实际意义，着力使读者加深对基本理论和基本方法的理解，以及了解基本理论和基本方法是怎样被用于解决实际问题的。

近年来，国家先后出台关于进一步加强和改进大学生思想政治教育工作的文件，要求用好课堂教学这个主渠道，各类课程都要与思想政治理论课同向同行，形成协同效应。教育部于2020年5月28日印发实施《高等学校课程思政建设指导纲要》，旨在把思想政治教育贯穿人才培养体系和全面推进高校课程思政建设，发挥好每门课程的育人作用及提高高校人才培养质量。注册会计师的执业行为不仅需要专业技能，更重要的是要具备过硬的职业道德水平。然而，现实中，因理想信念丧失、职业道德缺失、思想道德滑坡导致的审计质量不过关甚至审计失败的事件并不罕见。可见，思想政治教育对于培养合格的审计人才尤为重要，在审计案例课程教学中融入思想政治教育刻不容缓。因此，本书专门在每章内容后面设计了课程思政专题。认真落实“以审计精神立身、以创新规范立业、以自身建设立信”的总要求，建设高素质专业化审计队伍，不断增强审计人员的斗争精神和斗争本领，确保政治过硬、作风优良、本领高强。

本书比较全面地反映了最新审计理论和实务的发展与应用情况，可作为培养应用型人才的高等学校审计学专业、会计学专业、财务管理专业、资产评估专业本科生的教材，也可作为高职高专和成人教育相关专业的教材，亦可作为注册会计师和其他审计工作者的培训教材和业务参考书。

本书由王砚书、董丽英提出编写大纲并审定、总纂。本书参考最新出台的相关规范和前三版的读者意见反馈，在第三版的基础上进行了全面修订。参加第四版书稿修订的人员有王砚书、董丽英、郑秀杰、邸丛枝、何敬。修订分工如下：王砚书负责修订第1、2、7、9章；董丽英负责修订第3、4章；邸丛枝负责修订第5章；何敬负责修订第6章；郑秀杰负责修订第8章。

在编写与修订本书的过程中，我们拜读了国内外许多专家和学者的相关文献，并借鉴了其中部分内容，在此谨向他们表示深深的谢意。在本书前三版面世期间，加印数次仍不能满足用书需要，非常感谢各位读者对本书的厚爱！非常感谢东北财经大学出版社对本书出版的支持与帮助！

专业研究永无止境，由于作者水平有限，书中难免会有疏漏和不妥之处，敬请专家和读者批评斧正。后续我们一定会根据大家的建议和会计准则、审计准则以及实务界的最新进展，不断完善与提高。

作 者

2022年6月

2023年7月修改

目录

第1章　审计业务承接与审计计划案例

学习目标

通过本章的学习，要在熟悉财务报表审计业务承接一般流程的基础上，掌握初步了解和评价客户以及初步业务活动的基本步骤；掌握如何签订审计业务约定书；理解如何评估审计风险，掌握如何确定重要性水平；掌握如何编制总体审计策略和具体审计计划。

1.1　承接当宜公司审计业务

1.1.1　立承会计师事务所背景资料

立承会计师事务所是在北京注册登记的国内大型事务所，现有从业人员369人，其中注册会计师192人，注册资产评估师、注册工程造价师、高级咨询顾问、注册税务师共87人，平均年龄39岁。1993年，经财政部和中国证券监督管理委员会批准，该所取得证券、期货相关业务许可证；1994年，经财政部和中国证券监督管理委员会批准，该所取得从事证券业务资产评估的资格；2000年，经中国人民银行总行和财政部批准，该所取得从事金融相关业务的资格；经最高人民法院批准，该所可以执行司法审计（证券）鉴定和司法资产评估鉴定；经财政部批准，该所具有国有特大型企业审计资格。立承会计师事务所是中国为数不多的同时具备以上多种执业资格的综合性会计师事务所。该所依法承办审计、资产评估、工程造价咨询、投融资策划、税务筹划、管理咨询、公司清算、财会培训业务等。

上市公司当宜股份有限公司（以下简称当宜公司）是立承会计师事务所的常年审计客户，现委托该所进行2021年度财务报表审计。

1.1.2　初步了解和评价客户

当宜公司注册资本5亿元，2021年年初总资产12.6亿元，开发和生产日用化学制品及原辅材料、清洁制品、卫生制品、消毒制品、洗涤用品、口腔卫生用品、纸制品及湿纸巾、蜡制品、驱杀昆虫制品和驱杀昆虫用电器装置，销售公司自产产品，从事货物及技术的进出口业务。其产品主要用于星级酒店、宾馆和大型饭店。除了在北京、上海直接向终端客户销售外，在全国其他地区均向省级或市级经销商销售，以传统线下销售渠道为主。

2021年，公司通过合理有效地分配和使用营销资源、推广新产品、积极扩大已有销售渠道、持续加大销售网络拓展力度等措施，取得了一定的成绩，但是疫情依然对公司的经营情况造成了很大的影响，而且进一步拉大了线上渠道和线下渠道的差距。为了减少疫情的影响，当宜公司也尝试了通过微信公众号、企业微信、云店和直播等途径，在线上渠道进行突围，并取得了一定的成绩，但体量还是太小，对整体销量趋势的影响有限。公司提供的2021年度财务报表显示：2021年度销售收入为8.3亿元，比2020年度上涨7%（董事会制定的当年预算目标是增长10%）。

日化行业与人们的文明健康生活密切相关，日化用品是人们生活中必不可少的产品，包括口腔护理产品等。近年来，随着我国经济的增长和人民生活水平的提高，人们在购买日化用品时开始从“能用就行”的观点逐渐朝着追求品质的方向发展，因此我国日化行业市场规模越来越大，占全球日化行业市场的比例也越来越高。2020年我国日化行业占全球日化行业市场规模的13.89%，较2015年增加了3.86个百分点。

2020年，全球经济受到新冠肺炎疫情的重创，中国率先行动，确保了国民经济的平稳发展。目前，在全球日化市场，中国成为增长最快的市场，也成为众多日化巨头企业竞相争夺的市场。欧睿（Euromonitor）数据显示，2014—2020年中国日化行业市场规模呈逐年增长趋势。2020年中国日化行业市场规模实现906.75亿美元，较2019年同比增长5.83%。

由于日化行业所用原料大部分是石油的副产品，随着国际油价的上涨以及包装、税收等原因，日化用品的各项成本压力不断加大，运输物流成本也增加不少。日化用品一般是由企业自主定价，根据自己的产品成本并结合市场定位、市场需求等情况进行定价，完全是企业行为，受市场规律调节。随着城镇居民收入和农村人口可支配现金的增加，中国的日化用品消费也逐年递增，预计未来10年年均增长也将保持在10%以上。化妆品市场仍将以高于国民经济增长的速度增长；洗涤剂市场增长相对较慢；口腔清洁用品市场将随着人们对口腔卫生的重视而稳步增长。在日化行业中，各企业在渠道、促销和产品研发上的竞争仍将进一步加剧。

中国消费市场进入数字化时代，无论是市场规模还是消费者的数字化程度都领跑全球。《2021中国到店消费新趋势洞察报告》显示，随着疫情常态化防控工作的开展，到店消费市场规模稳步回升，伴随着新需求、新场景、新模式的演化，形成品牌升级、国潮兴起、仓储走红、策展社交、兴趣充电等五大新趋势，迎来“新到店消费时代”。在此趋势下，当宜公司的线下销售渠道未来也将具有竞争优势。

通过对当宜公司主要业务流程的风险评估，基于以前年度对该公司的了解和经验，以及本年度对该公司外部行业环境、经营状况、内部控制、相关财务指标等的初步了解和评价，注册会计师进行了承接业务的风险初步评价（见表1-1），决定接受该项审计业务委托。

1.1.3　初步业务活动

立承会计师事务所按照《中国注册会计师审计准则第1201号——计划审计工作》第六条的要求，对当宜公司执行初步业务活动。

第一，按照《中国注册会计师审计准则第1121号——对财务报表审计实施的质量控制》的规定，针对保持客户关系和具体审计业务实施相应的质量控制程序，对当宜公司的主要股东、关键管理人员和治理层是否诚信进行评价，认为其诚信度是可以接受的。

表1-1 **承接业务的风险初步评价表**

被审计单位名称：当宜公司　　编制：李久　　日期：2021 年 11 月 5 日　　索引号：PGFX-1

内容：承接业务的风险初步评价　　复核：李成　　日期：2021 年 11 月 6 日　　页码：1/1

会计期间：2021 年 1 月 1 日—12 月 31 日

项目		说明	风险评估
被审计单位当宜公司	委托原因	法律法规规定	中等
	审计内容	当宜公司 2021 年度财务报表	中等
	行业环境	同行业竞争激烈，当宜公司的竞争优势一般	高
	公司背景	当宜公司是 1981 年成立的国有企业，1996 年股份制改造之后上市，下设 4 个分公司	较低
	产品销售情况	当宜公司开发和生产日用化学制品及原辅材料、清洁制品、卫生制品、消毒制品、洗涤用品、口腔卫生用品等，销售公司自产产品，从事货物及技术的进出口业务，线下营销渠道比较成熟。2020 年、2021 年受疫情影响，线下销售下滑，正在积极开拓线上销售渠道	高
	以前会计期间是否经过审计及审计意见类型	自 2018 年起连续委托立承会计师事务所进行审计，一直出具无保留意见审计报告	较低
被审计单位当宜公司	是否连续亏损	2018 年至 2019 年经审计确认的净利润稳步增长，2020 年受疫情影响，利润下滑	中等
	资产负债率	近三年资产负债率均在 60% 左右	中等
	内部控制制度	有健全的内部控制体系，内部控制审计报告连续三年为无保留意见	较低
	有无潜亏因素	无	较低
会计师事务所及其注册会计师	独立性	在实质上和形式上均独立于客户	较低
	胜任能力	有专业胜任能力和行业专长，经常组织或参加业务培训	较低
	是否向客户提供了其他服务	无	较低
	是否具有充足的时间和人力执行该业务	有充足的审计人员和时间保证	较低
评价结论： 审计风险中等偏下，在会计师事务所可以接受的范围之内，可以接受委托。			

第二，按照《中国注册会计师审计准则第1121号——对财务报表审计实施的质量管理》的规定，评价遵守相关职业道德要求的情况，主要对会计师事务所和签字注册会计师的独立性、胜任能力和时间、精力进行评价，认为其独立性等均符合职业道德要求。

第三，按照《中国注册会计师审计准则第1111号——就审计业务约定条款达成一致意见》的规定，就审计业务约定条款与当宜公司达成了一致意见，签订审计业务约定书。

1.1.4 签订审计业务约定书

审计业务约定书是指会计师事务所与审计业务委托人签订的，用以记录和确认审计业务的委托与受托关系、审计目标和范围、双方的责任以及报告的格式等事项的书面协议。审计业务约定书具有经济合同的性质，一经双方签字认可，即具有法定约束力。签署审计业务约定书的目的是约定签约双方的责任与义务，促使双方遵守约定事项并加强合作，以保护会计师事务所与被审计单位的利益。

在注册会计师的审计实践中，审计业务约定书的作用主要表现为：可以增进会计师事务所与被审计单位之间的配合；可以作为被审计单位鉴定审计业务完成情况以及会计师事务所检查被审计单位约定义务履行情况的依据；避免会计师事务所与被审计单位双方对业务的理解产生分歧；在出现法律诉讼时，是确定双方应负责任的重要依据。审计业务约定书一经签订，如果没有合理理由，那么注册会计师不应当变更该业务的类型。

审计业务约定书

编号：CBSJ2021007

甲方：当宜股份有限公司

乙方：立承会计师事务所

甲方、乙方本着平等互惠的原则，在充分沟通、协商一致的基础上，按照中华人民共和国的有关法律法规，就双方合作的有关事项达成以下约定：

一、定义

除非文意另有所指，以下定义仅限于对本约定书所使用名词的解释。

1.1 “甲方”：指当宜股份有限公司。

1.2 “乙方”：指立承会计师事务所。

1.3 “双方”：指甲方和乙方。

1.4 “一方”：指乙方或甲方。

1.5 “约定书”：指本约定书文本及与本约定书不可分割的若干附件与补充文件。

1.6 “执业准则”：指中华人民共和国财政部于2010年11月1日以财会〔2010〕21号文颁发的目前尚未废止的《中国注册会计师审计准则》及其应用指南、之后出台的《中国注册会计师审计准则问题解答》以及后续出台或者修订的一系列在有效期内的审计准则和相应的应用指南。

1.7 “中国企业会计准则”：指中华人民共和国财政部于2006年2月15日以财会〔2006〕3号文颁发的《企业会计准则》及其应用指南和解释以及后续出台的在有效期

内的相关规范。

1.8 “中注协”：指中国注册会计师协会。

1.9 “地方注协”：指中国各省、自治区、直辖市的注册会计师协会。

二、业务内容和业务目标

2.1 业务内容

乙方接受甲方委托，对甲方按照中国企业会计准则编制的2021年12月31日的资产负债表，2021年度的利润表、股东权益变动表和现金流量表以及财务报表附注（以下统称财务报表）进行审计。

2.2 业务目标

乙方通过执行审计工作，对甲方财务报表的下列方面发表审计意见：(1) 财务报表是否在所有重大方面按照中国企业会计准则的规定编制；(2) 财务报表是否在所有重大方面公允反映了甲方2021年12月31日的财务状况以及2021年度经营成果和现金流量。

三、双方的责任

(一) 甲方的责任

3.1 根据《中华人民共和国会计法》及《企业财务会计报告条例》，甲方及甲方负责人有责任保证会计资料的真实性和完整性。因此，甲方管理层有责任妥善保存和提供会计记录（包括但不限于会计凭证、会计账簿及其他会计资料），这些记录必须真实、完整地反映甲方的财务状况、经营成果和现金流量。

3.2 按照中国企业会计准则的规定编制和公允列报财务报表是甲方管理层的责任，这种责任包括：①按照适用的财务报告编制基础编制财务报表，使其实现公允反映，并设计、执行和维护必要的内部控制，以使财务报表不存在由于舞弊或错误导致的重大错报。②评估被审计单位的持续经营能力和适用持续经营假设是否适当，并披露与持续经营相关的事项（如适用）。

3.3 及时为乙方的审计工作提供与审计有关的所有记录、文件和所需的其他信息资料（在2022年1月16日之前提供审计所需的全部资料，如果在审计过程中需要补充资料，亦应及时提供），并保证所提供资料的真实性、合法性和完整性。

3.4 确保乙方不受限制地接触其认为必要的甲方内部人员和其他相关人员。

3.5 甲方管理层同意告知乙方在审计报告日至财务报表报出日之间注意到的可能影响财务报表的事实。

3.6 甲方管理层对其作出的与审计有关的声明予以书面确认。

3.7 甲方有责任为乙方派出的有关工作人员提供必要的工作条件和协助，乙方将于外勤工作开始前提供主要事项清单。

3.8 按照本约定书的约定及时足额支付审计费用以及乙方人员在审计期间的交通、食宿和其他相关费用。

3.9 乙方的审计不能减轻甲方及甲方管理层的责任。

(二) 乙方的责任

3.10 乙方的责任是在执行审计工作的基础上对甲方财务报表发表审计意见。乙方按照《中国注册会计师审计准则》（以下简称审计准则）的规定执行审计工作。审计准则要求注册会计师遵守中国注册会计师职业道德守则，计划和执行审计工作以对财务报表是否不存在重大错报获取合理保证。

3.11 审计工作涉及实施审计程序，以获取有关财务报表金额和披露的审计证据。选择的审计程序取决于乙方的判断，包括对由于舞弊或错误导致的财务报表重大错报风险的评估。在进行风险评估时，乙方考虑与财务报表编制和公允列报相关的内部控制，以设计恰当的审计程序，但目的并非对内部控制的有效性发表意见。审计工作还包括评价管理层选用会计政策的恰当性和作出会计估计的合理性，以及评价财务报表的总体列报和管理层使用持续经营假设的恰当性。

3.12 乙方需要合理计划和执行审计工作，期望能够获取充分、适当的审计证据，以使乙方为甲方财务报表是否不存在重大错报获取合理保证。

3.13 乙方有责任在审计报告中指明所发现的甲方在某重大方面没有遵循中国企业会计准则编制财务报表且未按乙方的建议进行调整的事项。在与治理层沟通的事项中，乙方确定哪些事项对本期财务报表审计最为重要，因而构成关键审计事项。

3.14 就审计责任方面，乙方不应被视为已经知悉甲方向非承担审计工作的乙方其他员工提供的信息。

3.15 在出具审计报告后，乙方已没有责任进一步考虑或查询可能影响财务报表的期后事项。然而，乙方希望甲方将在审计报告日后发生的或发现的有可能影响财务报表的重大事项或事实通知乙方。

3.16 乙方根据甲方的口头或书面通知合理预计完成相应的审计工作所需要的时间。该时间安排以甲方已为乙方的审计工作提供了所有乙方认为必要的配合和协助，确保乙方可以取得为形成审计意见和出具审计报告所需的充分、适当的审计证据，且不存在重大专业意见分歧为前提。乙方会随时向甲方报告审计工作进程。如果出现导致需要更多的工作时间的情况，乙方将告知甲方，双方应根据本约定书第15.4条和第15.5条的规定，另行协商确定审计报告出具的时间要求。

四、工作局限性

4.1 乙方开展的审计工作存在固有限制，比如财务报表审计工作的基础是甲方及第三方提供的信息和资料是真实和完整的，因此乙方的审计工作不能对审计报告提供绝对保证。由于审计和内部控制的固有限制，即使乙方已按照审计准则的规定适当地计划和执行审计工作，仍然不可避免地存在甲方财务报表的某些重大错报未被乙方发现的风险。

4.2 乙方开展的审计工作未能发现违反法规或舞弊行为导致的甲方财务报表重大错报的风险高于审计工作未能发现错误导致的错报的风险。这是因为违反法规或舞弊行为可能涉及经过策划的隐瞒行为，例如串通舞弊、伪造文件、故意漏记交易、高级管理层凌驾于控制之上或故意向乙方作出不实陈述。如果乙方认为可能存在违反法规或舞弊行为，乙方将与甲方管理层或治理层进行沟通。

4.3 保障甲方的资产安全及防止和发现舞弊、错误和违反法规行为，是甲方治理层和管理层的责任。乙方将计划审计工作，以获取甲方的财务报表不存在重大错报的合理保证，无论该错报是由于舞弊、错误还是违反法规行为导致的。然而，乙方的审计工作不应被依赖用以发现可能存在的舞弊、错误或违反法规行为。

4.4 在审计过程中，乙方若发现甲方内部控制存在乙方认为值得关注的内部控制缺陷，应以书面形式向甲方治理层或管理层通报。但乙方通报的各种事项，并不代表已全面说明所有可能存在的缺陷或已提出所有可行的改进建议。甲方在实施乙方提出的改进建议前应全面评估其影响。未经乙方书面许可，甲方不得向任何第三方提供乙方出具的沟通文件。

4.5 乙方开展的审计工作系乙方依据甲方所提供的资料，按照中国有关法律法规的规定所得出的职业判断。由于不能确保乙方对甲方所提供资料进行的理解与甲方的真实意图完全一致，因此，直接而不加选择地采用乙方提出的建议存在无法实现甲方预期目标的风险。

4.6 乙方出具的审计报告不应被视为对甲方的财务状况、经营成果和现金流量情况等的合法性和公允性提供的绝对保证。

五、审计报告和审计报告的使用

5.1 乙方按照中国注册会计师审计准则规定的格式和类型出具审计报告。

5.2 乙方应于2022年3月31日前出具审计报告，并向甲方致送审计报告一式三份。

5.3 甲方在提交或对外公布出具的审计报告及其后附的已审计财务报表时，不得对其进行修改。当甲方认为有必要修改会计数据、报表附注和所做的说明时，应当事先通知乙方，乙方将考虑有关的修改对审计报告的影响，必要时，将重新出具审计报告。

5.4 除非特别约定，乙方的审计工作不为任何第三方而计划或实施。因此，乙方的审计报告将不会特别提及第三方可能关注的事项，且第三方也可能会就某些事项作不同评估。乙方的审计报告亦仅为约定书所述的目的而出具，甲方不应为约定书所明确约定的目的以外的其他目的而依赖或使用乙方的审计报告。乙方不对甲方或其他第三方因不当使用审计报告而导致的后果承担责任。

六、工作底稿的所有权及有关信息的获取

6.1 乙方在审计过程中编制的与本约定书约定业务有关的工作底稿和档案（包括电子文件及档案）的所有权属于乙方。

6.2 工作底稿包含乙方与审计服务相关的机密专有技术、方法和商业秘密。除非根据中国法律、中国有关政府部门、中国司法或监管机关、中注协或地方注协的要求或经乙方事先书面同意，乙方不提供相关工作底稿信息。

6.3 如果中国国家或地方政府、中国司法或监管机关（包括但并不限于财政部、中国证券监督管理委员会、中注协或地方注协）要求乙方在任何法律程序、问询、检查或调查中，或在财政会计行业管理系统、中国证券监督管理委员会证券服务机构监管系统和中注协行业管理系统报备与乙方为其服务客户相关的信息的情况下，提供乙方工作底稿中的信息，甲方同意并授权乙方为遵照上述要求提供乙方工作底稿所含的甲方机密信息。

6.4 鉴于乙方根据上述6.3条款，允许检查者查阅乙方的工作底稿和提供乙方工作底稿所含的甲方机密信息，甲方同意并不因此而取得任何权利，乙方及其合伙人和员工也不对甲方承担任何由此可能产生的相应责任或义务。

6.5 如果乙方按中国政府的规定或甲方要求、传唤或其他法律程序的要求，就此项业务提供乙方的工作底稿或传唤乙方员工作为证人，只要乙方不是作为该程序中的一方当事人，甲方应按照中国法律规定报销乙方因此所发生的合理费用和律师费用。

七、互联网通信

在开展审计工作过程中，乙方可能有时以电子方式与甲方进行交流。但是正如甲方所知，电子信息的传输并不能保证安全无误，信息可能会中断、损坏、丢失、销毁、延误或不全，或因其他原因而被损害或无法安全使用。因此，虽然乙方会在以电子方式传输信息之前采取合理措施检查当时最常出现的电脑病毒，但乙方不会向甲方承担有关电子信息传输的任何责任。

八、保密性

8.1 就本约定书约定的审计业务，双方将遵循并承诺其已遵循相关法域内所有适用的数据和隐私权保护法律法规（若有）。

8.2 除非获得甲方在约定书中的授权或其他授权，或按照中国法律法规、政府、司法或监管机关、中注协或地方注协的要求，乙方不会向第三方提供或与其讨论乙方在履行专业职责中所获取的甲方机密信息。

8.3 甲方同意，在中国法律允许的范围内，乙方可以为以下所述目的使用和披露甲方的机密信息和个人数据：(1) 为提供约定书所述服务之目的，或为因提供审计服务所附带产生的其他目的，包括质量及风险管理复核；(2) 对乙方有关甲方人员具体联系方式的记录和数据库进行更新，以便联系与审计或约定书相关的人员；(3) 为合法的业务目的，包括客户关系管理、客户管理、内部财务报告以及信息技术支持；(4) 在法律法规允许的情况下，在法律诉讼、仲裁中维护自己的合法权益；(5) 根据法律法规的规定，为法律诉讼、仲裁准备文件或提供证据，以及向监管机构报告发现的违法行为。乙方将确保履行相应的保密义务并确保采取所有适当的技术及组织管理保密措施，以防止未经授权或非法披露及处理该信息和数据。

九、利益冲突

由于乙方为很多客户提供多种服务，因此乙方向其他公司和机构提供服务时，甲方可能会认为其中存在利益冲突。虽然乙方已有既定程序识别这些利益冲突情况，但乙方无法肯定能识别所有可能存在或可能发生的利益冲突，其中部分原因是乙方无法预料在哪些情况下甲方会认为其中有利益冲突情况。如果甲方知道或发现任何影响此项业务的利益冲突情况，应告知乙方。如出现上述情况且乙方认为在实施适当程序后甲方的利益可以得到保障，乙方会与甲方讨论并商定乙方将采取的措施，以维护保密性并确保乙方向甲方提供的建议和意见是完全独立的。乙方不会为第三方的利益使用甲方的保密信息，正如乙方也不会为甲方的利益使用第三方的保密信息。

十、收费标准和条款

10.1 作为乙方制订计划的结果，甲方和乙方一致同意根据以下条款及约定的费用，完成预定的审计服务目标。

10.2 为了实现甲方和乙方共同的目的，甲方应及时提供乙方要求的全部资料和其他有关资料。甲方也须根据双方达成的共识提供实际情况下必要和合理的工作场所以及甲方员工的协助。如果由于任何原因，甲方无法提供以上资料和协助，或者乙方工作中发现资料不一致或其他异常情况，乙方将为所需要提供的额外服务而与甲方协商调整收费。以上调整将以“补充业务约定书”的形式进行约定。

10.3 如果由于无法预见的原因，致使乙方从事约定书所涉及的审计服务实际时间较约定书签订时预计的时间有明显的增加或减少时，甲方和乙方应通过协商，相应调整约定书所述的服务费用，并以“补充业务约定书”的形式进行约定。

10.4 乙方按照本约定书约定的审计服务内容为甲方出具的审计报告以中文作为报告文本。若甲方要求乙方提供除中文以外的其他国家文字版本，甲方和乙方应通过协商，相应调整约定书所述的服务费用，并以“补充业务约定书”的形式进行约定。

10.5 除了上述特殊情况可能导致收费的调整，乙方的收费详见“十一、收费”的规定。

十一、收费

11.1 本次审计服务的收费是以乙方各级别工作人员在本次工作中所耗费的时间为基础计算的。乙方预计本次审计服务的费用总额为人民币360万元。

11.2 甲方应在本约定书签署之日起5日内支付本约定书11.1款约定的审计服务收费的50%，剩余的50%在乙方提交审计报告之日起5日内支付。

11.3 如果由于无法预见的原因，致使乙方人员抵达甲方的工作现场后，本约定书所涉及的审计服务终止，甲方不得要求退还预付的审计费用；如果上述情况发生于乙方人员完成现场审计工作，并离开甲方的工作现场之后，甲方应另行向乙方支付人民币100万元的补偿费，该补偿费应于甲方收到乙方的收款通知之日起10日内支付。

11.4 乙方员工因开展审计服务需要而发生的差旅费、住宿费、通信费、邮费、复印和打印费等由甲方支付并承担。

十二、乙方员工及其他实体

12.1 在提供服务过程中，乙方可能会视需要酌情利用其他实体的资源，该其他实体（不论是否是公司形式）是指与乙方有关联的实体（如经济实体、网络资源等）以及它们的合伙人和员工的资源，但提供本服务仍然仅属于乙方的责任。

12.2 甲方同意不会因本服务而对其他实体或其人员提出任何索赔（不论是根据合同关系、侵权（包括过失）或其他）。任何其他合伙人或员工就本服务而与甲方联系的行为仅代表乙方行为，乙方将为他们的前述行为向甲方负责。

12.3 甲方不会对乙方任何员工提出由本服务所产生或与本服务相关的任何针对个人的索赔（不论是根据合同关系、侵权（包括过失）或其他），但这并没有限制或排除乙方因其员工的行为或遗漏而应承担的法律责任。本条款在中国法律允许的范围内适用。

12.4 第12.2至12.3条款的规定是为乙方员工、其他实体及其合伙人和员工（统称为“受益人”）的利益而明确规定的。甲方同意，各受益人均有权引用第12.1至

12.4条款，如同他们是本业务约定书的签署方。每一个同意协助提供本服务的其他实体均依据第12.1至12.4条款所提供的保障而为，乙方正式代表其接纳该条款所提供的保障。

十三、责任限制及补偿

13.1 如果由于甲方的董事、员工或代理人的舞弊行为、不实陈述或故意违约而导致的任何损失、损害、费用或支出，乙方将不承担任何法律责任。

13.2 乙方、其合伙人或员工向甲方承担的全部责任以约定书所约定的专业服务费金额为限，无论这些损失是否因侵权、违约或其他原因所引起。此限制不适用于由于乙方恶意行为或欺诈行为而引起的索赔事项。

13.3 乙方对不是因乙方、其合伙人或员工过错所直接导致的损失不承担任何责任。乙方、其合伙人或员工也无义务对任何与本约定书中所约定的服务有关的间接损失、利润损失或类似损害，或未能实现的预期节支负责，无论这些损失是否因侵权、违约或其他原因所引起。

13.4 如任何第三方就根据本业务约定书而提供的服务，或就甲方使用乙方根据本业务约定书而交付的任何服务成果，向乙方、其合伙人以及其他实体提出索赔，甲方应补偿并使乙方、其合伙人、员工以及其他实体免遭因此引起的任何损失、费用、损害或法律责任（或由任何第三方可能提起的诉讼），并且偿付乙方因此等诉讼或索赔而发生的所有费用和支出（包括按律师与客户之间的收费基准计算的法律费用），但最终认定因乙方及其合伙人和员工及其他实体与本服务有关的恶意行为或欺诈行为所导致的第三方相应损失部分除外。

十四、适用法律和争议解决

14.1 本约定书的所有方面均应适用中华人民共和国法律进行解释并受其约束。

14.2 本约定书履行地为乙方出具审计报告所在地，因本约定书所引起的或与本约定书有关的任何纠纷或争议（包括关于本约定书条款的存在、效力或终止，或无效之后果），双方选择以下第（1）种解决方式：

（1）向有管辖权的人民法院提起诉讼；

（2）提交北京市仲裁委员会仲裁。

十五、约定书的生效和变更、终止

15.1 本业务约定书是双方就此项业务有关的服务达成的全部协议。它替换并取代此前的任何书面或口头的建议、通信和理解。

15.2 本业务约定书自甲方、乙方各自法定代表人或授权代表签署和盖章之日起生效，并在双方履行完毕本约定书约定的所有义务后终止。在本约定书中明示或默示的于本约定书终止后仍持续有效的条款不因本约定书终止而终止。

15.3 如果根据乙方的职业道德及其他有关专业职责、适用的法律法规或其他任何法定的要求，乙方认为已不适宜继续为甲方提供本约定书约定的审计服务时，乙方可以采取向甲方提出合理通知的方式终止履行本约定书。在终止业务约定的情况下，乙方有权就其于终止之日前对约定的审计服务项目所做的工作收取合理的审计费用。

15.4 若需要对生效的约定书的相关条款进行变更，需经双方协商一致。任何一方均不得单独变更本约定书的任何条款。

15.5 如果出现不可预见的情况，影响审计工作如期完成，或需要提前出具审计报告，甲、乙双方均可要求变更约定事项，但应及时通知对方，并由双方协商解决。

15.6 本约定书一式两份，甲、乙双方各执一份，具有同等法律效力。

十六、双方对其他有关事项的约定

无。

甲方：当宜股份有限公司	乙方：立承会计师事务所
（盖章）	（盖章）
注册地址：上海市	注册地址：北京市
法定代表人：贾明智	法定代表人：艾叶武
（或授权代表）：	（或授权代表）：
2021年11月7日	2021年11月7日

1.1.5 确定审计组成员

会计师事务所通常根据审计项目类别并考虑行业特长将审计任务分配给相应的审计部门，由部门经理确定审计项目负责人，审计项目负责人根据审计项目的特点和审计报告的时间要求挑选项目组成员，并保持合理的知识结构和年龄结构。对当宜公司的审计由注册会计师李久负责，李久挑选了6名项目组成员。

审计项目负责人：李久。

审计项目组成员：李成、辛勤、杜力、闫素、石济、龚政。

1.2 编制当宜公司审计计划

根据《中国注册会计师审计准则第1201号——计划审计工作》的要求，注册会计师应当计划审计工作，使审计业务以有效的方式得到执行。计划审计工作包括针对审计业务制定总体审计策略和编制具体审计计划，以将审计风险降至可接受的低水平。项目负责人和项目组其他关键成员应当参与计划审计工作，利用其经验和见解，以提高计划过程的效率和效果。

1.2.1 评估当宜公司审计风险①

项目组主要通过下列审计程序进行了风险评估：

第一，查阅当宜公司以前年度的审计工作底稿。

第二，询问当宜公司管理层和员工。比如，通过询问负责市场和销售的人员了解其所在行业的市场供求和竞争情况。

第三，查阅当宜公司内部与外部的信息资料。内部的信息资料包括中期财务报告，重点是管理层的讲座和分析、管理报告、其他特殊目的的报告，以及股东大会、董事会会议、高级管理层会议的会议记录或纪要。外部的信息资料包括外部顾问、代理

① 评估审计风险是编制和修改审计计划的前提，也是一项比较复杂的业务，本章为编制审计计划先简单列示，更全面的评估审计风险案例在本书第2章进行。

机构、证券分析师等编制的关于被审计单位及其所在行业的报告，政府部门或民间行业组织发布的行业报告、宏观经济统计数据、行业统计数据，以及贸易和商业杂志等信息资料。

第四，与项目组成员或熟悉当宜公司所处行业的其他人员讨论。

第五，执行分析程序。将当宜公司的关键业绩指标与同行业平均数据或同行业中规模相近的其他单位的数据相比较；利用从外部获取的市场份额变化趋势信息，识别当宜公司竞争能力的重大变化；按业务分部分类计算销售和利润的变动趋势。

根据本次对当宜公司及其环境的了解，结合以往的审计经验，项目组评估的当宜公司报表层次重大错报风险为中等水平。具体评估情况见表1-2、表1-3。

表1-2 **评估财务报表层次的重大错报风险**

被审计单位名称：当宜公司　　编制：李久　日期：2022年1月6日　索引号：PGFX-2

内容：评估财务报表层次的重大错报风险　　复核：李成　日期：2022年1月7日　页码：1/1

会计期间：2021年1月1日—12月31日

（一）了解被审计单位及其环境所识别的风险汇总 当宜公司开发和生产的产品季节性和周期性并不明显，顾客对新产品和服务的品质感日益增加；能源消耗在成本中所占比重不大，能源价格的变化对成本的影响较小。但随着关税的降低，国际大公司产品进入中国市场的成本降低，公司将面临来自国际大公司和国内竞争对手在技术、资金、人才、质量、价格等方面更加激烈的竞争，从而给公司带来新的经营风险。 当宜公司属于化工行业，同行业生产厂家众多，同时，国内日用品市场开放较早，世界一流的日用品公司均已进入我国，行业内部竞争较激烈。作为处于完全竞争市场中的消费品公司，从长期看，公司面临的风险仍然主要来自人才与市场，短期来看，公司面临的风险在于疫情防控常态化形势下线上销售渠道的拓展尚不到位。 新出台的有关产品责任、质量安全或环境保护的法律法规以及税法等对企业经营有利好影响。 随着市场竞争的加剧，化妆品行业存在一定的并购机会，公司力求在这个市场上寻求合适的并购机会，为公司未来增长奠定基础。对于相关项目可能涉及的资金需求，公司将从现有融资渠道获得。 项目组依据上述情况，识别出当宜公司可能存在的经营风险，其领域主要集中于行业发展、监管要求、业务扩张、新实施的会计法规等方面。 （二）被审计单位整体层面内部控制的评价结论 当宜公司对诚信和道德价值观念的沟通与落实情况良好；治理层和管理层对相关人员的胜任能力比较重视；董事会建立了审计委员会；管理层的理念和经营风格风险适中；组织结构及职权与责任的分配比较明确。 通过对内部控制的了解，该公司的内部控制制度健全且执行有效，评估的重大错报风险为中等水平。 （三）舞弊风险汇总 舞弊风险存在的可能性很小。 （四）评估财务报表层次的重大错报风险——结论 被审计单位总体风险评估为：风险中等，在可控制的范围内。

表1-3 评估认定层次的重大错报风险

被审计单位名称：当宜公司 编制：李久 日期：2022年1月7日 索引号：PGFX-3
内容：评估认定层次的重大错报风险 复核：李成 日期：2022年1月7日 页码：1/1
会计期间：2021年1月1日—12月31日

重大账户	认定	识别的重大错报风险	风险评估结果
			重大错报风险
应收账款	存在、完整	控制风险	高水平
短期借款	存在、权利和义务	控制风险	中等水平
所得税费用	计价和分摊	经营风险	中等水平
原材料	存在、计价和分摊	固有风险	中等水平
应交税费	完整、计价和分摊	经营风险	中等水平
主营业务收入	发生、完整、截止、准确性	控制风险	高水平
应付职工薪酬	存在、完整	经营风险	中等水平
坏账准备	计价和分摊	控制风险	高水平

1.2.2 确定重要性水平

根据《中国注册会计师审计准则第1221号——计划和执行审计工作时的重要性》的规定，实际执行的重要性是指注册会计师确定的低于财务报表整体的重要性的一个或多个金额，旨在将未更正和未发现错报的汇总数超过财务报表整体的重要性的可能性降至适当的低水平。如果适用，实际执行的重要性还指注册会计师确定的低于特定类别的交易、账户余额或披露的重要性水平的一个或多个金额。

在制定总体审计策略时，注册会计师应当确定财务报表整体的重要性。根据被审计单位的特定情况，如果存在一个或多个特定类别的交易、账户余额或披露，其发生的错报金额虽然低于财务报表整体的重要性，但合理预期可能影响财务报表使用者依据财务报表作出的经济决策，注册会计师还应当确定适用于这些交易、账户余额或披露的一个或多个重要性水平。注册会计师应当确定实际执行的重要性，以评估重大错报风险并确定进一步审计程序的性质、时间安排和范围。

当宜公司财务报表的部分信息见表1-4、表1-5。审计项目组根据这些资料及相关因素确定财务报表层次和各类交易、账户余额、披露认定层次的重要性水平。

1）确定财务报表层次的重要性水平

注册会计师通常先选择一个恰当的基准，再选用适当的百分比乘以该基准，从而得出财务报表层次的重要性水平。在实务中，有许多汇总性财务数据可以用作确定财务报表层次重要性水平的基准，如总资产、净资产、销售收入、费用总额、毛利、净利润等。在选择适当的基准时，注册会计师应当考虑的因素包括：（1）财务报表的要素

表1-4　**资产负债表（简表）**

编制单位：当宜公司　2021年12月31日　单位：元

资产	期末余额	负债和所有者权益（或股东权益）	期末余额
流动资产：		流动负债：	
货币资金	231 008 090	短期借款	200 000 000
应收账款	186 509 900	应付账款	316 691 410
预付款项	28 376 020	预收款项	128 678 200
其他应收款	6 650 000	应付职工薪酬	1 289 020
存货	321 131 120	应交税费	23 332 050
流动资产合计	773 675 130	其他应付款	7 687 570
非流动资产：		流动负债合计	677 678 250
长期股权投资	95 628 860	非流动负债：	
固定资产	473 808 520	其他非流动负债	203 996 520
在建工程	17 994 660	非流动负债合计	203 996 520
无形资产	42 800 200	负债合计	881 674 770
长期待摊费用	31 164 430	所有者权益（或股东权益）：	
非流动资产合计	661 396 670	实收资本（或股本）	500 000 000
		资本公积	3 000 000
		盈余公积	27 464 170
		未分配利润	22 932 860
		所有者权益（或股东权益）合计	553 397 030
资产总计	1 435 071 800	负债和所有者权益（或股东权益）总计	1 435 071 800

表1-5 利润表（简表）

编制单位：当宜公司 2021年度 单位：元

项目	本期金额
一、营业收入	830 041 600
减：营业成本	509 996 200
税金及附加	34 931 173
销售费用	45 962 616
管理费用	47 298 353
财务费用	31 578 658
加：投资收益（损失以“-”号填列）	11 807 896
二、营业利润（亏损以“-”号填列）	172 082 496
加：营业外收入	1 097 342
减：营业外支出	21 103 968
三、利润总额（亏损总额以“-”号填列）	152 075 870
减：所得税费用	50 703 690
四、净利润（净亏损以“-”号填列）	101 372 180
五、其他综合收益的税后净额	
六、综合收益总额	
七、每股收益	略

（如资产、负债、所有者权益、收入和费用等）、适用的会计准则和相关会计制度所定义的财务报表指标（如财务状况、经营成果和现金流量），以及适用的会计准则和相关会计制度提出的其他具体要求；（2）对某被审计单位而言，是否存在财务报表使用者特别关注的财务报表项目（如特别关注与评价经营成果相关的信息）；（3）被审计单位的性质及所在行业；（4）被审计单位的规模、所有权性质以及融资方式。

在确定恰当的基准后，注册会计师通常运用职业判断合理选择百分比，据以确定重要性水平。以下是一些可供参考的经验数据：（1）对以营利为目的的企业，为来自经常性业务的税前利润的5%~10%或总收入的0.5%~1%，在适当情况下，也可采用总资产的0.25%~1%或净资产的1%~5%等；（2）对非营利组织，为费用总额或总收入的0.5%；（3）对共同基金公司，为净资产的0.5%。

2）确定各项交易、账户余额、披露认定层次的重要性水平

注册会计师在确定各账户或各项交易的重要性水平时，主要考虑以下因素：（1）各账户或各项交易的性质，对于重要的账户或交易，注册会计师应当从严制定重要性水平；（2）各账户或各项交易重要性水平与财务报表层次重要性水平的关系。在实务中，很多注册会计师选择资产负债表项目作为分配的基础，将财务报表层次的重要性水平分配给资产负债表项目。这源于复式记账原理，因为大多数利润表的错报对资产负债表产生的影响是相等的。

立承会计师事务所项目组评估的当宜公司2021年度财务报表层次的重要性水平以及各项交易、账户余额、披露认定层次的重要性水平见表1-6。

表1-6 **重要性水平评估表**

被审计单位名称：当宜公司 编制：李久 日期：2022年1月7日 索引号：PGFX-4
内容：重要性水平评估 复核：李成 日期：2022年1月7日 页码：1/1
会计期间：2021年1月1日—12月31日

重要性水平评估	项目	利润总额	营业收入	资产总额	净资产
	前三年平均数（元）				
	当年未审数（元）	152 075 870	830 041 600	1 435 071 800	553 397 030
	重要性参考标准（元）				
	重要性标准（比例）(%)	10	1	1	2
	重要性标准（绝对值）(元)	15 207 587	8 300 416	14 350 718	11 067 941
	结合其他定性因素，注册会计师李久通过与项目组成员讨论，结合职业判断，确定当宜公司财务报表层次的重要性水平为8 000 000元。实际执行的重要性水平确定为报表层次重要性水平的70%。				
重要性水平分配	项目名称	金额（元）	项目名称	金额（元）	
	应收账款	800 000	无形资产	300 000	
	预付款项	300 000	长期待摊费用	100 000	
	其他应收款	500 000	应付账款	100 000	
	存货	1 600 000	预收款项	30 000	
	长期股权投资	500 000	其他应付款	50 000	
	固定资产	2 700 000	非流动负债	100 000	
	在建工程	920 000	合计	8 000 000	
说明	1.货币资金、应交税费、实收资本等项目不在重要性水平之内； 2.重要性标准的计算基础以当年未审数为主，适当参考前三年平均数进行职业判断。				

1.2.3 制定当宜公司总体审计策略

总体审计策略用以确定审计范围、时间和方向，并指导具体审计计划的编制。

制定总体审计策略的过程有助于注册会计师确定下列事项：（1）向具体审计领域调配何种资源，包括向高风险领域分派经验丰富的项目组成员，就复杂的事项利用专家工作等；（2）向各具体审计领域分配多少资源，包括分配到重要地点进行存货监盘的项目组成员的人数、在集团审计中复核组成部分注册会计师工作的范围、向高风险领域分配的审计时间预算等；（3）何时调配这些资源，包括是在期中审计阶段还是在关键的截止日期调配资源等；（4）如何管理、指导、监督这些资源，包括预期何时召开项目组预备会和总结会，项目合伙人和经理如何进行复核（是现场复核还是非现场复核），是否需要实施项目质量控制复核等。

立承会计师事务所项目组制定的当宜公司2021年年报审计总体审计策略见表1-7。

表1-7 总体审计策略

被审计单位名称：当宜公司　　编制：李久　　日期：2022年1月7日　　索引号：JH-1

内容：总体审计策略　　复核：李成　　日期：2022年1月7日　　页码：1/1

会计期间：2021年1月1日—12月31日

1.当宜公司基本情况

内容详见1.1.2。

2.审计工作范围

（1）适用的会计准则和相关会计制度

执行财政部2006年2月15日及以后颁布的企业会计准则和尚未废止的相关规范。

（2）适用的审计准则

审计业务适用财政部2010年及以后颁布的《中国注册会计师审计准则》及其应用指南，以及之后陆续出台的《中国注册会计师审计准则问题解答》。

（3）与财务报告相关的行业特别规定

《中国注册会计师协会关于做好上市公司2021年年报审计工作的通知》（2021年12月31日发布）。

（4）需审计的集团内组成部分的数量及所在地点

公司组织结构简单，设有管理部门和4个分公司，本部和分公司分别独立核算，对外报表为抵消内部事项后的汇总报表。本部和分公司均在同一个城市。

（5）制定审计策略需考虑的其他事项

根据本次审计的目的，审计范围为被审计单位2021年度财务报表及其编制基础，包括公司的相关内部控制制度、会计基础资料和其他财务资料等。具体包括：

①2021年财务报表、总账、明细账、记账凭证、原始凭证；

②2021年与生产经营等相关的税务资料、重要董事会决议记录、重要合同、协议、对外诉讼资料、经营政策等；

③财务制度、会计核算方法、主要财务预（决）算、财务考核、财务分析等方面的资料；

④主要内部控制制度、人事管理办法等；

⑤与财务报表审计有关的其他资料。

3.当宜公司业务及所处行业本期的重大变化

当宜公司业务及所处的日化行业由于受到疫情影响，线下销售下滑，行业内企业都在开拓线上销售渠道，行业总体销量稳中有升。当宜公司以往比较成熟的线下销售渠道优势不能充分发挥作用，公司也在积极探索线上销售模式。可能存在较高的重大错报风险的领域为销售业务和应收账款，需要针对内部控制的有效性获取审计证据。

4.重要性

以2021年年末未审资产总额的1%、净资产的2%、营业收入的1%、利润总额的10%为计算基础，选择其中最小的金额8 300 416元并考虑其他因素，通过职业判断确定8 000 000元为财务报表层次的重要性水平，实际执行的重要性水平为5 600 000元。

续表

5.报告目标、时间与人员安排及所需沟通

(1)报告目标

报告目标为对当宜公司2021年度财务报表进行审计并出具审计报告。

在实施审计工作的基础上对被审计单位财务报表发表审计意见是注册会计师的责任。2022年2月28日向当宜公司提交审计报告，预期与管理层和治理层沟通的时间为2022年2月26日。

(2)总体时间安排

按照委托单位的整体时间安排，2022年1月5日至2022年2月26日对当宜公司的财务报表进行外勤审计，拟于2022年2月28日提交正式审计报告。

(3)执行审计时间安排(见下表)

执行审计时间安排

执行审计	时间	责任人
了解被审计单位及评估重大错报风险(含风险评估阶段报表分析程序)	2022.1.5—1.7	李久、李成
制定总体审计策略及编制具体审计计划	2022.1.5—1.8	李久、李成
监盘	审计计划阶段抽盘	李成、杜力
特定审计事项的考虑：期初余额、舞弊、持续经营、对法律法规的考虑、环境事项、比较数据、关联方关系及交易、或有损失、期后事项、政策估计差错更正	2022.1.10至审计结束日	杜力、闫素(整个审计期间都需考虑)
细节测试	2022.1.10—2.15	项目组全体成员
重大事项汇总及请示	2022.1.10—2.15	李久、石济
调整分录及试算平衡	2022.2.13	李久、龚政
汇总财务报表(含附注)	2022.2.13—2.14	杜力、闫素
总体复核阶段报表分析	2022.2.15	龚政、李成
附注审核	2022.2.15	石济、辛勤
审计工作总结及审计报告草稿	2022.2.13—2.15	李久、闫素
审计工作底稿复核	2022.2.13—2.14	项目组全体成员
审计报告的签发和出具	2022.2.28	李久、李成

(4)沟通的时间安排

①与治理层和管理层的沟通。

基于当宜公司的性质和特点，公司的治理层人员大部分兼具管理层职能，项目组决定将与治理层和管理层的沟通合并，主要与掌握公司整体情况的董事兼董事会秘书李为、总经理张赫以及董事兼财务总监马泰沟通；当有重大事项时与董事长韩枫直接沟通；具体事项在审计过程中随时沟通；于审计外勤结束日再次与财务总监马泰、公司副总经理陈力、董事长韩枫沟通。沟通内容为内部控制缺陷、审计调整事项等一切必要事项。

续表

②与审计委员会的沟通。

审计开始时与当宜公司审计委员会进行沟通，沟通内容为审计时间及审计内容；审计过程中就了解该公司内部审计过程中发现的问题及解决情况、本次审计中发现的问题与审计委员会沟通。

③与专家或有关人士的沟通。

审计过程中与该公司律师或法律顾问进行沟通，了解该公司未决诉讼情况及已判决诉讼的执行情况等；与独立董事就审计中发现的问题及报告意见进行沟通。

④与其他注册会计师的沟通。

了解上年度审计中存在的主要问题、发表相应审计意见的主要依据等，同时查阅上年度审计工作底稿。

⑤项目组会议（包括预备会和审计总结会）。

2022年1月5日召开预备会，向项目组成员介绍公司的简要情况、公司的历史沿革和历次审计、本次审计的目的和时间要求、本次审计的重点领域和重要项目、人员分工。其中，重要项目如收入、成本、存货、应收账款的审计程序的布置，对底稿的统一要求，关联方清单和简介，项目组成员讨论风险领域和具体需要明确的问题等。

2022年2月26日召开审计总结会，项目组成员讨论重要审计程序是否都已经执行到位、经审计后还有没有重大疑虑的领域和问题，汇总审计问题，决定交换意见书的内容，经审计调整后总体分析性复核是否无重大异常，讨论审计意见类型。

6.人员安排（见下表）

人员安排

姓名	职位	主要职责与负责项目
刘海		项目质量复核人
刘洋	合伙人	总协调，二级复核人
李久	项目经理	现场负责人；了解被审计单位及其环境，评估重大错报风险，风险评估阶段和总体复核阶段的分析性程序；编制审计计划；汇总报表，交换意见，试算平衡，撰写审计总结及审计报告草稿
李成	组员	存货、生产成本、销售成本
辛勤	组员	所得税费用、递延所得税资产、应交税费、税金及附加；所有者权益类
杜力	组员	在建工程、固定资产、工程物资；现金流量表
闫素	组员	主营业务收入、应收账款、预收款项、应收票据、资产减值损失；关联方及交易
石济	组员	货币资金、其他应收款、其他应付款、应付职工薪酬、无形资产、开发支出
龚政	组员	管理费用、销售费用、财务费用、应付账款、预付款项；募投资金使用情况审核

续表

7.对内部审计工作的利用 项目组就下列事项与当宜公司内部审计人员协调： ①审计工作的时间； ②审计覆盖的范围； ③重要性水平； ④拟确定的选取样本的方法； ⑤对已实施工作的记录； ⑥复核与报告程序； ⑦获取相关的内部审计报告，了解所有引起内部审计人员关注、可能影响注册会计师工作的重大事项。 8.对其他注册会计师工作的利用 了解上年度审计中存在的主要问题，发表相应审计意见的主要依据等，同时查阅上年度审计工作底稿。 9.与治理层沟通重大审计问题（含关键审计事项）的特殊考虑 重点关注对本期财务报表审计最为重要的事项、拟在审计报告中沟通的关键审计事项。
总体审计策略批准及复核：

项目合伙人（签名）：韩至功	日期：2022.1.9
复核合伙人（签名，如适用）：王芝驰	日期：2022.1.9

1.2.4 编制当宜公司具体审计计划

总体审计策略一经制定，注册会计师就应当针对总体审计策略中所识别出的不同事项，为审计工作编制具体审计计划，考虑通过有效利用审计资源以实现审计目标。具体审计计划比总体审计策略更加详细，其内容包括：

（1）按照《中国注册会计师审计准则第1211号——通过了解被审计单位及其环境识别和评估重大错报风险》的规定，计划实施的风险评估程序的性质、时间安排和范围。

（2）按照《中国注册会计师审计准则第1231号——针对评估的重大错报风险采取的应对措施》的规定，在认定层次计划实施的进一步审计程序的性质、时间安排和范围。

（3）根据中国注册会计师审计准则的规定，计划应当实施的其他审计程序。

计划这些审计程序会随着具体审计计划的编制逐步深入，并贯穿于审计的整个过程。

立承会计师事务所项目组编制的当宜公司2021年年报审计具体审计计划见表1-8。

表1-8 **具体审计计划**

被审计单位名称：当宜公司 编制：李久 日期：2022年1月8日 索引号：JH-2
内容：具体审计计划 复核：李成 日期：2022年1月8日 页码：1/1
会计期间：2021年1月1日—12月31日

1.风险评估程序

由项目组记录为了解当宜公司及其环境所执行的程序，包括询问管理层有关业务、经营情况，观察实物存放状况、检查文件资料和分析年度报表、中期报表中的财务信息等，还包括针对特别项目执行的审计程序。

2.了解当宜公司及其环境（不包括内部控制）

从行业状况、法律环境与监管环境及其他外部因素，当宜公司的性质，会计政策的选择和运用，目标、战略及相关经营风险，财务业绩的衡量与评价五个方面记录对当宜公司及其环境的了解、信息来源及风险评估程序。

3.了解内部控制

从控制环境、风险评估过程、信息系统与沟通、控制活动、对控制的监督五个方面了解、关注并评估与财务报表重大错报风险有关的内部控制，记录当宜公司所具有的控制，以及项目组为评价上述控制的设计和执行是否有效所实施的审计程序及其结果。

4.对风险评估及审计计划的讨论

项目组基于以上对当宜公司及其环境的了解进行讨论，如对由于受到疫情影响销售量变化导致的认定层次重大错报风险、由关联方交易导致的财务报表层次重大错报风险的怀疑，以及对项目组成员职责分工的讨论等。

5.评估的重大错报风险

当宜公司最近3年均由我所为其提供审计服务，且均出具了标准无保留意见的审计报告。在历次审计中我所均执行了较详细的风险评估程序，公司自上次审计后各方面无重大变化，我们认为当宜公司存在财务报表层次重大错报风险的可能性低，认定层次的重大错报风险存在于销售与收款循环领域，涉及的财务报表项目为营业收入、应收账款、营业成本、存货以及募集资金使用领域。

6.计划的进一步审计程序

经上述了解和评估后，决定执行综合性审计方案，包括对重要的四个循环进行内部控制测试，对本部和分公司的所有报表项目和特定项目执行实质性分析和细节测试程序。

内部控制测试：根据公司内部控制基本没有变化的实际情况，本年度只做部分重点内部控制测试。

实质性程序：所有项目均要求做全面的实质性分析和细节测试，其中货币资金、财务费用（含关联方资金占用费）、应收账款、应收票据、营业收入、营业成本、存货中的原材料和产成品为本次审计的重点项目。审计的原则为：对每一报表项目，按照可供选择的审计程序全部执行，除非不适用。项目经理要对重点审计项目加强指导和监督，指派业务水平高的人员进行审计，尤其是上述重点项目的重要审计程序。

（1）函证

①银行函证。比例为100%，审计人员要按银行询证函的函证内容逐条清理，完整填写后亲自到银行函证。尤其对银行借款、对外担保、应收票据、应付票据等，要格外仔细取得证据。

②往来函证。对关联方往来不函证，直接对账，并检查双方的未达账项调节表。对非关联方不分国内、国外，统一对国内、国外客户大额往来进行函证。

续表

具体执行方案为：选取期末余额在10万元以上大额的非关联方应收账款进行函证，总体函证比例控制在65%以上；选取期末余额在2 000元以上的非关联方预收账款进行函证，函证比例控制在80%以上。 预付账款选取余额大户函证、小户随机抽查，总体函证比例达到60%以上。 应付账款的特点是户数多，每户余额小，主要依靠存货的审计程序，函证比例可以小一些。 其他应收款、其他应付款的非关联方余额很小，不发询证函。 若回函率能达到90%，且回函结果满意，审计即不再执行其他替代审计程序；如果对回函结果不满意，则要执行其他替代审计程序。 （2）监盘 ①存货监盘。拟于现场审计时指派4人（本部2人、分公司2人）对公司主要存货（原材料、产成品）进行抽盘，抽盘时注意观察、了解企业存货的存放状况，观察积压、残次和毁损等其他异常情况。本次外勤重点对期末盘点的结果与财务账面进行核对，并进一步执行主要原材料和产成品的出入库测试和计价测试。 ②固定资产抽盘。根据前次审计了解的情况和审计的结果，固定资产审计风险评估为中等，基于谨慎性考虑，本次审计仍要抽盘主要固定资产，抽盘时要注意观察固定资产品质状况、使用情况等，抽盘比例要达到固定资产期末余额的50%。 （3）期后事项、或有事项 拟在接近外勤结束时，取得贷款卡，到公司开户和有借款的市商业银行打印公司与银行的资金往来，包括表内业务和表外业务。 与企业律师沟通，以发现诉讼、纠纷及其他或有事项。 与公司董事、董秘、律师、券商访谈，以发现是否存在应调整或应披露的期后事项。 7.其他程序 （1）总体分析性程序 对资产负债表数据进行对比分析，对变动异常的项目进行分析，与企业经营管理人员和生产人员沟通，与实际经营情况对照，判断可能存在重大错报的领域。 （2）存货分析性程序 分析2021年12月末在产品、产成品、原材料的期末余额变动情况，根据实际生产、采购、销售情况整体判断各类存货的变动是否正常。 （3）存货盘点核对 因存货的盘点涉及多个项目的正确列报，有存货、应付账款、营业收入与营业成本、应收账款、应交税费等，应全面核对盘点数据和财务数据，并与营业收入、应收账款、预收款项、营业成本、应付账款等项目的审计程序结合起来，考虑对以上项目的影响。

关键概念

初步业务活动　审计业务约定书　重要性水平　审计风险　总体审计策略　具体审计计划

本章小结

本章以立承会计师事务所审计当宜公司2021年度财务报表为案例进行分析。基本工作思路是：首先，在初步了解和评价客户的基础上，注册会计师进行承接业务的风险初步评价，决定接受该项审计业务委托；然后，进行初步业务活动，签订审计业务约定书，确定审计项目组成员；最后，在评估审计风险和重要性水平的基础上，制定总体审计策略并编制具体审计计划。

本案例的关键点在于是否接受委托、评估审计风险和确定重要性水平。在初步了解和评价客户的基本情况以后，如果初步评价的审计风险在事务所的可接受范围之内，事务所本身又具有专业胜任能力，满足独立性要求，就应该决定接受业务委托。签订业务约定书后最重要的工作就是通过了解被审计单位及其环境来客观评估审计风险并确定重要性水平，在此基础上才能编制可行的审计计划。

课程思政

银广夏事件、蓝田事件、康美药业事件、紫鑫药业事件等典型的审计失败案例所引发的思考。

思政目标：本着遵循“以树人为核心，以立德为根本”的原则，将社会主义核心价值观中的“公正、法治、诚信、敬业”等内容融入专业课堂，培养学生形成正确的职业观和价值观。同时，注重学思结合、知行统一，增强学生勇于探索的创新精神、善于解决问题的实践能力。

练习题

1. 注册会计师张某任职的会计师事务所的一个客户是一家知名上市公司，该公司法定代表人是张某的哥哥。请问张某能否承接该家公司的审计业务？该事务所能否承接该公司的审计业务？该事务所应如何处理此等事宜？

2. 林峰会计师事务所的注册会计师韩如意担任晴好公司2021年度财务报表审计业务的项目合伙人。审计工作底稿记载的与重要性相关的情况如下：

（1）制定总体审计策略时，注册会计师韩如意拟结合晴好公司具体情况确定财务报表整体的重要性水平。

（2）晴好公司2021年度经营目标是与新的竞争者抢夺市场份额。考虑到晴好公司历史悠久且在行业内知名度很高，注册会计师韩如意拟以税前利润作为重要性的确定基准。

（3）晴好公司存货数量很大，其可变现净值存在较大的固有不确定性，注册会计师韩如意拟相应调低初步确定的财务报表整体的重要性水平。

（4）注册会计师韩如意拟在审计完成阶段确定实际执行的重要性，以便对汇总错报是否可能构成重大错报进行评价。

（5）由于需要针对多项交易、账户余额及披露确定实际执行的重要性水平，注册会计师韩如意拟将财务报表整体的重要性水平按比例分配给这些交易、账户余额及披露，以作为实际执行的重要性水平。

（6）注册会计师韩如意在工作底稿中记录了所确定的明显微小错报的临界值，但没有记录确定该临界值的依据。

要求：

（1）指出情况（1）中，注册会计师韩如意在确定财务报表整体的重要性水平时，需要考虑哪些因素。

（2）假定情况（2）至（6）均为独立事项，逐项指出注册会计师韩如意的处理是否恰当。如不恰当，请简要说明理由。

3. 上市公司FH公司是林峰会计师事务所的常年审计客户，注册会计师韩吉祥负责审计FH公司2021年度财务报表。审计工作底稿中与确定重要性水平和评估错报相关的部分内容摘录见表1-9。

表1-9 **审计工作底稿中与确定重要性水平和评估错报相关的部分内容摘录** 金额单位：万元

项目	2021年	2020年	备注
营业收入	16 000（未审数）	15 000（已审数）	2021年，竞争对手推出新产品抢占市场，FH公司通过降价和增加广告投放促销
税前利润	50（未审数）	2 000（已审数）	2021年，降价及销售费用增长导致盈利大幅下降
财务报表整体的重要性水平	80	100	
实际执行的重要性水平	60	75	
明显微小错报的临界值	0	5	

（1）FH公司2020年度财务报表整体的重要性水平以税前利润的5%计算。2021年，由于FH公司处于盈亏临界点，注册会计师韩吉祥以过去3年税前利润的平均值作为基准确定财务报表整体的重要性水平。

（2）由于FH公司2020年度审计中提出的多项审计调整建议金额均不重大，注册会计师韩吉祥确定2021年度实际执行的重要性水平为财务报表整体重要性水平的75%，与2020年度保持一致。

（3）2021年，FH公司治理层提出希望知悉审计过程中发现的所有错报，因此，注册会计师韩吉祥确定2021年度明显微小错报的临界值为0。

要求：针对情况（1）至（3），假定不考虑其他条件，逐项指出注册会计师韩吉祥的做法是否恰当。如不恰当，简要说明理由。

第 2 章　审计风险评估案例

学习目标

通过本章的学习，可以在熟悉审计风险评估程序的基础上，掌握如何了解和评价被审计单位及其环境（不包括内部控制）；掌握如何了解和评价被审计单位内部控制；掌握如何得出审计风险评估结论。

2.1　终泰公司基本情况

终泰化工股份有限公司（以下简称终泰公司）创立于1998年10月1日，是一家发行A股的上市公司。公司地处全国重点化工基地的上海某化学工业区，占地面积360余亩，公司集研发、生产、销售于一体，具有比较强大的科技创新实力和规模化生产水平。公司主营苯系中间体产品的生产，以"间氨基"产品为母核，向下延伸产品链，巩固染料中间体，发展纤维中间体和医药中间体产品，经营本企业自产产品及技术的出口业务和本企业所需的机械设备、零配件、原辅材料及技术的进口业务。终泰公司市场前景比较好，新型功能性染料在原有ODB2的生产基础上，研发配套产品新型成色剂、显色剂、敏化剂，热敏产品具备较强的市场竞争力。终泰公司2021年财务报表由连续多年接受委托的宇达会计师事务所负责审计。

党的十八大以来，推进化工产业结构转型升级，深化供给侧结构性改革，成为推动行业发展由高速增长阶段转向高质量发展阶段的必然选择。我国化工行业以"去产能、补短板"为核心，以"调结构、促升级"为主线，着力推进供给侧结构性改革，大力实施创新驱动和绿色可持续发展战略，积极培育战略性新兴产业，推动产业结构、产品结构、组织结构、布局结构不断优化。"十三五"时期，我国化工产业结构转型升级取得显著进展，一是传统产业的产能过剩局面被有效遏制，二是战略性新兴产业的培育不断加快，三是形成了一批有技术含量、规模效应和高端化水平的新的经济增长点，四是行业绿色发展水平有了全新提高。大力发展化工新材料和高端精细化学品，是化工产业"十四五"时期的两大重点任务。随着国内研发能力和服务能力的提高，得益于相关政策的支持和资本的助力，该领域有望加速发展。在碳中和背景下，传统化工行业将迎来新一轮供给侧结构性改革，下游需求增速放缓，未来的竞争主要体现在一体化建设上，成本和效率将成为主要竞争门槛，业内龙头企业市场占有率有望进一步提高，但新材料领域的下游仍处于快速增长阶段。

2021年，全球化工产业复苏，资本市场渐入佳境，国际贸易中断带来的进口资源稀缺的窘境推动了各国石油化工本地化的进程。由于部分化工品类具有生产与生活的刚需属性，加之酒精、表面活性剂、部分聚烯烃等抗疫化工品需求逆势增长，化工产业受疫情影响程度相对可控。随着中国乃至全球经济回暖，化工产业在越过衰退拐点后复苏进程加速，经营规模与资本市场表现逐步形成“U”形反转。

2021年，在国际大宗原材料价格上涨的背景下，旺盛的需求和相对紧缩的供给形成共振，带动多品种化工品价格快速上涨，化工行业整体呈现高景气。根据东方财富Choice数据，截至2022年1月15日，429家申万行业一级化工类沪深A股上市公司中，已有65家公司披露了业绩预告，其中有61家实现业绩预喜（预增、略增、扭亏）。上述65家上市公司在其“业绩预告变动原因”中，除了表示顺周期下主营产品价格高位运行外，绝大多数还将公司加速产业布局、进行生产结构调整、推行降本增效等原因列为业绩提升的重要因素。①

2021年度，受国内疫情控制较好、国内化工行业景气度较高等因素影响，终泰公司主要板块生产装置高效运行，主导产品平均销售价格处于高位，公司销售收入比上年同期有较大幅度的提升，使得2021年度业绩扭亏为盈且增幅较大。

2.2 了解终泰公司及其环境

了解被审计单位及其环境（不包括内部控制）的目标在于通过行业状况、法律环境与监管环境以及其他外部因素，被审计单位的性质，被审计单位对会计政策的选择和运用，被审计单位的目标、战略以及相关经营风险，被审计单位财务业绩的衡量和评价五个方面了解终泰公司及其环境，并评估相应重大错报风险。

2.2.1 了解行业状况、法律环境与监管环境以及其他外部因素

宇达会计师事务所的注册会计师王净冠、韩定成按照审计计划的安排，首先了解了终泰公司所在行业的状况、法律环境与监管环境以及其他外部因素（见表2-1）。

表2-1 了解被审计单位行业状况、法律环境与监管环境以及其他外部因素

被审计单位名称：终泰公司　　索引号：AR1

项目：了解行业状况、法律环境与监管环境以及其他外部因素　　财务报表截止日/期间：2021年1月1日—12月31日

编制：王净冠　　复核：韩定成

日期：2022年1月6日　　日期：2022年1月8日

（一）实施的风险评估程序

风险评估程序	执行人	执行时间	索引号
向被审计单位销售总监询问其主要产品、行业发展状况等信息	王净冠	2022.1.6	AR1-1
查阅××券商编写的关于被审计单位及其所处行业的研究报告	王净冠	2022.1.6	AR1-2
将被审计单位的关键业绩指标（销售毛利率、市场占有率等）与同行业中规模相近的企业进行比较	王净冠	2022.1.6	AR1-3
⋮	王净冠	⋮	⋮

① 王僖.化工类上市公司2021年普遍业绩预喜　行业高景气今年有望继续［N］.证券日报，2022-01-16.

续表

(二) 了解的内容和评估出的风险

1.行业状况

(1) 所在行业的市场供求与竞争

①被审计单位的主要产品是什么?

其主要产品为:间氨基苯磺酸(间氨基)、苯胺-2.5-双磺酸单钠盐(二五酸)、间羟基-N·N-二乙基苯胺(间羟基)和间氨基苯酚(苯酚)。其中,间氨基是后三种产品的原料,企业满足自用外的产品用于对外销售。这四种产品是重要的化工中间体,间氨基和二五酸广泛应用于生产直接染料、还原染料、偶氮染料、硫化染料、香兰素及活性染料。

②被审计单位所在行业的总体发展趋势怎么样?

国际上有机染料行业比较发达,因有机染料无毒或毒副作用较小,故某些品种已取代了无机染料。公司产品属有机染料中间体,国内这个行业还有很大发展空间。

③被审计单位所在行业处于哪一发展阶段(如起步、快速成长、成熟或衰退阶段)?

在国内,该行业处于成长期;国际上因本行业对水和大气污染较大,出现了由发达国家向发展中国家转移的迹象,产业结构调整正在进行中。

④产品的市场需求、市场容量和价格竞争如何?

由于国内疫情控制总体平稳,企业自身竞争优势明显,在总体市场中所占份额逐步增加,因此2021年销售量较2020年大幅增加。总体利润水平实现较大幅度增长,产品毛利率基本稳定。竞争对手大部分为小型企业,公司这几个产品在国际市场上的占有率都超过30%,具有一定的市场定价权。

⑤行业上下游关系如何?

直接下游企业为染料化工企业,终端主要为纺织品、造纸及日化企业。相对而言,行业上游企业规模较小,受制于下游企业。

⑥谁是被审计单位最重要的竞争者?它们所占的市场份额是多少?

在国内该行业中,被审计单位还没有强有力的竞争者,其他企业多是规模小、技术水平落后的民营企业,其他企业的国内市场份额合计约为30%。

(2) 生产经营的季节性和周期性

①行业是否受经济周期波动的影响?公司采取了什么行动使波动产生的影响最小化?

行业受国际、国内宏观经济景气度的影响和制约,公司一方面对现有产品设备扩产改造,巩固规模和成本方面的优势,另一方面准备延伸产业链,生产高附加值产品,如苯酚、压热敏染料,同时利用固体废弃物深加工,生产硝基砜和氧化铁泥,提高效益。

②行业生产经营和销售是否受季节影响?

行业生产经营和销售无明显的季节性,高温季节销售稍减。

(3) 产品生产技术的变化

①该行业的核心技术是什么?

核心技术是催化加氢技术、脱盐技术、清洁生产技术、成品后处理技术、污水处理集成技术。

②该行业受技术发展影响的程度如何?

该行业受技术发展的影响不太大,整个行业技术发展比较成熟。

续表

③是否开发了新的技术？ 是，新开发了催化加氢还原新技术和间羟基脱盐新技术、间羟基精制技术。 ④被审计单位在技术方面是否具有领先地位？ 在国内企业中，被审计单位在技术方面具有领先地位。 （4）能源供应与成本 主要能源供应情况及主要成本构成情况如何？ 公司产品能源主要是煤，占产品成本比重较小，为10%~15%。硫黄、硝基苯、铁粉、氯乙烷的成本构成产品总成本的绝大部分。 （5）行业的关键指标和统计数据 ①行业产品平均价格、产量是多少？ 因该行业内企业大多规模小，未公开这方面的资料，无法比较和分析。 ②被审计单位的业务增长率和总体财务业绩与行业平均水平及主要竞争者相比如何？存在重大差异的原因是什么？ 因该行业内企业大多规模小，未公开这方面的资料，无法比较和分析。 ③竞争者是否采取了某些行动，如购并活动、降低销售价格、开发新技术等，从而对被审计单位的经营活动产生影响？ 印度货币贬值和环保处理方面的低要求使之在国际市场定价方面对本公司产生了一定的压力。 2.法律环境及监管环境 （1）适用的会计准则、会计制度和行业特定惯例 在企业适用会计准则方面，自2007年1月1日起适用2006年2月15日财政部颁布的《企业会计准则》及后续出台的相关准则。 （2）对经营活动产生重大影响的法律法规及监管活动（国家对该行业是否有特殊监管要求） 公司属于化工行业，属于污染和危险行业，相关的环保、安全法律法规对企业会产生重大影响。另外，税收法律必然会对公司产生重大影响。 3.其他外部因素 （1）宏观经济的景气度 2021年，国家宏观经济政策对国内市场起到了较为明显的刺激作用，公司内销收入显著增加；随着世界经济的恢复性增长，国际市场恢复也较为明显。 （2）利率和资金供求状况 目前募集资金到位，资金充裕，暂时不会有利率风险。 （3）通货膨胀水平及币值变动 2021年，人民币币值基本稳定，各种原材料价格呈上涨趋势。

2.2.2 了解终泰公司的性质

注册会计师王净冠、韩定成接下来了解终泰公司的性质（见表2-2）。

表2-2 了解被审计单位的性质

被审计单位名称：终泰公司　　索引号：AR2

项目：了解被审计单位的性质　　财务报表截止日/期间：2021年1月1日—12月31日

编制：王净冠　　复核：韩定成

日期：2022年1月7日　　日期：2022年1月8日

（一）实施的风险评估程序

风险评估程序	执行人	执行时间	索引号
向董事长和高层管理人员询问被审计单位的所有权结构、治理结构、组织结构，以及近期主要投资、筹资情况	王净冠	2022.1.6—1.7	AR2-1
向销售人员询问相关市场信息，如主要客户和合同、付款条件、主要竞争者、定价政策、营销策略等	王净冠	2022.1.6—1.7	AR2-2
查阅组织结构图、治理结构图、公司章程以及主要销售、采购、投资、债务合同等	王净冠	2022.1.6—1.7	AR2-3
实地察看被审计单位的主要生产经营场所	王净冠	2022.1.7	AR2-4

（二）了解的内容和评估出的风险

1.所有权结构

（1）所有权性质（国有企业、外商投资企业、民营企业或其他类型）

民营企业。

（2）所有者和其他人员或单位的名称及其与被审计单位之间的关系

公司前身系上海泰吉化工有限公司，1997年3月由上海泰吉化工有限公司整体变更设立。法定代表人：朱元张；住所：上海市某化工园区。公司于1998年10月上市，发行6 900万股，每股26元。公司的股权结构为：朱元张40%、李琴5%、李莉4%、黄胜3%，均为自然人股东，其余为散户流通小股东。朱元张实际控制终泰公司，该公司无对外投资。

所有者	主要描述（法人/自然人，企业类型，自然人的主要社会职务，企业所属地区、规模等）			与被审计单位的关系	
朱元张	董事长	全国人大代表	某市工商联副主席	大股东	实际控制人

（3）控股母公司

无控股母公司，属于自然人控股。

2.治理结构

公司设股东会、董事会、监事会（以下简称“三会”）。股东会根据实际需要开会，每年至少一次。董事会成员9人，包括3名独立董事。公司“三会”运作正常。治理结构中设立了审计委员会、薪酬与考核委员会、提名委员会、战略委员会。

3.组织结构

公司组织结构简单，总经理负责公司的日常经营管理，下辖管理办公室、财务部、供应部、内

续表

销部、外贸部、生产一厂和生产二厂。生产一厂所设部门有设备部、技术部、品质部、办公室、安全生产部、环保部、仓库。不涉及报表合并、长期投资及其他特殊业务，重大错报风险较低。

4.经营活动

（1）主营业务的性质

公司属于生产商，经营活动单一，主要是生产产品并销售产品以赚取利润；公司无对外投资。

（2）主要产品及描述

公司主要产品为间氨基、二五酸、间羟基和苯酚，均是有机染料中间体，下游产品为荧光增白剂、阳离子染料、活性染料、直接染料等，最终用途主要是纤维染料和造纸增白剂，还有部分用途是化妆品原料、医药中间体显影剂等。产品用途较广泛，属于日常消费品的上游行业。

（3）与生产产品或提供劳务相关的市场信息（主要客户和合同、付款条件、利润率、市场份额、竞争者、出口、定价政策、产品声誉、质量保证、营销策略和目标等）

上海南鹏、台州东亮、广州立方、江苏江水是国内较大的客户，美国必莱恩、德路铭、DGCAR、WDCM和韩国南兴是国外较大的客户。公司国内市场份额在68%左右，对定价具有一定的话语权，需求紧张时会提价，需求疲软时会降价。公司产品声誉较好、质量优良。公司能生产其他企业无法生产的高纯度产品。付款条件区分常年大客户、常年小客户和初次客户，对第一种客户有回款期，后两类客户基本是货到付款。

主要竞争者：

海南隆力化工——二五酸、间氨基；

东吴工贸化工——二五酸、间氨基、间羟基；

石家庄大雨化工——苯酚（从公司采购间氨基）；

江苏江水染料化工——苯酚（从公司采购钠盐）。

（4）业务的开展情况

公司生产分两部分：本部、浦东分公司（2006年11月购置关联方化工厂的固定资产和存货后在原厂址上组建）。本部的生产链较长，从硫黄制硫酸（98%硫酸、105硫酸和三氧化硫），加硝基苯制备间氨基和钠盐，到间氨基加烟酸、精盐生产为二五酸，由酒精制取氯乙烷加钠盐产出间羟基；浦东分公司从本部采购硫酸进行加工。公司销售部在南京和汕头设立了两个销售办事处。产品均能按合同交付。

（5）联盟、合营与外包情况

无。

（6）从事电子商务的情况

无。

（7）地区与行业分布（是否涉及跨地区经营和多种经营，各地区和各行业分布的相对规模大小，相互之间是否存在依赖关系）

不涉及跨地区经营和多种经营。

（8）生产设施、仓库的地理位置及办公地点

公司生产分两部分：本部，设在上海某化工园区；浦东分公司，设在浦东。本部和浦东分公司都有仓库。销售办事处存有少量产成品，以备补货或向小客户销售，仓库为租用。从工厂仓库调办

续表

事处存货只开具出库单，不开具发票，财务也未单独反映办事处存货。公司管理部门在上海市区办公，租用某大厦的办公室。 （9）关键客户 销售对象较集中，国内客户前五名销售额占总收入的25.64%，国外客户前五名销售额占总收入的20.62%，两者合计占总收入的比例达46.26%。2021年第一大客户必莱恩销售额占总收入的12.76%；2020年第一大客户必莱恩销售额占总收入的10.11%，第二名销售额占总收入的7.82%，说明企业对特定客户的依赖度在上升。没有发现高回收风险的客户，没有发现与某些客户订立了异常的销售条款，均为普通的商业条款和惯例。 （10）原材料的供应是否受重大价格变动的影响 原材料主要有：硝基苯、硫黄、酒精、铁粉、液碱（42%、30%）、煤和精盐。原材料供应基本可靠、稳定。其中，硫黄几乎全部为进口，货源很紧张；硫黄、铁粉、42%液碱三种原材料的付款条件较严格，需预付款。其他原材料货到付款即可。对于所有原材料，公司均未签长期合同。 （11）劳动用工情况 就位于上海某化工园区的生产一厂而言，附近的农民工数量有限，园区企业多，劳动力供不应求；公司已招收一部分外地员工，目前工资及福利待遇处于当地较高水平，为员工办理了养老保险、医疗保险、失业保险、工伤保险、生育保险和住房公积金，人员相对稳定。 （12）研究与开发活动及其支出 目前公司和上海化工研究院、浙江大学等外部科研机构开展了大规模的产品研发活动，已见成效。在废水处理和生产废弃物的进一步加工方面及间氨基生产新工艺方面取得了重大突破，并申报了多项专利。 （13）关联交易 被审计单位的关联交易较少，主要是租赁关联方的写字楼，租金与市场租金水平相当，价格公允。 （14）公司面临的风险因素的分析 由于公司所处行业为精细化工行业，因此，随着国家环保政策要求的不断提高，公司在环保方面的投入成本可能会提高。2021年，公司新上“五效蒸发喷雾干燥”项目，加大环保技术改造和环保管理力度，提高环境治理水平，这也意味着成本增加。 5.投资活动 2021年，间氨基、苯酚增加生产线，将产能增加到600吨/年。在募投项目资金到位后，公司进行大规模扩产，新产品生产线也陆续投入使用。 6.筹资活动 公司的资金较充裕且仍保留一定的贷款额度，需要时可随时贷款。目前人民币汇率相对稳定，不存在重大汇率风险。

2.2.3 了解终泰公司对会计政策的选择和运用

注册会计师王净冠、韩定成进一步了解终泰公司对会计政策的选择和运用（见表2-3）。

表2-3 了解被审计单位对会计政策的选择和运用

被审计单位名称：终泰公司　　索引号：AR3

项目：了解被审计单位对会计政策的选择和运用　　财务报表截止日/期间：2021年1月1日—12月31日

编制：王净冠　　复核：韩定成

日期：2022年1月6日　　日期：2022年1月8日

（一）实施的风险评估程序

风险评估程序	执行人	执行时间	索引号
向财务总监询问被审计单位采用的主要会计政策、会计政策变更的情况、财务人员配备和构成情况等	王净冠	2022.1.6	AR3-1
查阅被审计单位会计工作手册、操作指引等财务资料和内部报告	王净冠	2022.1.6	AR3-2
⋮	王净冠	⋮	⋮

（二）了解的内容和评估出的风险

1. 被审计单位选择和运用的会计政策和会计估计

重要的会计政策	被审计单位的选择和运用	对会计政策选择和运用的评价
发出存货成本的计量	加权平均单价	适当
长期股权投资的后续计量	不涉及	
固定资产的初始计量	历史成本	适当
固定资产分类和预计净残值率、预计折旧年限	分为房屋建筑物、机器设备、运输设备和办公设备，净残值率均为5%，折旧年限分别为20年、10年、5年、5年	适当
无形资产的确定	符合无形资产的定义和确认条件	适当
无形资产摊销年限	土地50年	适当
非货币性资产交换的计量	不涉及	
收入的确认	符合收入确认原则，一般情况为对方收到货物，双方对质量和数量无异议，估计能收到货款，成本和收入能确定即开具发票、确认收入	适当
借款费用的处理	按借款费用准则处理	适当
合并政策	不涉及	
单项金额重大的应收款项	占应收款项总额的5%且金额在100万元以上	适当
坏账准备的计提	内销：1年以内5%，1~2年30%，2~3年50%，3年以上100%； 外销：1~6个月0，6个月以上100%	符合企业实际情况，适当

续表

收入的确认：销售合同、实际操作和历史经验表明，商品发出后买卖双方对质量（含量）、数量等数据产生不同意见的情况很少，通常是确认公司提出的数据。少数出现意见不一致的情况，多是针对产品数量，解决方法一般是补货，补货的绝对值和相对数都很低，因此公司收入确认的时点一般是合同（有时为口头合同）条款已确定、产品已发出，于月底统计对各客户的发货量，除非有迹象表明客户对合同有重大异议、合同未执行完毕暂不开具发票，其余全部开具发票确认收入。 存货的计价方法：计价采用历史成本，发出采用实际成本，利用加权平均法核算，存货盘存为实地盘存制，低值易耗品和包装物采用一次摊销法。 固定资产的折旧方法：平均年限法，残值率5%，分类折旧。 坏账准备：对于单项金额重大的应收款项，单独进行减值测试，有客观证据表明其发生了减值的，根据其未来现金流量现值低于账面价值的差额，确认减值损失，计提坏账准备；对于单项金额非重大的应收款项，与经单独测试后未减值的应收款项一起按相似信用风险特征划分为若干组合，再按这些应收款项组合在资产负债表日余额的一定比例计算确定减值损失，计提坏账准备。 存货跌价准备和其他资产减值准备的确定：存货跌价准备按单个存货项目的成本与可变现净值计量，但如果某些存货与在同一地区生产和销售的产品系列相关、具有相同或类似最终用途或目的，且难以与其他项目分开计量，可以合并计量成本与可变现净值；对于数量繁多、单价较低的存货，可以按照存货类别计量成本与可变现净值。可变现净值是指在日常活动中，存货的估计售价减去至完工时估计将要发生的成本、估计的销售费用以及相关税费后的金额。 行业惯例：化工行业设备经常接触高腐蚀性原料，固定资产折旧年限较短，可采用加速折旧法，在报税务部门审批后可税前抵扣。 公司分类折旧年限：房屋建筑物20年，机器设备10年，交通工具及其他办公电子设备5年。残值率5%——因公司设备多为金属材质，折旧完毕后卖废旧物资的价值也很高，综合残值率5%应能达到。 2.会计政策变更的情况 无。 3.披露（被审计单位是否按照适用的会计准则和会计制度对会计政策的选择和运用进行了恰当的披露） 是。

2.2.4　了解终泰公司的目标、战略以及相关经营风险

注册会计师王净冠、韩定成进一步了解终泰公司的目标、战略以及相关经营风险（见表2-4）。

表2-4　**了解被审计单位的目标、战略以及相关经营风险**

被审计单位名称：终泰公司　　索引号：AR4

项目：了解被审计单位的目标、战略以及相关经营风险　　财务报表截止日/期间：2021年1月1日—12月31日

编制：王净冠　　复核：韩定成

日期：2022年1月7日　　日期：2022年1月8日

（一）实施的风险评估程序

风险评估程序	执行人	执行时间	索引号
向董事长和高层管理人员询问被审计单位实施的或准备实施的目标和战略	王净冠	2022.1.6—1.7	AR4-1
查阅被审计单位的经营规划和其他文件如董事会纪要、管理例会内容	王净冠	2022.1.6—1.7	AR4-2

续表

（二）了解的内容和评估出的风险 1.目标、战略 公司愿景是巩固优势产品在国际市场上的重要地位，占据全球芳砜纶配套产品重要地位。公司目标是稳健经营，在安全、控制风险的前提下追求盈利。企业经营策略偏重保守，投融资及业务都是传统的方式。战略是企业管理层为实现经营目标采用的总体层面的策略和方法。公司在战略方面的思考正在逐步深入，已经制定第二个五年的发展目标与战略。 2.相关经营风险 （1）行业发展正常，行业竞争不太激烈，未发现可能导致被审计单位不具备足以应对行业变化的人力资源和业务专长的风险； （2）公司开发的新产品在风险方面与原来的产品类似，未发现可能导致被审计单位产品责任增加的风险； （3）公司业务扩张速度正常，未发现可能导致被审计单位对市场需求估计不准确的风险； （4）新颁布的会计法规对公司的影响不大，判断不会导致公司执行法规不当或不完整，或会计处理成本增加等风险； （5）公司在证券市场公开发行股票，因此，增加的监管要求可能导致被审计单位法律责任增加等风险； （6）公司应能满足本期及未来期间从银行融资的条件，判断不会出现失去融资机会等风险。 3.被审计单位的风险评估过程 公司每周一为管理层例会，交流公司生产、安全、经营、销售、人力资源及财务等方面的信息，对法律法规的遵循情况，法律法规的变化以及公司需采取的应对措施。风险评估过程符合公司情况，能够及时应对公司面临的各种风险。

2.2.5 了解终泰公司财务业绩的衡量和评价

注册会计师王净冠、韩定成详细了解终泰公司财务业绩的衡量和评价（见表2-5）。

表2-5 **了解被审计单位财务业绩的衡量和评价**

被审计单位名称：终泰公司　　索引号：AR5

项目：了解被审计单位财务业绩的衡量和评价　　财务报表截止日/期间：2021年1月1日—12月31日

编制：王净冠　　复核：韩定成

日期：2022年1月7日　　日期：2022年1月8日

（一）实施的风险评估程序

风险评估程序	执行人	执行时间	索引号
查阅被审计单位管理层和员工业绩考核与激励性报酬政策、分部信息与不同层次部门的业绩报告等	王净冠	2022.1.6—1.7	AR5-1
实施分析程序，将内部财务业绩指标与被审计单位设定的目标值进行比较，与竞争对手的业绩进行比较，分析业绩趋势等	王净冠	2022.1.6—1.7	AR5-2

续表

（二）了解的内容和评估出的风险 1.关键业绩指标 产量、质量、产销率、三项费用率，按不变价计算的制造成本、净利润。 2.业绩趋势 业绩透明，外界关注度较高，业绩呈上升趋势。 3.预测、预算和差异分析 公司有预算，年终做指标对比分析。由于每月进行成本指标与定额的比较，差异较大的要说明原因，因此不会形成舞弊动机。 4.管理层和员工业绩考核与激励性报酬政策 管理层报酬与公司业绩指标关联度不高，不会形成舞弊动机。 5.分部信息与不同层次部门的业绩报告 无。 6.与竞争对手的业绩比较 无。 7.外部机构提出的报告 无。

2.3 整体层面了解和评价终泰公司内部控制①

在被审计单位整体层面了解和评价内部控制时应当注意，在了解和评价控制的设计并确定其是否得到执行时，应当使用询问、检查、观察程序，并记录所获取的信息和审计证据来源；如果使用以前审计获取的信息，应当考虑被审计单位的相关控制自上次测试后是否发生重大变动。

本案例中具体执行的工作包括：了解被审计单位整体层面内部控制的设计，并记录所获得的信息；针对被审计单位整体层面内部控制的控制目标，记录相关的控制活动；执行询问、观察和检查程序，评价控制的执行情况；记录被审计单位整体层面内部控制的设计和执行过程中存在的缺陷以及拟采取的应对措施。

注册会计师武平、鲍含了解和评价被审计单位整体层面内部控制，形成下列审计工作底稿：了解和评价被审计单位的控制环境；了解和评价被审计单位的风险评估过程；了解和评价被审计单位的控制活动；了解和评价被审计单位的信息系统与沟通；了解和评价被审计单位对控制的监督；了解和评价整体层面内部控制汇总表。

2.3.1 了解和评价终泰公司的控制环境

注册会计师武平、鲍含对终泰公司的控制环境进行了解和评价（见表2-6）。

① 了解和评价内部控制包括两个层面：一是整体层面；二是业务流程层面。在被审计单位业务流程层面了解和评价内部控制的内容分别在本书以后章节各循环审计案例分析中体现，本章不再进行案例分析。

表2-6 **了解和评价被审计单位的控制环境**

被审计单位名称：终泰公司　　索引号：AR6

项目：了解和评价被审计单位的控制环境　　财务报表截止日/期间：2021年1月1日—12月31日

编制：武平　　复核：鲍含

日期：2022年1月6日　　日期：2022年1月8日

编制说明：

1. 本审计工作底稿中列示的被审计单位的控制目标和控制活动，仅为说明有关表格的使用方法，并非对所有控制目标和控制活动的全面列示。在执行财务报表审计业务时，注册会计师应根据被审计单位的实际情况予以填写。

2. 如果拟信赖以前审计获取的审计证据，应通过询问并结合观察或者检查程序，获取控制活动是否已经发生变化的审计证据，并予以记录。

3. "被审计单位的控制"一栏应记录被审计单位实际采取的控制；"实施的风险评估程序"一栏应填写注册会计师针对控制目标计划采取的审计程序，包括询问、观察和检查。

4. 注册会计师对控制的评价结论可能是：（1）控制设计合理，得到执行；（2）控制设计合理，未得到执行；（3）控制设计无效或缺乏必要的控制。

一、对诚信和道德价值观念的沟通与落实

控制目标	被审计单位的控制	实施的风险评估程序	结论	存在的缺陷
使员工行为守则及其他政策得到执行	公司固定在周一举行升旗仪式，并由董事长讲话，内容涉及员工行为守则、企业文化、企业价值观、生产经营情况以及当前工作中存在的问题等；涉及行为守则内容的讲话通常会在简报中发表，并下发至各部门；员工行为守则涉及利益冲突、不法或不当支出、公平竞争的保障、内幕交易等问题；员工承诺遵守公司制度；员工大会、管理例会和其他会议充分描述了违反规定的内部汇报系统，指明向适当的人汇报违规行为；对于各种会议都没有提及或未予以规范的地方，通过企业文化强调操守及价值观的重要性，通常在员工大会上口头传达、通过一对一谈话或在处理日常事务中以实例示范	询问普通的会计人员，询问中层和高层领导，查阅简报	控制设计合理，得到执行	无
建立信息传达机制，使员工能够清晰了解管理层的理念	将应当严格遵循的观念通过文字和实际行动（奖惩）有效地灌输给所有员工；当出现存在问题的迹象时，特别是当发现解决问题的成本可能较高时，管理层能恰当地处理	查阅管理例会提纲和简报，询问	控制设计合理，得到执行	无
与公司的利益相关者（如投资者、债权人等）保持良好的关系	管理层在处理交易业务时保持高度诚信，并要求其员工和客户同样保持诚信；在每周六的管理例会中处理一周的问题；当不诚信的行为发生时，能尽快处理并严肃处理	查阅管理例会提纲和简报，询问	控制设计合理，得到执行	无
对背离公司规定的行为及时采取补救措施，并将这些措施传达至相应层次的员工	管理层能立即对违反规定的行为作出反应；对违反规定的员工的处理结果及时让全体员工知晓；对违反规定的管理人员予以撤职	询问董事长，查阅相关信息	控制设计合理，得到执行	无

续表

控制目标	被审计单位的控制	实施的风险评估程序	结论	存在的缺陷
对背离公司现有控制的行为进行调查和记录	明确禁止管理人员逾越既定控制；任何与既定政策不一致的事件都会被调查并加以记录；鼓励员工举报任何企图逾越控制的情况	询问董事长、总经理，查阅简报	控制设计合理，得到执行	无
员工和管理层的工作压力适当	公司设计合理的激励机制，员工的报酬和升职并不完全建立在实现短期目标的基础上；薪酬体系设计着眼于调动员工个人及团队的积极性	查阅有关总部和分厂员工与总经理的经济责任书	控制设计合理，得到执行	无

二、对胜任能力的重视

控制目标	被审计单位的控制	实施的风险评估程序	结论	存在的缺陷
岗位责任明确，任职条件清晰	管理层对所有岗位的工作都有正式的书面描述，任职条件规定了履行特定职责所需的知识和技能；岗位职责在组织内予以清晰传达；每位员工的岗位责任与分派的权限相关	查阅岗位责任书	控制设计合理，得到执行	无
持续培训员工	定期对员工进行培训，更新员工的知识；在管理科室安装了显示器，定期播放培训音像资料；生产部门定期利用生产之余培训、考试	观察、查阅和询问	控制设计合理，得到执行	无

三、治理层的参与程度

控制目标	被审计单位的控制	实施的风险评估程序	结论	存在的缺陷
在董事会内部建立监督机制	已经建立审计委员会和内部审计部，并能积极履行职责	询问，查阅“三会”记录	控制设计合理，得到执行	无
保证董事会成员具备适当的经验和资历，并保持成员相对的稳定性	对董事会成员的经验和资历有明确的书面规定，股东在提名董事会成员时严格按照规定进行，不合格的提名无效；每届任期3年，可以连任	询问、观察	控制设计合理，得到执行	无
董事会、审计委员会或类似机构独立于管理层	董事会与管理层部分重叠，但董事会能够控制和监管管理层；董事会中的3名独立董事均有相应的任职资格，能独立对决议作出判断，并通过专门委员会对董事会和管理层进行监督；管理层的提案需要经过董事会审议；董事会监督经营成果，检查预算与实际的差异，并要求管理层作出解释	检查董事会决议，询问预算制定和年终薪酬的落实程序	控制设计合理，得到执行	无
管理层不能由一人或少数几人控制	管理层中关键的岗位中有多人是董事会成员或股东	观察	控制设计合理，得到执行	无

续表

四、管理层的理念和经营风格

控制目标	被审计单位的控制	实施的风险评估程序	结论	存在的缺陷
对非经常的经营风险，管理层采取稳妥措施	管理层在承担经营风险、选择会计政策和作出会计估计时必须稳健，并需要在内部充分讨论，对当事人规定明确的个人责任；每周六管理例会都会对经常、非经常的经营风险进行讨论，确定方案，明确责任人	检查管理例会提纲，询问供应部、销售部、财务部主管	控制设计合理，得到执行	无
管理层对信息技术的控制给予适当关注	下发有关的信息技术说明、规定等文件；定期召开信息技术工作会议，研究制定发展规划，安排足够的资金和人员	检查管理例会提纲，询问信息技术主管、财务部和仓库人员	控制设计合理，得到执行	无
高级管理层对业务分支机构保持有效控制	高级经理经常深入附属机构或分支机构视察其运作情况；经常召开集团或区域管理人员会议	询问，查阅新信息和管理例会提纲	控制设计合理，得到执行	无
管理层对于重大的内部控制和会计事项征询注册会计师的意见	管理层和注册会计师经常就会计和审计问题进行沟通；在审计调整和内部控制方面达成一致意见	在与管理层的沟通中观察	控制设计合理，得到执行	无

五、组织结构

控制目标	被审计单位的控制	实施的风险评估程序	结论	存在的缺陷
组织结构合理，具备提供管理各类活动所需信息的能力	根据企业经营特点，采用集权的组织结构，结构紧凑，便于传递信息	观察、查阅和询问	控制设计合理，得到执行	无
对交易授权的控制建立在适当的层次上	董事会对董事长、总经理授予不同的权力；总经理对副总经理授权	查阅、询问	控制设计合理，得到执行	无
对于分散（分权）的交易存在适当的监控	每周六召开管理例会；经理层密切关注该类交易，经常听取汇报	查阅、询问	控制设计合理，得到执行	无
管理层制定与修订会计系统和控制活动的政策	管理层已经制定会计系统和控制活动的标准并形成书面文件，散见于会计人员职责、各层次人员经济责任书、各业务活动的规定等文件；管理层依其职责和权限从现有的报告系统中得到适当的信息；业务经理可通过沟通渠道接触到负责经营的高级主管	查阅、询问	控制设计合理，得到执行	无
保持员工特别是负有监督和管理责任的员工数量充足	对工人连续上班时间作出严格限制，不允许超过8小时，对加班严格审批；工作压力大时，及时招聘人员	观察、查阅和询问	控制设计合理，得到执行	管理人员数量偏少
管理层定期评估组织结构的恰当性	董事会每年召开一次会议，讨论组织机构设置的合理性，能够及时调整	查阅、询问	控制设计合理，得到执行	无

续表

六、职权与责任的分配

控制目标	被审计单位的控制	实施的风险评估程序	结论	存在的缺陷
明确员工的岗位职责，对具体任务、报告关系及所受限制等有明确规定并传达到本人	公司制定了管理层及负有监督责任员工的职务说明书以及各级员工的职务说明书并予以下发；职务说明书明确规定了与控制有关的责任	查阅、询问	控制设计合理，得到执行	无
保持权力和责任的对等	完成工作所需权力与高层管理人员的参与程度保持适当的平衡；授予适当级别的员工纠正问题或实施改进的权力，并且此授权也明确了所需的能力水平和明确的权限	查阅、询问和观察	控制设计合理，得到执行	无

七、人力资源的政策与实务

控制目标	被审计单位的控制	实施的风险评估程序	结论	存在的缺陷
关键管理人员具备岗位所需的丰富知识和经验	员工招聘主管需要具备执行任务、履行职责的知识及经验；对关键管理人员实施适当的培训	观察、询问	控制设计合理，得到执行	无
人事政策中强调员工需保持适当的伦理和道德标准	在全体员工升旗仪式上强调公司的伦理道德观念；评估业绩时将员工的操守和价值观纳入评估标准	查阅、观察和询问	控制设计合理，得到执行	无
人力资源政策与程序清晰，定期予以发布并更新	每年检查人力资源政策与程序，对不恰当的进行调整，对更新的文件及时传达	查阅、观察和询问	控制设计合理，得到执行	无

2.3.2 了解和评价终泰公司的风险评估过程

注册会计师武平、鲍含对终泰公司的风险评估过程进行了解和评价（见表2-7）。

表2-7 了解和评价被审计单位的风险评估过程

被审计单位名称：终泰公司　　索引号：AR7
项目：了解和评价被审计单位的风险评估过程　　财务报表截止日/期间：2021年1月1日—12月31日
编制：武平　　复核：鲍含
日期：2022年1月6日　　日期：2022年1月8日

控制目标	被审计单位的控制	实施的风险评估程序	结论	存在的缺陷
建立公司整体目标并传达到相关层次	管理层已经确立整体目标，形成了完整的经营战略；经营战略和整体目标一致，经营战略支持整体目标并能指导资源配置；整体目标能够被有效地传达到全体员工和董事	查阅、询问	控制设计合理，得到执行	无

续表

控制目标	被审计单位的控制	实施的风险评估程序	结论	存在的缺陷
具体策略和业务流程层面的目标与整体目标协调	业务流程层面的目标来源于整体目标和经营战略，并与之相关联；对于每个重要的作业活动都制定目标，并且相互一致；定期审核业务流程层面的目标以保证与整体目标持续相关；同一作业活动的各个目标以及不同作业活动的目标协调	查阅经济责任书，询问经济责任书的制定和考核人	控制设计合理，得到执行	无
明确影响整体目标实施的关键因素	管理层已经明确某些措施必须正确实施或者某些措施不能失败，如安全和环保是必须正确实施且不能失败的措施；资本支出和费用预算是根据管理层对目标相对重要性的分析作出的；管理层特别关注重要目标（成功的关键因素）	查阅讲话和例会内容	控制设计合理，得到执行	无
各级管理人员参与制定目标	经理们参与他们所负责的业务目标的制定；明确了经理的责任；制定了争议和分歧的解决程序	询问，查阅经济责任书等	控制设计合理，得到执行	无
全面关注公司内外风险因素	对于外部风险，公司要求管理层考虑供货渠道、技术变化、债权人的要求、竞争对手的行动、经济状况、政治状况、法规与监管状况、自然灾害；对于内部风险，公司要求管理层考虑人力资源、理财和融资活动、劳资关系、信息系统；对于每项重要的业务流程层面目标，确定影响其实现的重大风险	查阅管理例会提纲	控制设计合理，得到执行	无
建立风险识别、应对机制，处理具有普遍影响的变化	设置能预期、识别和应对可能对整体目标和业务层次目标的实现产生影响的例行事件或作业活动的机制；与变革相关的风险与机遇由足够高层次的管理层处理，以保证确认所有潜在的影响，并制订适当的行动计划	查阅新信息、管理例会提纲，询问会计部经理和董事会秘书	控制设计合理，得到执行	有相应的风险识别、应对机制，但目前还不够系统
会计部门建立流程，适应会计准则的重大变化	会计部门学习新会计准则和法规，以识别其重大变化；通过后续教育跟进会计准则的最新发展变化	询问，查阅后续教育记录	控制设计合理，得到执行	无
当业务操作发生变化并影响交易记录的流程时，及时通知会计部门	当业务操作发生变化并影响交易记录的流程时，召开部门会议进行讨论，会计部门必须参加	询问	控制设计合理，得到执行	无
政策和程序得到有效执行	管理层定期审查政策和程序的遵循情况	询问	控制设计合理，得到执行	无
需沟通的非重大缺陷： 有相应的风险识别、应对机制，但目前还不够系统。				

2.3.3　了解和评价终泰公司的控制活动

注册会计师王佑涵、鲍含对终泰公司的控制活动进行了解和评价（见表2-8）。

表2-8　了解和评价被审计单位的控制活动

被审计单位名称：终泰公司　　索引号：AR8

项目：了解和评价被审计单位的控制活动　　财务报表截止日/期间：2021年1月1日—12月31日

编制：王佑涵　　复核：鲍含

日期：2022年1月6日　　日期：2022年1月8日

项目	实施的风险评估程序	了解到的情况	初步评价
1.对主要经营活动是否都有必要的控制政策和程序？	询问，检查各种制度文件	是	对主要经营活动都有必要的控制
2.管理层对预算、利润及其他财务和经营业绩方面是否都有清晰的目标？在单位内部，是否对这些目标加以清晰记录和沟通，并且积极地对其进行监控？	询问，检查经济责任书	是，经理层、生产、财务、供销部门均签订了责任书，并在管理例会上定期沟通	控制活动适当
3.是否存在计划和报告系统以识别与计划业绩的差异，并向适当层次的管理层报告该差异？	询问，查阅管理例会提纲	是，财务部门和总经理负责	控制活动适当
4.是否由适当层次的管理层对差异进行调查，并及时采取适当的纠正措施？	询问，查阅管理例会提纲	是，一般由总经理亲自调查	控制活动适当
5.不同人员的职责应在何种程度上相分离，以降低舞弊和不当行为发生的风险？	询问，检查相关制度文件	中等程度	分离程度适中，适合被审计单位情况
6.会计系统中的数据是否与实物资产定期核对？	询问，检查存货、固定资产管理规定和盘点文件	是，账实定期核对	控制活动适当
7.是否建立了适当的保护措施，以防止未经授权接触文件、记录和资产？	询问，观察和检查相关规定	是，信息系统均有人员权限和密码，不同岗位的权限和密码不同	未经授权不能接触文件、资产和记录
8.是否控制对数据和程序的接触？	询问，观察和检查相关规定	是，只有经授权才能接触数据和程序	严格控制对数据和程序的接触
9.是否设立信息安全职能部门负责监控信息安全政策和程序？	询问、观察	不存在专门的信息安全职能部门，在管理办公室设有岗位	信息安全政策和程序得到监控

2.3.4 了解和评价终泰公司的信息系统与沟通

注册会计师武平、鲍含对终泰公司的信息系统与沟通进行了解和评价（见表2-9）。

表2-9 了解和评价被审计单位的信息系统与沟通

被审计单位名称：终泰公司 索引号：AR9

项目：了解和评价被审计单位的信息系统与沟通 财务报表截止日/期间：2021年1月1日—12月31日

编制：武平 复核：鲍含

日期：2022年1月6日 日期：2022年1月8日

控制目标	被审计单位的控制	实施的风险评估程序	结论	存在的缺陷
信息系统能够向管理层提供有关被审计单位经营的相关信息	建立必要的机制获取外部信息，包括市场状况、竞争对手的计划、法律法规的最新发展以及经济状况的变动等；管理层制定的整体战略规划可以识别、分析和监控整体目标所需的内外部信息；管理层可以获取关于履行其职责所需信息的报告	询问，查阅管理例会提纲	控制设计合理，得到执行	虽然大部分沟通留有书面记录，但部分沟通依然为口头形式
向适当人员提供的信息充分、具体且及时，保证其能够有效地履行职责	标明信息的有效期并经管理层认可；定期监测企业的财务信息，并向财务总监汇报；根据管理人员的级别，恰当确定需向其提供信息的详略程度；适当进行信息汇总，既能提供相关信息，又可在必要时进一步查阅相关细节；设有专人识别员工需要的信息并将其及时提供给员工	查阅ERP系统手册，询问财务总监和董事会秘书，查阅管理例会提纲	控制设计合理，得到执行	存在部分口头沟通情况，部分书面资料不到位
与财务报告相关的信息系统的开发及改善基于战略考虑，有助于实现单位整体层面和业务流程层面的目标	建立必要的机制（如管理例会）识别新的信息需求；由适当的人员确定对信息的需求及各项需求之间的优先次序	询问财务总监和董事会秘书，查阅管理例会提纲	控制设计合理，得到执行	存在部分口头沟通情况，部分书面资料不到位
提供适当的人力和财力开发必需的信息系统	投入充足的资源（与外部专业机构合作），以支持开发新的信息系统或者增强现有信息系统的功能	查阅ERP系统升级要求	控制设计合理，得到执行	无
监督信息系统的开发、变更和测试工作	设立领导小组，委派专人监督信息系统的开发、变更和测试工作	询问董事会秘书	控制设计合理，得到执行	无

续表

控制目标	被审计单位的控制	实施的风险评估程序	结论	存在的缺陷
就岗位职责与员工进行有效沟通	建立各种沟通渠道（如正式和非正式的培训课程、会议、工作过程中的督导等），有效实现沟通；在新员工培训中向员工提供有关其岗位职责的信息，促使员工明确自己的岗位所要达到的目标，以及如何实现该目标	查阅管理例会内容、岗位职责说明书等，询问相关人员	控制设计合理，得到执行	没有比较系统的员工手册
针对不恰当事项和行为建立沟通渠道	建立恰当的信息沟通渠道，如总经理亲自接待、董事长信箱等；该沟通渠道的信息接收者不是信息提供者的直接上司；保障员工实际运用该沟通渠道；向提供信息的员工反馈所沟通事项的处理情况，并确保其不受打击报复	询问董事长、部分员工	控制设计合理，得到执行	无
组织内部有充分畅通的横向沟通渠道，横向信息传递完整、及时，并能提供有关人员履行其职责所需的充分信息	建立销售部门与技术、生产、营销等部门的沟通渠道，保证顾客的需求得到适当的处理；建立财务部门与信用管理部门的沟通渠道，保证拖延付款信息得到适当处理；建立相应的沟通渠道，保证关于竞争对手新产品、售后服务保障等信息传递给负责技术、市场开拓和营销的部门	询问销售、财务、供应部门经理，查阅管理例会提纲，询问内贸部内勤（负责计算拖延付款对业务员的惩罚）和ERP系统的相关部分员工	控制设计合理，得到执行	无
管理层认真听取和采纳员工提出的改进意见	建立有效的机制使员工能够提出改进建议；建立奖励机制促使员工积极提出改进建议	查阅新信息和管理例会提纲	控制设计合理，得到执行	无
管理层与客户、供应商、监管者和其他外部人士有效的沟通	建立各方的沟通渠道；收集各方的建议、投诉及其他信息，并保证公司内部及时沟通；制定信息的追踪调查等后续措施；定期向管理层报告投诉的性质和数量	查阅管理例会提纲	控制设计合理，得到执行	无
需沟通的非重大缺陷： 第一，公司书面沟通（包括纵向、横向沟通，下同）少，口头沟通多，效率高但效果稍差； 第二，对员工履行职责的持续监督、指导因人力紧张而力不从心。				

2.3.5 了解和评价终泰公司对控制的监督

注册会计师武平、鲍含针对终泰公司对控制的监督进行了解和评价（见表2-10）。

表2-10　**了解和评价被审计单位对控制的监督**

被审计单位名称：终泰公司　索引号：AR10

项目：了解和评价被审计单位对控制的监督　财务报表截止日/期间：2021年1月1日—12月31日

编制：武平　复核：鲍含

日期：2022年1月6日　日期：2022年1月8日

一、持续监督

控制目标	被审计单位的控制	实施的风险评估程序	结论	存在的缺陷
内部控制定期评价	建立内部控制评价体系，定期评价内部控制	询问	控制设计合理，得到执行	无
内部控制制度对常规工作活动有效运行的保障程度能够评价	负责业务活动的管理人员将其在日常经营活动中获得的生产、库存、销售或其他方面的信息与信息系统产生的信息相比较；将用于管理业务活动的经营信息与由财务报告系统所产生的财务资料相整合或者相比较，并分析差异	询问	控制设计合理，得到执行	无
外界沟通所获取的信息能够反映内部控制运行的有效性	顾客按销货发票所列金额付款，即隐含着该发票金额正确无误；顾客投诉账单有错误，即表明处理销售业务的系统可能存在缺陷；当顾客投诉时，调查问题出现的原因；记录来自供应商的信息（如供应商寄来的对账单），公司将其用作控制和监督的工具；考虑监管机构告知本公司遵循相关法律、法规和规章的情况或其他有助于判断内部控制系统作用的事项	询问，查阅以前年度询证函、纳税申报资料	控制设计合理，得到执行	无
管理层对内部审计人员和注册会计师提出的内部控制方面的意见和建议进行适当处理	委派具有适当权限的管理人员处理内部审计师和注册会计师所提的意见和建议，并形成记录；跟踪相关决策并验证其落实情况	询问，查阅以前年度交换意见书的规范事项并与现时状况相比较	控制设计合理，得到执行	无
管理层能够获得关于控制有效的反馈信息	通过培训课程、规划会议和其他会议，掌握存在的争议及问题；员工建议自下向上传递	询问，观察和查阅管理例会提纲	控制设计合理，得到执行	无
定期询问员工遵循公司行为守则的情况、重要控制活动执行的有效性	要求员工定期确认其切实遵循了行为守则的规定；要求员工在执行重要控制工作（如调节指定账户金额）之后签名，留下执行证据	询问，查阅银行存款余额调节表、资金申请单、项目审批卡、已入账的外部发票等重要控制记录	控制设计合理，得到执行	无
内部审计工作有效	内部审计人员的能力及经验水平适当；内部审计人员在组织中的地位适当；建立内部审计人员直接向董事会或审计委员会报告的渠道；内部审计人员的审计范围、责任和审计计划适当		缺乏必要的控制	审计工作还未能覆盖所有经营管理过程

续表

二、专门评价				
控制目标	被审计单位的控制	实施的风险评估程序	结论	存在的缺陷
对内部控制进行专门评价，专门评价的范围和频率适当	专门评价的范围（包括广度和深度）及频率适当	询问	缺乏必要的控制	一般缺陷
评价过程适当	负责专门评价的人员具备必要的知识和技能；评价人员充分了解企业的活动；评价人员了解系统应当如何运作，以及实际如何运作；评价人员将评估结果与既定标准进行比较并对发现的差异进行分析	询问	缺乏必要的控制	一般缺陷
用以评价内部控制系统的方法适当，合乎逻辑	评价使用核对清单、问卷及其他评价工具；评价小组成员一起设计评价程序，保证各成员工作的协调；负责管理该项评价工作的高层管理人员具备足够的权威	询问	缺乏必要的控制	一般缺陷
书面记录适当	书面记录评价的过程；审计委员会会议记录中包括评价的记录	询问	缺乏必要的控制	一般缺陷
内部审计主要集中于经营审计，该工作能够降低财务报表重大错报风险	内部审计人员定期检查财务信息；内部审计人员定期评价经营效率和经营效果	询问	缺乏必要的控制	已建立机构，但工作未全面开展
内部审计的独立性适当	内部审计部门定期直接向董事会、审计委员会或类似的独立机构报告	询问	缺乏必要的控制	已建立机构，但工作未全面开展
信息系统审计人员能够胜任职责	定期对信息系统审计人员培训，以应对复杂的高度自动化的环境	询问	缺乏必要的控制	一般缺陷
内部审计人员坚持适用的专业准则	建立内部审计人员的定期培训制度；建立内部审计自查制度	询问	缺乏必要的控制	一般缺陷
内部审计人员记录了计划、风险评估和执行的过程，形成的结论适当	内部审计人员定期编制内部审计计划；内部审计记录适当	询问	缺乏必要的控制	一般缺陷
内部审计部门活动的范围适当	以日常经营活动审计工作为主，配合外部审计工作	询问	控制工作适当	一般缺陷

续表

审计说明： 某些重要的控制未留下执行证据，如管理例会纪要、合同、供销内勤与会计数据的核对、销售部的销售报表等；但从控制的结果看，控制有效。公司的内部控制缺陷是未设立内部审计部门对控制进行专门监督，但审计不认为这是一项重大缺陷，因为公司的规模小，业务简单，股东和董事会成员高度参与经营活动，能够对公司的控制进行监督；公司树立了严格的遵纪守法文化；历年审计结果和与外部沟通的结果都表明公司的内部控制可信赖。
需沟通的非重大缺陷： 第一，已建立机构，但未全面开展工作，在对公司经营进行专门监督方面缺乏必要的内部控制制度； 第二，某些重要的控制未留下执行证据，如会议记录、合同、供销内勤与会计数据的核对、销售部的销售报表等。

2.3.6 对终泰公司内部控制整体层面的了解与评价

注册会计师武平、鲍含对终泰公司内部控制整体层面进行了解和评价（见表2-11）。

表2-11 **对被审计单位内部控制整体层面的了解与评价**

被审计单位名称：终泰公司　　索引号：AR11

项目：对被审计单位内部控制整体层面的了解与评价　　财务报表截止日/期间：2021年1月1日—12月31日

编制：武平　　复核：鲍含

日期：2022年1月6日　　日期：2022年1月8日

1.整体层面内部控制要素

整体层面内部控制要素	是否进行了解
控制环境	是
被审计单位的风险评估	是
控制活动	是
与财务报告相关的信息系统与沟通	是
对控制的监督	是

2.了解整体层面内部控制

（1）被审计单位是否委托其他服务机构执行主要业务活动？如果被审计单位使用服务机构，将对审计计划产生哪些影响？

被审计单位未委托其他服务机构执行主要业务活动。

（2）是否制定了相关的政策和程序以保证适当的职责分工？这些政策和程序是否合理？

被审计单位制定了恰当的政策和程序以保证适当的职责分工。

（3）自前次审计后，被审计单位的整体层面内部控制是否发生了重大变化？如果已发生变化，将对审计计划产生哪些影响？

自2020年度审计后，被审计单位的整体层面内部控制未发生重大变化。

续表

（4）是否识别出非常规交易或重大事项？如果已识别出非常规交易或重大事项，将对审计计划产生哪些影响？

经了解，未识别出非常规交易或重大事项。

（5）在了解整体层面内部控制过程中是否进一步识别出其他风险？如果已识别出其他风险，将对审计计划产生哪些影响？

识别出的其他风险为：内部控制措施能够应对目前形势和规模的经营风险，但对未来的预见性不够；会计部门的权威和控制力稍显薄弱；对员工履行职责的持续监督、指导因人力紧张而力不从心。以上风险属于非重大风险，且审计人员判断不会导致财务报表的重大错报。

对审计计划的影响为：执行较为详细的细节测试。

3.信息技术一般控制采用的系统——应用软件系统

应用系统名称	计算机运行环境	来源	初次安装日期
ERP系统	Windows	外购	2014.9.1
用友财务系统U8	Windows	外购	2010.1.1
初次安装后对信息系统进行的任何重大修改、开发与维护			
应用系统名称	修改		修改日期
ERP系统	根据发展需要升级		2019.9.1
用友财务系统U8	根据新会计准则升级		2019.1.1
拟于将来实施的重大修改、开发与维护计划			
无计划			
本年度对信息系统进行的重大修改、开发与维护及其影响			
无			

4.在整体层面了解内部控制的结论

控制要素	识别的缺陷	是否属于重大缺陷	索引号	是否列入与管理层沟通事项
控制环境	无	否	AR6	是
风险评估过程	有相应的风险识别、应对机制，但目前还不够系统	否	AR7	是
信息系统与沟通	对员工履行职责的持续监督、指导因人力紧张而力不从心	否	AR9	是
监督	第一，已建立机构，但未全面开展工作，在对公司经营进行专门监督方面缺乏必要的内部控制； 第二，某些重要的控制未留下执行证据，如会议记录、合同、供销内勤与会计数据的核对、销售部的销售报表等	否	AR10	是

2.4 终泰公司风险评估结果汇总

2.4.1 终泰公司项目组风险评估讨论纪要

终泰公司项目组风险评估讨论纪要见表2-12。

表2-12 项目组风险评估讨论纪要

被审计单位名称：终泰公司 索引号：AR12

项目：项目组风险评估讨论纪要 财务报表截止日/期间：2021年1月1日—12月31日

编制：鲍含 复核：王佑涵

日期：2022年1月9日 日期：2022年1月9日

会议日期：2022年1月9日 会议地点：终泰公司9楼会议室 参加人员：项目组全体成员

1.被审计单位的总体情况和报告要求

终泰公司经营范围：生产、销售间氨基苯磺酸、苯胺-2.5-双磺酸单钠盐、间羟基-N·N-二乙基苯胺、间氨基苯酚（苯酚）、氯乙烷、有机中间体（危险化学品除外）。本次审计的目的是对公司2021年度财务报表进行审计，出具2021年度审计报告。

2.对于连续审计业务，总结上年审计工作情况以识别重要问题

本业务属于连续审计，公司内部控制完善，业务单一，规模较小。我们在历次审计中均未发现舞弊及其他特定风险情况，公司经营稳健，资产质量好。公司治理层和管理层守法意识较好，与审计机构沟通较好，尊重审计师提出的意见。我们在历次审计的实质性程序中均未发现重大调整事项。在本次审计中，重要的审计领域和科目是存货、成本、收入、应收账款、在建工程、固定资产，对于其他科目也要详细审查。

3.被审计单位及其环境的重大变化

自上次审计截止日2020年12月31日后，被审计单位内部、外部无重大变化，销售情况持续走好，原材料采购单价和产品销售单价双双上涨，毛利率微涨。公司取得了高新技术企业证书，自2012年1月1日起执行15%的所得税税率。教育费附加自2013年4月1日起执行5%的费率（其中3%是国家统一规定，2%为地方补充规定），审计中对此应加以注意。

4.财务报表容易发生错报的领域及发生错报的方式

财务报表容易发生错报的领域为产成品、销售收入及成本的期末截止，应详细审查截至审计截止日的存货仓库数据和财务账簿数据，对二者的差异详细分析原因及对财务报表的影响。另外，对费用的正确截止也应作为重要的审计领域。

5.重要审计事项和风险领域

重要审计事项与财务报表容易发生错报的领域相对应，主要为产成品、销售收入及成本的期末截止，应详细审查截至审计截止日的存货仓库数据和财务账簿数据，对二者的差异详细分析原因及对财务报表的影响。另外，对费用的正确截止也是重要的审计事项。

6.发生舞弊导致的重大错报风险的可能性

因公司规模较小，业务单一，业主参与经营的程度较高，公司对资金和物流设计了严密的内部控制制度，层层把关，且对于重要事项和异常事项均要层层上报审查，最后经董事长亲自审批，舞弊导致的重大错报风险可能性较小。

2.4.2 终泰公司报表层次风险评估结果

注册会计师汇总终泰公司报表层次风险评估结果（见表2-13）。

表2-13 报表层次风险评估结果

被审计单位名称：终泰公司 索引号：AR13

项目：报表层次风险评估结果 财务报表截止日/期间：2021年1月1日—12月31日

编制：鲍含 复核：王佑涵

日期：2022年1月9日 日期：2022年1月9日

编制说明：

本工作底稿用于记录、了解被审计单位及其环境中识别的重大错报风险及应对方案，由以下三部分组成：

（1）识别的重大错报风险汇总；

（2）财务报表层次风险应对方案；

（3）特别风险应对措施及结果汇总。

一、识别的重大错报风险汇总

识别的重大错报风险	索引号	属于财务报表层次还是认定层次	是否属于特别风险	是否属于仅通过实质性程序无法应对的重大错报风险	受影响的交易类别、账户余额和列报认定
无					

二、财务报表层次风险应对方案

财务报表层次重大错报风险	索引号	总体应对措施
无		

三、特别风险应对措施及结果汇总

项目	经营目标	经营风险	特别风险	管理层应对或控制措施	财务报表项目及认定	审计措施	向被审计单位报告的事项
无							

2.4.3 终泰公司重要账户和交易层次风险评估结果

注册会计师最终汇总终泰公司重要账户和交易层次风险评估结果（见表2-14）。

表2-14 **重要账户和交易层次风险评估结果**

被审计单位名称：终泰公司　　索引号：AR14

项目：重要账户和交易层次风险评估结果　　财务报表截止日/期间：2021年1月1日—12月31日

编制：鲍含　　复核：王佑涵

日期：2022年1月9日　　日期：2022年1月9日

业务循环涉及的重要账户或列报	识别的重大错报风险									相关控制预期是否有效	拟实施的总体方案				
	重大错报风险水平	是否为特别风险	相关认定[①]								总体方案	控制测试	控制测试索引号	实质性程序	实质性程序索引号
			存在/发生	完整性	权利和义务	计价和分摊/准确性	截止	分类	列报						
生产循环															
存货	中	否	√	√		√				是	综合	√		√	
营业成本	中	否	√	√		√	√			是	综合	√		√	
销售与收款循环															
应收账款	中	否	√			√				是	综合	√		√	
营业收入	中	否	√			√	√			是	综合	√		√	
采购与付款循环															
固定资产	低	否	√	√	√	√			√		综合	√		√	
在建工程	中	否	√	√	√	√			√	是	综合	√		√	

注：①根据账户余额、各类交易和列报选择适用的认定。

关键概念

内部控制　内部环境　风险评估　控制活动　信息与沟通　监督

本章小结

本章以宇达会计师事务所审计终泰公司2021年度财务报表为案例进行审计风险评估分析。在了解和评价终泰公司及其环境（不包括内部控制）相关要素的基础上，又在总体层面了解和评价终泰公司的内部控制五要素，得出对终泰公司审计风险的评估结论。审计风险评估的基本思路在此案例里展现得比较清晰。首先，了解被审计单位及其环境，从下列六个方面入手：（1）相关行业状况、法律环境与监管环境以及其他外部因素；（2）被审计单位的性质，包括经营活动、所有权和治理结构、正在实施和计划实施的投资的类型、组织结构和筹资方式；（3）被审计单位对会计政策的选择和运用；（4）被审计单位的目标、战略以及可能导致重大错报风险的相关经营风险；（5）对被审计单位财务业绩的衡量和评价；（6）被审计单位的内部控制。其次，通过了解发现，终泰公司由于相关环境和内部控制缺陷导致的重大错报风险在中等以下水平。最后，确定拟实施的总体方案为综合性方案。

课程思政

在疫情防控常态化的大环境下，我国经济韧性发展，坚定实施扩大内需战略，优化和稳定产业链、供应链等发展战略所引发的思考。

思政目标：基于审计风险评估因素的分析，将构建以国内大循环为主体、国内国际双循环相互促进的新发展格局，优化和稳定产业链、供应链等内容融入专业课堂，使学生认识到当今世界正经历百年未有之大变局，这次疫情既是一次危机，也是一次大考，我们要举一反三，进行更有长远性的思考，完善战略布局，做到化危为机，实现高质量发展，使学生感受国家经济发展与民生保障、民族振兴的现实环境，引导学生了解世情、国情、党情、民情，增强对党的创新理论的政治认同、思想认同、情感认同，坚定中国特色社会主义道路自信、理论自信、制度自信、文化自信，从而培养学生的家国情怀和爱国精神。

练习题

1.2022年年初，注册会计师李兵负责审计立程公司2021年度财务报表，在审计工作底稿中记录所了解的立程公司情况及其环境，部分内容摘录如下：

（1）由于2020年销售业绩未达到董事会制定的目标，立程公司于2021年2月更换了公司负责销售的副总经理。立程公司董事会计划2021年度实现销售收入在2020年度的基础上增长15%。立程公司管理层实行年薪制，总体薪酬水平根据上述目标的完成情况上下浮动。立程公司所处行业2021年度平均销售增长率是10%。

（2）立程公司的广告费用一直以来都是不小的费用支出，从2021年开始与国内团购网站合作，开展网络营销，销售量很大，而利润率非常低，但是为扩大市场占有率奠定了基础。

（3）立程公司于2021年11月3日收到法院通知，被告知泰达公司状告立程公司侵犯其专利权。泰达公司认为，立程公司未经其同意，在试销的新产品中采用了泰达公司的专利技术，要求立程公司停止该项新产品的生产和销售，一次性支付专利使用费80万元。截至12月31日，诉讼尚在进行中。立程公司根据案件的进展情况和律师的意见，认为很可能会发生赔偿支出。

注册会计师李兵在审计工作底稿中记录了所获取的立程公司财务数据，部分内容见表2–15。

表2–15 2021年部分未审财务数据及2020年对应数据 单位：万元

项目	2021年未审数	2020年已审数
营业收入	8 400	7 000
营业成本	5 800	4 900
销售费用	650	900
预计负债	0	0

要求：针对上述资料，假定不考虑其他条件，逐项指出情况（1）至（3）所述事项是否可能表明存在重大错报风险。如果认为存在，简要说明理由，并说明是财务报表层次的重大错报风险还是认定层次的重大错报风险。如果认为是认定层次的重大错报风险，分别说明该风险主要与哪些财务报表项目（仅限于营业收入、营业成本、销售费用和预计负债）的哪些认定相关。

2.立多公司为食品制造行业的上市公司。智库会计师事务所接受立多公司的审计委托并指派注册会计师王继负责对立多公司2021年度财务报表实施连续审计，注册会计师王继对立多公司2020年度财务报表出具了无保留意见审计报告。注册会计师王继在审计工作底稿中记载的与立多公司及其环境相关的具体情况如下：

（1）2021年，因农副产品价格大幅上涨导致食品制造行业的成本平均上升了20%。不少企业严重亏损。受全行业销售价格平均提高20%的影响，行业销售量平均下降了17%。

（2）受国家政策影响，立多公司流动资金短缺，因而加强了货款回收工作，使应收账款的周转天数比上年的20天明显缩短。

（3）由于2020年储备了大量用于生产A产品的原材料，因此，在A产品销售价格上升20%的情况下，其单位成本仅上升了13.5%。

（4）产品滞销导致专用生产设备大量闲置，立多公司管理层取消了原定的增加专用生产设备的计划，2021年度没有增加新的专用生产设备。

（5）因竞争对手推出了C产品的改良产品，立多公司决定自2022年1月1日起对库存的C产品采取“买一赠一”的营销策略。

立多公司2021年部分未审财务数据及2020年对应数据见表2–16，专用设备及累计折旧增减情况见表2–17。

表2–16 2021年部分未审财务数据及2020年对应数据 单位：万元

项目	2021年未审数				2020年已审数			
	A产品	B产品	C产品	合计	A产品	B产品	C产品	合计
应收账款年末余额	339	143	126	608	337	132	123	592
期末库存商品账面余额	230	150	400	780	330	250	200	780
减：存货跌价准备	1	3	0	4	0	0	0	0
期末库存商品账面价值	229	147	400	776	330	250	200	780
营业收入	3 971	3 511	3 045	10 527	3 968	3 100	2 957	10 025
营业成本	2 970	2 625	2 405	8 000	3 358	2 325	2 360	8 043

表2–17 专用设备及累计折旧增减情况 单位：万元

项目	年初余额	本年增加额	本年减少额	年末余额
专用设备	10 008	0	18	9 990
累计折旧	3 080	40	20	3 100

要求：假定不考虑其他条件，指出资料（1）至（5）所列事项是否可能表明立多公司存在重大错报风险。如果认为存在，简要说明理由，并说明该风险主要与哪些财务报表项目（仅限于应收账款、存货、固定资产、营业收入、营业成本、管理费用、资产减值损失）的哪些认定相关。

3. 林峰会计师事务所的注册会计师韩如意是晴好公司2021年度财务报表审计业务的项目合伙人。审计工作底稿记载的与识别、评估和应对舞弊风险相关的情况如下：

（1）注册会计师韩如意在项目组讨论时特别强调，舞弊可能通过精心策划、蓄意实施加以隐瞒，舞弊导致的重大错报风险大于错误导致的重大错报风险。

（2）为确定晴好公司是否存在舞弊事实、舞弊嫌疑或舞弊指控，注册会计师韩如意拟询问治理层、管理层，并考虑是否有必要向内部审计人员询问。

（3）晴好公司管理层的报酬中有相当一部分取决于被审计单位能否实现激进的目标，注册会计师韩如意认为晴好公司管理层存在舞弊的机会。

（4）注册会计师韩如意拟在实施总体应对措施的基础上，针对舞弊导致的认定层次的重大错报风险实施进一步审计程序，以应对舞弊导致的重大错报风险。

要求：分别针对情况（1）至（4），指出注册会计师韩如意的处理是否恰当。如不恰当，简要说明理由。

4. 晴雨公司主要生产和销售工程机械，产品主要通过买断的形式销售给各地经销商，少量直接销售给最终用户。林峰会计师事务所于2021年下半年首次接受委托审计晴雨公司2021年度财务报表，并委派注册会计师韩心成担任审计项目合伙人。注册会计师韩心成了解了晴雨公司及其环境后，按照2021年度晴雨公司税前利润的5%确定了财务报表整体重要性水平为500万元，晴雨公司适用的所得税税率为25%。

资料一：

（1）受宏观经济环境影响，2021年国内部分工程机械产品因产能过剩导致价格下跌，工程机械行业竞争日趋激烈。2021年年初，工程机械行业的相关研究报告显示，国内主要工程机械企业2021年营业收入较2020年下降约40%。

（2）2021年年末，晴雨公司为了应对行业产能过剩，关闭了一条技术落后的生产线。

（3）2021年年末，晴雨公司发布针对关闭的生产线部分员工的减员计划。

（4）除对部分经销商采用预收款或银行承兑汇票结算货款外，晴雨公司主要采用赊销方式销售产品。由于2021年国内工程机械市场需求下滑，部分经销商因经营不善出现财务困难。

（5）2021年12月，晴雨公司为缓解资金流动性压力，将部分应收账款出售给银行。

（6）针对工程机械行业整体产能过剩问题，晴雨公司于2021年11月开始降价促销去库存。

资料二：

注册会计师韩心成在审计工作底稿中记录了晴雨公司的财务数据，部分内容摘录见表2-18。

表2-18 **晴雨公司财务数据部分内容摘录** 单位：万元

项目	2021年12月31日（未审数）	2020年12月31日（已审数）
应收账款	554 000	392 700
坏账准备	12 000	11 200
存货	435 000	377 100
存货跌价准备	9 000	8 800
固定资产	248 000	210 900
固定资产减值准备	7 200	7 000
短期借款	169 500	508 100
应付职工薪酬	9 100	9 200
预计负债	6 500	6 850
营业收入	1 936 900	2 605 800

要求：针对资料一第（1）至（6）项，结合资料二，假定不考虑其他条件，逐项指出资料一所列事项是否表明可能存在重大错报风险。如果认为存在重大错报风险，简要说明理由，并说明该风险主要与哪些财务报表项目的哪些认定相关。将答案直接填入表2-19。

表2-19 **是否表明可能存在重大错报风险及其理由**

事项序号	是否表明可能存在重大错报风险（是/否）	理由	财务报表项目名称及认定
（1）			
（2）			
（3）			
（4）			
（5）			
（6）			

第3章　销售与收款循环审计案例

学习目标

通过本章的学习，掌握销售与收款循环的重大错报风险评估以及控制测试；掌握主营业务收入、应收账款、其他应收款、坏账准备等项目审计的实质性程序。

3.1　永佳公司销售业务审计案例

3.1.1　项目背景资料

（1）永佳公司的背景资料

永佳公司坐落于东山市高科技园区信息产业基地，是国内著名的系统集成商，连续被东山市高新技术产业开发实验区评为“经济二十强企业”，被东山市评为“重合同，守信用”企业，通过了ISO 9001质量管理体系认证，毗邻东山市的高速公路，道路通畅便利。作为东山市高新技术企业，永佳公司运营环境良好，享受诸多高新技术企业的优惠政策。

公司经营范围：开发、生产计算机软件、硬件、显示器、计算机外部设备；网络信息技术、电子商务技术、电子政务技术、数据库技术、通信技术、工业自动化技术的开发与应用；计算机系统集成；自产产品的安装、调试、维修、技术转让、技术培训、技术服务；承接技术咨询和外包服务；销售自产产品。

东方会计师事务所于2022年1月16日至2月28日对永佳公司2021年度财务报表进行审计，其中注册会计师李全、马安负责审计销售与收款循环业务。经初步了解，永佳公司2021年度的经营形势、管理及经营机构与2020年度相比未发生重大变化。永佳公司2021年度未经审计的利润表数据见表3-1，2021年度1—12月份未经审计的营业收入、营业成本见表3-2。

表3-1　2021年度未经审计的利润表

编制单位：永佳公司　　2021年度　　单位：万元

项目	本期金额	上期金额
一、营业收入	10 300.00	5 816.58
减：营业成本	5 345.00	3 119.35
税金及附加	560.00	421.00
销售费用	1 100.00	968.00
管理费用	1 200.00	1 558.45
研发费用	0	0
财务费用	180.00	176.00

续表

项目	本期金额	上期金额
加：投资收益（损失以“-”号填列）	0	0
公允价值变动收益（损失以“-”号填列）	0	0
资产减值损失（损失以“-”号填列）	-6.00	0
二、营业利润	1 909.00	-426.22
加：营业外收入	10.00	8.00
减：营业外支出	26.00	12.00
三、利润总额（亏损总额以“-”号填列）	1 893.00	-430.22
减：所得税费用	208.23	0
四、净利润（净亏损以“-”号填列）	1 684.77	-430.22
（一）持续经营净利润（净亏损以“-”号填列）		
（二）终止经营净利润（净亏损以“-”号填列）		
五、其他综合收益的税后净额		
（一）不能重分类进损益的其他综合收益		
（二）将重分类进损益的其他综合收益		
六、综合收益总额		
七、每股收益：		
（一）基本每股收益		
（二）稀释每股收益		

表3-2　2021年1—12月份未经审计的营业收入、营业成本

月份	营业收入（万元）	占全年营业收入的比重（%）	营业成本（万元）	占全年营业成本的比重（%）
1	770.23	7.48	440.32	8.24
2	750.46	7.29	393.62	7.36
3	730.78	7.09	378.96	7.09
4	760.36	7.38	393.87	7.37
5	770.23	7.48	406.22	7.60
6	775.19	7.53	404.31	7.56
7	785.56	7.63	414.22	7.75
8	760.35	7.38	397.45	7.44
9	750.46	7.29	397.56	7.44
10	780.12	7.57	413.81	7.74
11	799.90	7.76	423.64	7.93
12	1 866.36	18.12	881.02	16.48
合计	10 300.00	100.00	5 345.00	100.00

永佳公司销售的交易流程包括下列主要步骤：客户下订单及将订单输入系统；核准信用状况及赊销条款；填写订单并准备出货；编制货运单据；订单运送、递送至客户处或由客户提货；开具销售发票；复核发票的准确性并邮寄或送至客户处；登记、生成销售明细账；汇总销售明细账和应收账款明细账并过账至总账。

永佳公司收款的交易流程包括下列主要步骤：客户以现金、支票或汇票方式结算，将收取的款项存入银行；记录所收款项；登记货币资金和应收账款账户。

销售业务的审计目标：已发生的销货业务均已登记入账；登记入账的销货业务是真实的；登记入账的销货业务估价准确；登记入账的销货业务分类恰当；销货业务记录及时；销货业务已正确地记入明细账并正确地汇总；在财务报表中的披露是恰当的。

（2）永佳公司所在行业背景资料

电子计算机行业受宏观经济影响明显。目前，计算机行业全球化程度非常充分，竞争激烈，而我国较为缺乏芯片制造等核心技术。自2007年下半年以来受美国次贷危机的影响，行业增长缓慢。从计算机行业的历史业绩表现来看，营业收入增速和归属于母公司的净利润增速也是在2008年和2012年达到低点。2014年上半年，随着全球经济进一步复苏，电子计算机行业保持稳健增长态势，这主要是因为我国经济平稳发展以及家电下乡政策的持续效应，笔记本电脑市场不断扩大，由大城市逐渐走入小城市，还扩张到农村。台式电脑作为成熟的产品市场，随着消费需求的逐步释放，家电下乡、以旧换新等项目进入稳定阶段，2014年度，台式电脑市场依旧保持稳定增长态势。一体机电脑占有率持续提升，其中家用产品占据绝对优势地位；在商用市场上，性价比较高的传统台式电脑仍然是首选。笔记本电脑市场增速虽然放缓，但是整体保持平稳；平板电脑市场规模快速上升。从2016年的业绩表现来看，营业收入和归属于母公司的净利润增速都达到新高。然而，在智能手机快速普及之后，人们使用个人电脑的时间大幅缩短，在非必要的情况下，很多人会选择通过智能手机完成工作和生活方面的事情。这在一定程度上抑制了电脑市场销售量的增长。2020年以来，受疫情的影响，在线教育、居家办公以及应对企业升级等催生了个人电脑的需求增长，个人电脑在2020年的市场需求较旺，出货量上涨。

根据美国国际数据集团（IDC）公布的调研数据，2021年个人电脑出货量将延续2020年的增长势头，增长率有望达到15%。但是从具体的个人电脑出货量预测图也可以发现，2022年的增长率可能会急剧下降。因为受疫情影响，不少潜在购买力被消耗掉了，因此预计2022年及以后3年里个人电脑出货量增长速度将放缓。

3.1.2 评估重大错报风险

被审计单位可能有各种各样的收入来源、处于不同的控制环境、存在复杂的合同安排，这些情况对销售交易的会计核算可能产生诸多影响，比如不同交易安排下收入确认的时间和依据可能不尽相同。

注册会计师应当考虑影响销售交易的重大错报风险，并对被审计单位经营活动中可能发生的重大错报风险保持警觉。永佳公司所在行业可能存在的重大错报风险主要体现在以下方面：

（1）管理层对收入造假的偏好和动因。被审计单位管理层可能为了完成预算、满足业绩考核要求、确保从银行获得额外的资金、吸引潜在投资者或影响公司股价而在财务报告中虚增收入。

（2）收入核算的复杂性。被审计单位可能针对一些特定的产品或者服务提供一些特殊的交易安排（例如特殊的退货约定、特殊的服务期限安排等），但管理层可能对这些不同安排所涉及的交易风险的判断缺乏经验，当确认收入的入账时间时就容易发生错误。

（3）采用不正确的收入截止。被审计单位在当年会计期末编造虚假销售交易，然后在次年转回，可能导致当年会计期末的营业收入总额以及当年年末应收账款余额、货币资金余额和应交税费余额被高估。将属于下一会计期间的收入有意或无意地计入本期，或者将属于本期的收入有意或无意地计入下一会计期间，可能导致本期收入以及本期期末应收账款余额、货币资金余额和应交税费余额被高估或低估。

（4）退货不入账。被审计单位因错误发货、发出商品的质量不符合合同要求等发生销售退回业务，在收到退回的货物时，可能没有按照规定办理退货的验收、入库手续，而是继续挂在"主营业务收入"账户，致使营业收入虚增。

（5）发生错误的风险。例如，被审计单位没有及时更新商品价目表，商品可能以错误的价格销售；当销售量较大时，如果扫描时没有读取商品条形码、收款员使用错误的手册、售出商品的数量发生错误或收款员给客户的找零出现差错，那么，错误均会发生。

（6）隐瞒盗窃的风险。在被审计单位员工利用销售调整和销售退回隐瞒盗窃现金行为时，将发生隐瞒盗窃的风险，可能导致销售收入、应收账款被高估和货币资金被低估。

在实施用以识别和评估重大错报风险的相关审计程序后，注册会计师李全、马安充分关注可能表明永佳公司存在重大错报风险的事项和情况，发现永佳公司在2021年度的经营形势、管理及经营机构与2020年度相比未发生重大变化的情况下，利润表数据反映2021年全年营业收入比2020年增加了77.08%，2021年全年营业成本比2020年增加了71.35%，增长幅度都很大，但销售费用变化却不大，管理费用还减少了23%，所得税费用数据异常；2021年1—12月份未经审计的营业收入、营业成本数据反映12月份营业收入变动很大。

考虑到由于上述事项和情况导致的重大错报风险比较重大，以及该风险导致财务报表发生重大错报的可能性也比较大，注册会计师再将所了解的控制与特定认定相联系，考虑对识别的销售与收款交易、账户余额和披露认定层次的重大错报风险的评估和汇总，认为永佳公司销售与收款循环的重大错报风险的评估结果为高水平。

3.1.3 永佳公司销售业务控制测试

注册会计师李全、马安按照审计准则的要求，首先对销售与收款的交易流程进行了解，包括：检查被审计单位的内部控制手册和其他书面指引以获得有关信息；询问各个部门的有关人员，询问的人员主要包括具体业务人员和主管人员；观察操作流程以获得全面的了解。注册会计师还关注了流程在各部门之间如何衔接（例如单据的流转和核对），以及各部门人员的职责分工。通过对销售与收款循环内部控制的了解，注册会计师李全、马安结合销售与收款循环的关键控制点，根据具体审计计划拟定的针对评估的重大错报风险实施的程序，对拟信赖的设计有效并被执行的关键控制点进行控制测试，形成了销售与收款循环内部控制测试程序表（见表3-3）、销售与收款循环内部控制调查问卷（见表3-4）、部分销售业务穿行测试记录表（见表3-5）、销售与收款循环内部控制执行有效性汇总评价表（见表3-6）等工作底稿。

表3-3 **销售与收款循环内部控制测试程序表**

被审计单位：永佳公司　　索引号：XSKZ

项目：销售与收款循环内部控制测试程序　　财务报表截止日/期间：2021年1月1日—12月31日

编制：李全　　复核：马安

日期：2022年2月4日　　日期：2022年2月4日

审计目标： 1.通过检查销售与收款循环相关内部控制在永佳公司的经营过程中是否能够在不同业务单元及不同时间按照既定设计被一贯执行，评价销售与收款循环相关控制制度执行的有效性。 2.获取充分、适当的审计证据以支持审计结论。
审计程序： 1.询问永佳公司的有关人员，调查永佳公司销售与收款循环的主要控制制度是否被执行。 2.观察销售与收款循环的关键控制点及特定控制点的控制实践。 3.检查关键控制点生成的有关文件和记录： （1）检查销售发票是否有与之对应的发运凭证、出库单； （2）核对销售发票、销售合同、发运凭证和出库单等所载明的品名、规格、数量、价格是否一致； （3）观察永佳公司是否按月寄送对账单，并检查顾客回函档案。 4.必要时通过重新执行来证实销售交易控制与收款控制制度执行的有效性。 5.通过追踪交易在财务报告信息系统中的处理过程（穿行测试），获取对关键控制点控制有效支持的审计证据。 6.根据上述程序的实施，评估永佳公司的内部控制是否可以信赖。

表3-4 **销售与收款循环内部控制调查问卷**

被审计单位：永佳公司　　索引号：XSKZ-1

项目：内部控制调查问卷——销售与收款流程　　财务报表截止日/期间：2021年1月1日—12月31日

编制：李全　　复核：马安

日期：2022年2月4日　　日期：2022年2月4日

被询问人姓名：王兴旺　　询问时间：2022年2月4日

被询问人所属部门岗位及职位：销售员　　询问地点：会议室　　询问人姓名：李全

调查项目	调查结果			备注
	是	否	不适合	
1.所有的销货行为是否都有合同并经主管核准？		√		零星销售无合同
2.签订合同前是否核准客户信用？	√			
3.产品的单价及销货折扣的制定、调整是否经过授权核准？	√			

续表

调查项目	调查结果			备注
	是	否	不适合	
4.销售发票是否以审核后的销售合同为依据？		√		零星销售无合同
5.发票是否按顺序号填列签发？	√			
6.是否对所有的销售发票都开出提货单并交给客户？	√			
7.提货单是否经顾客签字确认？	√			
8.发货前是否核实客户有付款能力？	√			
9.产品发货时是否核对发票与装箱单？	√			
10.销售明细账是否根据提货单及发票的记账联登记？		√		
11.销货退回是否经审核批准？	√			
12.销货退回是否开红字发票及产品入库单？	√			
13.退货是否经过验收入库后退款？	√			
14.应收账款是否有核对、催收制度？	√			
15.坏账损失的处理是否经授权批准？	√			

被询问人签字：王兴旺　　　　签字日期：2022年2月4日

表3-5　**部分销售业务穿行测试记录表**

被审计单位：永佳公司　　　　索引号：XSKZ-2

项目：部分销售业务穿行测试记录　　　　财务报表截止日/期间：2021年1月1日—12月31日

编制：李全　　　　复核：马安

日期：2022年2月6日　　　　日期：2022年2月6日

会计凭证									合同						出库		备注
日期	凭证编号	借方科目	销售单号	销售产品名称	规格	数量（台）	单价（元/台）	金额（元）	规格	数量（台）	单价（元/台）	交货方式	交货日期	发货方式	出库日期	运单号码	
12.9	银2号	银行存款	0213	计算机	略	10	8 080	80 800	略	10	8 080	交款提货	12.9	收款发货	12.9	略	规格相符
12.11	转4号	应收账款	0231	计算机	略	2	9 555	19 110	略	2	9 555	托收承付	12.9	赊销	12.9	略	—

续表

会计凭证									合同						出库		备注
日期	凭证编号	借方科目	销售单号	销售产品名称	规格	数量（台）	单价（元/台）	金额（元）	规格	数量（台）	单价（元/台）	交货方式	交货日期	发货方式	出库日期	运单号码	
12.11	转 5 号	应收账款	0232	计算机	略	3	7 440	22 320	略	3	7 440	托收承付	无发货单	赊销	无发货单	略	—
12.13	转 6 号	应收账款	0240	计算机	略	5	7 440	37 200	略	5	7 440	托收承付	无发货单	赊销	无发货单	略	—
12.13	转 8 号	应收账款	0242	计算机	略	12	9 555	114 660	略	12	9 555	托收承付	无发货单	赊销	无发货单	略	—
12.13	转 9 号	应收账款	0245	计算机	略	6	7 440	44 640	略	6	7 440	托收承付	无发货单	赊销	无发货单	略	—
12.15	转 12 号	应收账款	0249	计算机	略	6	7 440	44 640	略	6	7 440	托收承付	12.15	赊销	12.15	略	不符，退回
12.22	转 19 号	应收账款	0259	计算机	略	4	7 440	29 760	略	4	7 440	托收承付	12.22	赊销	12.22	略	规格相符
12.22	转 20 号	应收账款	0260	计算机	略	2	9 555	19 110	略	2	9 555	托收承付	12.22	赊销	12.22	略	规格相符
12.23	转 21 号	应收账款	0262	计算机	略	13	7 440	96 720	略	13	7 440	托收承付	12.23	赊销	12.23	略	不符，退回
12.23	转 22 号	应收账款	0264	计算机	略	3	9 555	28 665	略	3	9 555	托收承付	12.23	赊销	12.23	略	规格相符

审计说明：

经抽查2021年12月份的销售凭证，发现销售单号为0232、0240、0242、0245所对应的销售合同注明的交货日期均为2022年1月份，且没有对应的仓库发货记录。赊销业务的审批程序合规，销售退回的审批程序合规，部分营业收入的确认不符合企业会计准则规定的确认条件。

审计结论：

销售业务内部控制的可信赖程度为中等偏高水平，可适当增加实质性程序。

表3-6 **销售与收款循环内部控制执行有效性汇总评价表**

被审计单位：永佳公司　　索引号：XSKZ-3

项目：销售与收款循环内部控制执行有效性汇总评价　　财务报表截止日/期间：2021年1月1日—12月31日

编制：李全　　复核：马安

日期：2022年2月6日　　日期：2022年2月6日

<table>
<tr><td colspan="2">内部控制风险评价标准</td></tr>
<tr><td colspan="2">重要提示：
如出现下列情况，应将控制风险评估为高水平：
1.既定内部控制制度在不同的时间点或不同的业务单元和公司层面未被一贯执行；
2.例外事项的控制点未被一贯执行；
3.有证据表明存在管理层凌驾于内部控制之上的情况。</td></tr>
<tr><td colspan="2">对内部控制制度执行有效性的评价</td></tr>
<tr><td colspan="2">评价对象：
检查表（√）；询问记录（√）；观察记录（√）</td></tr>
<tr><td colspan="2">评价：
通过询问永佳公司的销售人员、库管人员、会计人员和业务主管人员等，了解到永佳公司销售与收款的主要控制制度得到了比较有效的执行；观察销售人员开票、会计人员收款或取得索取货款的权利的凭证过程、库管人员的发货业务流程，未见异常情况；检查销售与收款、销售退回等关键控制点生成的有关文件和记录，部分记录缺乏可靠性。</td></tr>
<tr><td>评价结论类型</td><td>结论（在选项前划“√”）</td></tr>
<tr><td>内部控制可信赖</td><td></td></tr>
<tr><td>内部控制不可信赖</td><td>注：确定实质性测试方案或确定审计报告意见类型</td></tr>
<tr><td>部分内部控制可信赖</td><td>√注：需要详细描述并确定实质性测试方案
销售发货与确认销售收入的部分内部控制制度可信赖程度较低，选用的实质性程序应以细节测试为主，并辅以实质性分析程序</td></tr>
</table>

注册会计师李全根据被审计单位的销售与收款流程设计了调查问卷，并将其发放给被审计单位的相关人员。根据对回收的足够数量的调查问卷的统计，注册会计师李全得出的结论是：销售与收款循环内部控制可信赖程度处于中等偏高水平，需要进一步对部分销售业务做穿行测试。

穿行测试用于证实对重要交易流程和相关控制的了解，并确定相关控制的执行情况。无论注册会计师是否打算依赖控制，均需要执行穿行测试，以确认之前对业务流程及可能发生错报环节了解的准确性和完整性。针对销售交易，注册会计师李全选择了其中部分具体交易进行穿行测试，针对“订单处理→核准信用状况及赊销金额→填写订单并准备出货→编制货运单据→订单运送、递送至客户处或由客户提货→开具销售发票→复核发票的准确性并邮寄或送至客户处→登记、生成销售明细账→汇总销售明细账和应收账款明细账并过账至总账”等整个交易流程进行了解和识别。在执行穿行测试时，注册会计师询问了交易流程和控制的执行人，并检查和复印了有关单据和文件，询问和检查了其发现错报时的处理。最后，注册会计师根据审计准则的要求对相关控制设计及其是否得到执行进行评价，以确定进一步的审计程序。

由于永佳公司12月份的营业收入和营业成本占全年营业收入和营业成本的比重较大，而其他月份的变动均不大，因此，注册会计师李全决定重点抽查12月份的销售业务进行穿行测试。

首先，随机抽取2021年12月份开出的销售单11份，进行销售业务审计的各项检查，会计凭证与销售合同、出库日期基本相符，仓库发货没有错误。

其次，抽取12月份开出的所有销售发票，发现编号连续、无缺号，4张作废发票均盖有“作废”印章。

最后，审查被审计单位12月份的销售折扣与折让业务、销售退回业务，发现未发生销售折扣、折让行为，有2笔销货退回业务（销售单号为0249、0262）。销货退回附有按顺序编号并经主管人员核准的贷项通知单，有仓库签收的退货验收报告和入库单，有对方税务部门开具的有关证明，会计处理正确。

注册会计师在编制完上述穿行测试工作底稿后，根据凭证记载的销售方式，需要进一步审查的事项还有：（1）销售收入的确认是否符合企业会计准则规定的确认条件；（2）被审计单位的产品保管、仓库发货是否按内部控制要求办理；（3）被审计单位办理赊销业务，是否核准了客户的赊销信用，赊销业务的审批是否符合内部控制的规定，赊销价格是否合规；（4）销售退回业务的授权批准人员的权限是否符合内部控制的规定；（5）销售价格是否符合被审计单位的统一定价。

3.1.4 永佳公司销售业务实质性程序

根据销售与收款循环内部控制的评价结果，注册会计师李全、马安确定了营业收入的实质性程序（见表3-7）。

表3-7 营业收入实质性程序表

被审计单位：永佳公司　　索引号：YYSR

项目：营业收入实质性程序　　财务报表截止日/期间：2021年度

编制：李全　　复核：马安

日期：2022年2月7日　　日期：2022年2月7日

审计目标	财务报表认定					
	发生	完整性	准确性	截止	分类	列报
记录的营业收入是已发生的，且与被审计单位有关	√					
营业收入记录是完整的		√				
与营业收入有关的金额及其他数据已恰当记录，包括对销售退回、销售折扣与折让的处理是适当的			√			
营业收入已记录于正确的会计期间				√		
营业收入已按照企业会计准则的规定在财务报表中作出恰当的列报						√

续表

计划实施的实质性程序①	是否执行	索引号	发生	完整性	准确性	截止	分类	列报
1.获取或编制主营业务收入明细表		YYSR-1			√			
2.实施实质性分析程序（必要时）		YYSR-2	√	√	√			
3.检查主营业务收入的确认条件是否符合企业会计准则的规定，前后期是否一致；关注周期性、偶然性的收入是否符合既定的收入确认原则、方法		YYSR-3	√	√	√	√		
4.获取产品价格目录，抽查售价是否符合价格政策，并注意销售给关联方或关系密切的重要客户的产品价格是否合理，有无以低价或高价结算的情况，相互之间有无转移利润的现象		YYSR-4			√			
5.抽取____张发货单，审查出库日期、品名、数量等是否与发票、销售合同、记账凭证等一致		YYSR-5	√	√	√	√		
6.抽取____张记账凭证，审查入账日期、品名、数量、单价、金额等是否与发票、发货单、销售合同等一致		YYSR-6		√	√	√		
7.销售的截止测试		YYSR-7				√		
8.存在销货退回的，检查手续是否符合规定，结合原始销售凭证检查其会计处理是否正确，结合存货项目审计关注其真实性		YYSR-8	√					
9.销售折扣与折让		YYSR-9			√			
10.调查向关联方销售的情况，记录交易品种、价格、数量、金额和比例，并记录其占总销售收入的比例，对于合并范围内的销售活动，记录应予合并抵销的金额		YYSR-10	√		√			
11.根据评估的舞弊风险等因素增加的审计程序		YYSR-11						
12.获取或编制其他业务收入明细表，复核加计是否正确，并与总账数和明细账合计数核对是否相符，结合主营业务收入科目与营业收入报表数核对是否相符		YYSR-12			√			
13.检查原始凭证等相关资料，分析交易的实质，确定其是否符合收入确认的条件，并检查其会计处理是否正确		YYSR-13	√	√	√	√	√	
14.检查营业收入是否已按照企业会计准则的规定在财务报表中作出恰当列报		YYSR-14						√

注：①实质性程序与财务报表认定之间的对应关系用“√”表示。

1）执行分析程序

（1）重点审计领域分析

在对该公司2021年度与2020年度利润表进行分析后，注册会计师认为利润表的重点审计领域为营业收入、营业成本、管理费用、所得税费用。原因在于：第一，2021年度的经营环境与2020年度相比未发生重大变化，而营业收入却增长了77.08%，营业成本增长了71.35%；第二，2021年度的经营状况与2020年度相比，在收入大幅增长的情况下，管理费用大幅下降，下降比例为23%；第三，所得税与利润总额的比例为11%，远小于25%。

（2）主营业务收入与成本分析

比较永佳公司2021年度各月份主营业务收入和主营业务成本的波动情况（见表3-8）。

2）主营业务收入真实性检查

真实性检查的起点是主营业务收入明细账，即从明细账中抽查若干笔销售业务，追查至记账凭证、原始凭证等记录，以验证主营业务收入明细账上记录的业务是否真实存在，有无虚列收入的情况发生。检查的要点包括：①与销售业务合同、客户订单内容性质是否一致；②与销售发票核对内容是否一致；③与产品开出票据、运输单据、劳务移交确认手续内容是否相符；④与收款凭证核对是否一致；⑤与银行对账单核对是否一致；⑥期后是否已收到款项。

表3-8 主营业务收入与成本分析表

被审计单位：永佳公司　　索引号：YYSR-2

项目：主营业务收入与成本分析　　财务报表截止日/期间：2021年度

编制：李全　　复核：马安

日期：2022年2月7日　　日期：2022年2月7日

月份	主营业务收入（元）①	主营业务成本（元）②	毛利率（%）③=（①-②）÷①	备注
1	7 702 300	4 403 200	42.83	
2	7 504 600	3 936 200	47.55	
3	7 307 800	3 789 600	48.14	
4	7 603 600	3 938 700	48.20	
5	7 702 300	4 062 200	47.26	
6	7 751 900	4 043 100	47.84	
7	7 855 600	4 142 200	47.27	
8	7 603 500	3 974 500	47.73	
9	7 504 600	3 975 600	47.02	
10	7 801 200	4 138 100	46.96	

续表

月份	主营业务收入（元） ①	主营业务成本（元） ②	毛利率（%） ③=（①-②）÷①	备注
11	7 999 000	4 236 400	47.04	
12	18 663 600	8 810 200	52.79	
本年数	103 000 000	53 450 000	48.11	
上年数	58 165 800	31 193 500	46.37	

审计说明：

比较2021年度各月份主营业务收入和主营业务成本的波动情况，发现12月份的主营业务收入和主营业务成本增长较快；产品毛利率的变化情况基本与收入和成本相配比。所以，应重点审查2021年度1月份和12月份的主营业务收入和主营业务成本。

审计结论：

2021年全年平均毛利率为48.11%，1月份为42.83%，12月份为52.79%，其他各月均在47%左右，且12月份的收入占全年总收入的比重达18.12%，其他各月均在7%左右，所以1月份和12月份的主营业务收入和主营业务成本重大错报风险较大，应进一步执行细节测试。

注册会计师在实施实质性程序时，抽查到12月份重要的销售业务如下：

业务1：销售给益华公司计算机20台，货款共计187 200元（含税，增值税税率为13%）。相关合同约定：签订合同后暂不付款，待安装完毕，试运行1个月并经验收合格后支付货款。永佳公司于2021年12月9日发货，经双方签字盖章的安装验收报告日期为2022年1月11日，销售发票日期为2021年12月11日。永佳公司于2021年12月11日确认该项营业收入。

对于销售给益华公司的计算机收入，注册会计师认为应于验收合格后确认。因此，提请永佳公司调减已入账收入。

业务2：销售给尔华公司计算机30台，货款共计280 800元（含税，增值税税率为13%）。相关合同约定：签订合同后暂不付款，出具安装验收报告后付清全部货款。永佳公司于2021年12月10日发货。实际执行情况是：经双方签字盖章的安装验收报告日期为2022年1月11日。永佳公司于2021年12月11日确认该项营业收入。注册会计师在抽查时未能取得该项销售业务的发货单据，永佳公司给出的理由为供货单位接到永佳公司的指令后直接将货物发运至尔华公司。

对于销售给尔华公司的计算机收入，注册会计师实施了进一步的实质性程序，获取相关发运凭证后，证明确已发货；通过检查安装记录及费用的发生情况，并向购货单位函证，证明此笔销售业务确已发生，可以确认收入，但是应计入2022年1月份。因此，提请永佳公司调减2021年度已入账收入。

业务3：销售给武华公司计算机22台，货款共计196 548元（含税，增值税税率为13%）。相关合同约定：签订合同后支付货款30 000元，货物发出后支付货款60 000元，发货日期为2021年12月13日。实际执行中，永佳公司于2021年12月13日向武华公司开具发票。截至2021年12月31日，永佳公司已经收取货款90 000元，并就该项业务确认2021年度营业收入。注册会计师在审计中注意到，上述货物仍然存放在永佳公司仓库，永佳公司为此提供了武华公司2021年12月13日的传真一份，内容为："由于本公司原因，自贵公司购进的计算机暂存贵公司，货物的所有权即日起转移至本公司。"

对于销售给武华公司的计算机收入，注册会计师向武华公司发出询证函，函证其是否欠永佳公司购货款，并同时函证传真的真实性。该公司没有回函。因此，注册会计师认为这笔销售业务不能确认收入。

业务4：销售给思达公司计算机60台，货款共计446 760元（含税，增值税税率为13%）；销售给武星公司计算机130台，货款共计967 980元（含税，增值税税率为13%）。发货单、销售单、安装验收报告、销售合同经核对后无异常，截至2021年12月31日，永佳公司未收到货款。永佳公司就上述两项业务确认2021年度营业收入。注册会计师在对思达公司、武星公司的应收款项进行函证时，两家公司回函均表示已经退货。经检查，永佳公司已于2022年2月10日分别冲减了当月营业收入和相关营业成本。

注册会计师认为此项销售业务属于应该调节的财务报表日后事项，建议调减2021年度营业收入。

针对上述业务，注册会计师通过检查适当数量的销售发票，审查开具销售发票日期、记账日期与发货日期是否相符，品名、数量、单价、金额等是否与发运凭证、销售合同等一致。同时，注册会计师获取产品价格目录，检查售价是否符合定价政策，视同销售业务的处理是否符合企业会计准则的规定；检查销售退回是否具有对方税务局开具的有关证明，销售退回是否附有按顺序编号并经主管人员核准的贷项通知单，退回的商品是否有仓库签发的退库验收报告，退回的计算和会计处理是否正确；获取销售合同，检查销售业务是否按规定条款得到执行。在获取充分、适当审计证据的基础上，注册会计师编制的主营业务收入真实性检查情况见表3-9。

表3-9 **主营业务收入真实性检查情况表**

被审计单位：永佳公司　　索引号：YYSR-5

项目：主营业务收入真实性检查情况　　财务报表截止日/期间：2021年度

编制：李全　　复核：马安

日期：2022年2月7日　　日期：2022年2月7日

月	日	凭证号数	摘要	金额（元）	附件				检查内容						备注
					发票	银行单据	发运单	其他	1	2	3	4	5	6	
12	6	12	销售台式电脑	744 600	√	√	√		√	√		√	√	√	
12	11	21	销售台式电脑	187 200	√		√		√	√	√				
12	11	22	销售台式电脑	280 800	√		√		√	√	√				
12	13	14	销售笔记本电脑	196 548	√										

续表

月	日	凭证号数	摘要	金额（元）	附件				检查内容						备注
					发票	银行单据	发运单	其他	1	2	3	4	5	6	
12	15	24	销售台式电脑	446 760	√		√		√	√					
12	23	10	销售台式电脑	967 980	√		√		√	√					
			合计	2 823 888											
			该项目收入本期发生额	103 000 000											
			检查比例	2.74%											

检查内容：

1.与业务合同、客户订单内容性质一致；

2.与销售发票核对内容一致；

3.与产品开出票据、运输单据、劳务移交确认手续内容相符；

4.与收款凭证核对一致；

5.与银行对账单核对一致；

6.期后已收到款项。

审计说明：

因永佳公司1—11月份的收入变动不大，只有12月份的收入显著增加，因此，检查的重点集中在12月份和1月份。经审计，发现该公司存在虚列收入、提前确认收入、销售退回不冲销收入的情况。

审计结论：

应进一步扩大检查的范围。对于注册会计师要求调账的业务，永佳公司都一一进行了调整。调整分录如下：

（1）借：主营业务收入　165 664

应交税费——应交增值税（销项税额）　21 536

贷：应收账款——益华公司　187 200

（2）借：主营业务收入　248 496

应交税费——应交增值税（销项税额）　32 304

贷：应收账款——尔华公司　280 800

（3）借：主营业务收入　173 936

应交税费——应交增值税（销项税额）　22 612

贷：应收账款——武华公司　196 548

（4）借：主营业务收入　1 251 982

应交税费——应交增值税（销项税额）　162 758

贷：应收账款——思达公司　446 760

——武星公司　967 980

已经结转销售成本的，同时要冲销已经结转的销售成本。

3）主营业务收入完整性检查

完整性检查的起点是原始凭证，即从原始凭证的审查开始，与记账凭证、主营业务收入明细账进行核对，以验证是否所有的收入都记入了主营业务收入明细账，有无漏计、少计收入的情况。注册会计师选择的抽样方法为随机抽样，具体见表3-10。

表3-10　**主营业务收入完整性检查情况表**

被审计单位：永佳公司　　索引号：YYSR-6

项目：主营业务收入完整性检查情况　　财务报表截止日/期间：2021年度

编制：李全　　复核：马安

日期：2022年2月7日　　日期：2022年2月7日

序号	抽查销售业务的原始凭证			追查至记账凭证					明细账	
	发生时间及内容	发票号	发运单号	入账日期	凭证号	借方科目	贷方科目	金额（元）	有	无
1	3月12日，销售台式电脑	0002321	0021	3.12	23	应收账款	主营业务收入；应交税费	446 722	√	
2	6月2日，销售台式电脑	0000122	0023	6.2	8	应收账款	主营业务收入；应交税费	223 788	√	
3	7月22日，销售台式电脑	0000224	0029	7.22	12	应收账款	主营业务收入；应交税费	153 788	√	
4	9月9日，销售台式电脑	0004122	0113	9.9	22	应收账款	主营业务收入；应交税费	7 446	√	
5	10月8日，销售笔记本电脑	0001542	0213	10.8	11	应收账款	主营业务收入；应交税费	937 788	√	
6	11月4日，销售笔记本电脑	0001122	—	11.4	21	应收账款	主营业务收入；应交税费	4 567 880	√	
7	12月23日，销售笔记本电脑	0003122	—	12.23	13	应收账款	主营业务收入；应交税费	2 237 880	√	
	⋮									

审计说明：

1.抽查的样本量为39个，约占全年样本总量388个的10%；样本量的金额为3 090万元，占全年主营业务收入总额的30%。

2.抽查方法：随机选样。

3.11月4日、12月23日，销售笔记本电脑的业务均没有发运单号，经函询购货单位董利得公司和都发公司得知，没有购买过永佳公司的笔记本电脑。

针对审计中发现的应调整事项，永佳公司均同意调整，表中业务的调整分录为：

续表

（1）11月4日的业务： 借：主营业务收入　　　　　　　　　　　　　　　　　　4 042 372 　　应交税费——应交增值税（销项税额）　　　　　　　　525 508 　贷：应收账款——董利得公司　　　　　　　　　　　　　　　　4 567 880 已经结转销售成本的，同时要冲销已经结转的销售成本。 （2）12月23日的业务： 借：主营业务收入　　　　　　　　　　　　　　　　　　1 980 425 　　应交税费——应交增值税（销项税额）　　　　　　　　257 455 　贷：应收账款——都发公司　　　　　　　　　　　　　　　　2 237 880 已经结转销售成本的，同时要冲销已经结转的销售成本。
审计结论： 应进一步扩大检查的范围。

4）销售截止日检查

截止日检查是实质性程序中常用的一种具体审计技术，对主营业务收入项目实施截止日检查，其目的主要在于确定被审计单位主营业务收入的会计记录归属期是否正确，应计入本期或下期的主营业务收入有无被推迟至下期或提前至本期入账。

在主营业务收入的审计中，注册会计师应注意把握三个与主营业务收入确认有着密切关系的日期：一是发票开具日期或者收款日期；二是记账日期；三是发货日期或提供劳务的日期。这里的发票开具日期是指开具增值税专用发票或普通发票的日期；记账日期是指被审计单位确认主营业务收入实现并将该笔经济业务记入主营业务收入账户的日期；发货日期是指仓库开具出库单并发出库存商品的日期。检查三者是否归属于同一适当会计期间是销售截止日检查的关键所在。

注册会计师李全依据对重大错报风险的评估结果，决定检查永佳公司主营业务收入的归属期。具体方法是：从报表日前后若干天的账簿记录追查至记账凭证，检查发票存根与发运凭证，证实已入账的收入是否在同一会计期间已开具发票并发货，谨防将报告期内不符合收入确认条件的业务提前入账。销售截止日检查情况见表3-11。

表3-11　**销售截止日检查情况表**

被审计单位：永佳公司　　索引号：YYSR-7
项目：销售截止日检查情况　　财务报表截止日/期间：2021年度
编制：李全　　复核：马安
日期：2022年2月7日　　日期：2022年2月7日

发票号	客户名称	发票内容						记入明细账的日期	核对内容			备注
		日期	品名	规格	数量（台）	单价（元）	金额（元）		1	2	3	
00010233	莫伊公司	12.22	台式电脑	略	90	7 440	669 600	12.22	√	√	√	
00010234	摩尔公司	12.23	台式电脑	略	120	7 440	892 800	12.23	√			无发货凭证

续表

发票号	客户名称	发票内容						记入明细账的日期	核对内容			备注
		日期	品名	规格	数量（台）	单价（元）	金额（元）		1	2	3	
00010235	墨伞公司	12.25	笔记本电脑	略	50	9 555	477 750	12.25	√	√	√	
00010236	膜司公司	12.28	台式电脑	略	80	7 440	595 200	12.28	√			无发货凭证
00010237	磨物公司	12.28	笔记本电脑	略	130	9 555	1 242 150	12.28	√			无发货凭证
00010238	魔琉公司	12.31	台式电脑	略	30	7 440	223 200	12.31	√	√	√	
00000101	新意公司	1.2	笔记本电脑	略	20	9 555	191 100	1.2	√	√	√	
00000102	信尔公司	1.2	台式电脑	略	30	7 440	223 200	1.2	√	√	√	
00000103	辛伞公司	1.4	笔记本电脑	略	10	9 555	95 550	1.4	√	√	√	
00000104	欣丝公司	1.4	笔记本电脑	略	20	9 555	191 100	1.4	√	√	√	
00000105	心晤公司	1.8	台式电脑	略	60	7 440	446 400	12.31	√			提前入账
00000106	馨留公司	1.12	台式电脑	略	50	7 440	372 000	1.12	√	√	√	

核对内容：

1.品名、数量与销售发票核对相符；

2.正确过入主营业务收入、应收账款等明细账；

3.正确过入总账。

审计说明：

2021年12月23日销售给摩尔公司的120台台式电脑、12月28日销售给膜司公司的80台台式电脑、12月28日销售给磨物公司的130台笔记本电脑，均没有相应的发货凭证，经询问永佳公司相关人员，承认是虚增销售收入行为，注册会计师建议冲减2021年度营业收入；2022年1月8日销售给心晤公司的60台台式电脑，入账日期为2021年12月31日，属于提前入账的行为，注册会计师建议冲减2021年度营业收入，然后计入适当的会计期间。永佳公司接受注册会计师建议，同意调整相关记录。注册会计师建议的调整分录为：

借：主营业务收入　2 811 106

　　应交税费——应交增值税（销项税额）　365 444

　贷：应收账款——摩尔公司　892 800

　　　　　　——膜司公司　595 200

　　　　　　——磨物公司　1 242 150

　　　　　　——心晤公司　446 400

已经结转销售成本的，同时要冲销已经结转的销售成本。

审计结论：

永佳公司调账后的金额可以确认。

3.2 永佳公司应收款项审计案例

3.2.1 项目背景资料

仍然使用3.1中永佳公司的案例。

应收款项包括应收账款、应收票据、预付账款、其他应收款等项目。其中，应收账款是最主要的项目，指企业因销售商品、产品或提供劳务而形成的债权性资产。企业的应收账款通常是在销货业务中产生的。因此，应收账款的审计应结合销货业务来进行。

永佳公司资产负债表相关数据显示，应收账款项目2020年年末为1 800万元，2021年年末为4 200万元，增幅巨大；坏账准备项目2020年年末为210万元，2021年年末为230万元，变化不大。

应收款项的审计目标一般包括：确定应收款项是否存在；确定应收款项是否归被审计单位所有，有无被作为抵押或担保；确定应收款项增减变动的记录是否完整；确定应收款项是否可收回，坏账准备的计提方法和比例是否恰当，坏账准备的计提是否充分；确定应收款项期末余额是否正确；确定应收款项在财务报表中的披露是否恰当。

坏账是指企业无法收回或收回的可能性极小的应收款项（包括应收账款和其他应收款等）。由于发生坏账而产生的损失称为坏账损失。企业通常应采用备抵法，按期估计坏账损失，形成坏账准备。企业应当定期或者至少于每年年度终了对应收款项进行全面检查，预计各项应收款项可能发生的坏账，计提相应的坏账准备。

坏账准备的审计目标一般包括：确定计提坏账准备的方法和比例是否恰当，坏账准备的计提是否充分；确定坏账准备增减变动的记录是否完整；确定坏账准备期末余额是否正确；确定坏账准备在财务报表中的披露是否恰当。

3.2.2 评估重大错报风险

应收账款业务中可能存在的主要舞弊风险如下：

（1）虚列应收账款余额。这可能产生于虚报利润的压力。

（2）低估坏账准备。尤其是当欠款金额较大的几个主要客户面临财务困难，或者整体经济环境出现恶化时，这种风险更大。

（3）款项无法收回的风险。这可能产生于向没有良好付款能力的客户销售产品，或客户用无效的支票或盗取的信用卡进行货款结算。

（4）舞弊和盗窃的风险。如果被审计单位的销售货款较多地以现金结算，则被审计单位员工发生舞弊和盗窃的风险较高；如果被审计单位拥有多个资金端口，每天通过多个端口采用人工方式处理大量货币资金，那么，资金端口的安全问题和人工控制的风险便会增加，可能导致货币资金的损失。

在实施用以识别和评估重大错报风险的审计程序后，注册会计师李全、马安充分关注可能表明永佳公司存在重大错报风险的事项和情况，考虑到由于应收账款增幅巨大和坏账准备变化不大导致的重大错报风险重大，以及该风险导致财务报表发生重大错报的可能性较高，所以将应收账款项目重大错报风险评估为高水平。

3.2.3 永佳公司应收款项控制测试

注册会计师李全、马安按照审计准则的要求，首先对销售与收款循环的交易流程进行了解，然后，通过对销售与收款循环内部控制的了解，结合销售与收款循环内部控制的关键控制点，根据具体审计计划拟定的针对评估的重大错报风险实施的程序，对拟信赖的设计有效并被执行的关键控制点进行控制测试。销售与收款循环内部控制执行有效性汇总评价表见表3-6，此处不再赘述。

3.2.4 永佳公司应收款项实质性程序

1）应收账款实质性程序

根据销售与收款循环内部控制执行有效性的评价结果，注册会计师李全、马安确定了应收账款实质性程序（见表3-12）。

表3-12　　应收账款实质性程序表

被审计单位：永佳公司　　索引号：YSZK

项目：应收账款实质性程序　　财务报表截止日/期间：2021年12月31日

编制：李全　　复核：马安

日期：2022年2月7日　　日期：2022年2月7日

<table>
<tr><td colspan="3" rowspan="2">审计目标</td><td colspan="5">财务报表认定</td></tr>
<tr><td>存在</td><td>完整性</td><td>权利和义务</td><td>计价和分摊</td><td>列报</td></tr>
<tr><td colspan="3">资产负债表中记录的应收账款是存在的</td><td>√</td><td></td><td></td><td></td><td></td></tr>
<tr><td colspan="3">所有应当记录的应收账款均已记录</td><td></td><td>√</td><td></td><td></td><td></td></tr>
<tr><td colspan="3">记录的应收账款是被审计单位拥有或控制的</td><td></td><td></td><td>√</td><td></td><td></td></tr>
<tr><td colspan="3">应收账款以恰当的金额包括在财务报表中，与之相关的计价调整已恰当记录</td><td></td><td></td><td></td><td>√</td><td></td></tr>
<tr><td colspan="3">应收账款已按照企业会计准则的规定在财务报表中作出恰当列报</td><td></td><td></td><td></td><td></td><td>√</td></tr>
<tr><td>计划实施的实质性程序①</td><td>是否执行</td><td>索引号</td><td>存在</td><td>完整性</td><td>权利和义务</td><td>计价和分摊</td><td>列报</td></tr>
<tr><td>1.获取或编制应收账款明细表
（1）复核加计是否正确，并与总账数和明细账合计数核对是否相符，结合坏账准备科目与报表数核对是否相符；
（2）检查非记账本位币应收账款的折算汇率及折算是否正确；
（3）分析有贷方余额的项目，查明原因，必要时，作重分类调整；
（4）结合其他应收款、预收账款等往来项目的明细余额，调查有无同一客户多处挂账、异常余额或与销售无关的其他款项（如代销账户、关联方账户或雇员账户），如有，应做出记录，必要时进行调整；
（5）标识重要的欠款单位，计算其欠款合计数占应收账款余额的比例</td><td></td><td>YSZK-1</td><td></td><td></td><td></td><td>√</td><td></td></tr>
</table>

续表

计划实施的实质性程序[①]	是否执行	索引号	存在	完整性	权利和义务	计价和分摊	列报
2.实施实质性分析程序 检查涉及应收账款的相关财务指标，执行分析程序： （1）复核应收账款借方累计发生额与主营业务收入是否配比，并将当期应收账款借方发生额占销售收入净额的百分比与管理层考核指标比较，如存在差异，应查明原因； （2）计算应收账款周转率、应收账款周转天数等指标，并与被审计单位以前年度指标、同行业同期相关指标对比分析，检查是否存在重大异常； （3）对应收账款贷方发生额进行整体分析，将应收账款贷方发生额合计数与银行存款中相应科目的借方发生额合计数进行核对分析，以发现收回应收账款的过程中货币资金流入总额；将应收账款贷方发生额中结转应收票据的部分与应收票据借方发生额进行对比分析，核实应收票据来源及背书、贴现情况，分析是否存在通过（特定）关联方虚构交易的可能性		YSZK-2	√	√		√	
3.获取或编制应收账款账龄分析表 （1）测试计算的准确性； （2）检查原始凭证，如销售发票、运输记录等，测试账龄核算的准确性； （3）请被审计单位协助，在应收账款明细表上标出至审计时已收回的应收账款金额，对已收回金额较大的款项进行常规检查，如核对收款凭证、银行对账单、销货发票等，并注意凭证发生日期的合理性，分析收款时间是否与合同相关要素一致		YSZK-3				√	
4.对应收账款进行函证 （1）选取函证项目； （2）对函证实施过程进行控制：核对询证函是否由注册会计师直接收发；被询证者以传真、电子邮件等方式回函的，应要求被询证者寄回询证函原件；如果未能收到积极式函证回函，应当考虑与被询证者联系，要求对方进行回应或再次寄发询证函； （3）编制“应收账款函证结果汇总表”，对函证结果进行评价。核对回函内容与被审计单位账面记录是否一致，如不一致，分析不符事项的原因		YSZK-4	√		√	√	
5.对未函证应收账款实施替代审计程序：抽查有关原始凭据，如销售合同、销售订单、销售发票副本、发运凭证及回款单据等，以验证与其相关的应收账款的真实性		YSZK-5	√				

续表

计划实施的实质性程序①	是否执行	索引号	存在	完整性	权利和义务	计价和分摊	列报
6.抽查有无不属于结算业务的债权：抽查应收账款明细账，并追查至有关原始凭证，查证被审计单位有无不属于结算业务的债权。如有，应建议被审计单位进行适当调整		YSZK-6	√				
7.评价坏账准备计提的适当性		YSZK-7				√	
8.检查应收账款减少有无异常		YSZK-8	√				
9.检查应收账款是否已按照企业会计准则的规定在财务报表中进行恰当列报		YSZK-9					√

注：①实质性程序与财务报表认定之间的对应关系用“√”表示。

根据上述程序，注册会计师编制了应收账款明细表和应收账款账龄分析表，进行了应收账款函证，最后形成了应收账款审定表和应收账款坏账准备测算表。

（1）编制应收账款明细表

应收账款明细表（部分列示）见表3-13。

表3-13 **应收账款明细表**

被审计单位：永佳公司　　索引号：YSZK-1

项目：应收账款明细　　财务报表截止日/期间：2021年12月31日

编制：李仝　　复核：马安

日期：2022年2月12日　　日期：2022年2月12日

序号	客户名称	经济内容	是否属于关联方（√/×）	期初余额（元）	本期借方发生额（元）	本期贷方发生额（元）	期末余额（元）
1	莫伊公司	台式电脑	×	163 812.00	81 906.00	96 798.00	148 920.00
2	摩尔公司	台式电脑	×	134 028.00	126 582.00	89 352.00	171 258.00
3	墨伞公司	笔记本电脑	×	191 070.00	152 856.00	47 767.50	296 158.50
4	膜司公司	台式电脑	×	335 070.00	297 840.00	59 568.00	573 342.00
5	磨物公司	笔记本电脑	×	363 033.00	114 642.00	224 195.50	253 479.50
6	魔琉公司	台式电脑	×	74 460.00	0	0	74 460.00
7	新意公司	笔记本电脑	×	0	9 000 000.00		9 000 000.00
8	信贤公司	台式电脑	×	37 230.00	148 920.00	148 920.00	37 230.00
9	恬饰公司	笔记本电脑	×	152 856.00	0	57 321.00	95 535.00
10	欣丝公司	笔记本电脑	×	0	38 214.00	0	38 214.00
⋮							
合计				18 000 000.00	79 800 000.00	55 800 000.00	42 000 000.00

续表

审计说明： 通过明细表可以分析上述“应收账款”明细账户的期初、期末余额，“应收账款”账户的期末余额比期初余额增加了2 400万元，增长率为133.33%。其中，摩尔公司期末余额比期初余额增加了27.78%，墨伞公司期末余额比期初余额增加了55%，膜司公司期末余额比期初余额增加了71.11%，新意公司直接增加期末余额900万元。
审计结论： 应收账款增长率太高，重大错报风险较高，需要执行更多的实质性程序。

（2）应收账款账龄分析

为验证永佳公司计提的坏账准备是否合理，注册会计师根据应收账款明细账编制了应收账款账龄分析表（见表3-14）。

表3-14 **应收账款账龄分析表**

被审计单位：永佳公司　　索引号：YSZK-3

项目：应收账款账龄分析　　财务报表截止日/期间：2021年12月31日

编制：李全　　复核：马安

日期：2022年2月12日　　日期：2022年2月12日

账龄分析（元）					合计（元）
1年以内	1~2年	2~3年	3~4年	4年以上	
36 338 240.00	2 677 890.00	2 887 568.00	56 302.00	40 000.00	42 000 000.00
分析结论： 1年以内应收账款金额过大，且远远超过上年水平，隐含的重大错报风险较高；2年以上应收账款将近300万元，金额过大，应进一步审查长期挂账的原因。					

（3）应收账款函证

应收账款函证是通过直接发函给被审计单位的债务人，要求核实被审计单位应收账款的记录是否正确的一种审计方法。应收账款函证的目的是证实应收账款账户余额的真实性、正确性，防止或发现被审计单位及其有关人员在销售业务中发生的错弊行为。通过函证，可以有力地证明债务人的存在和被审计单位记录的可靠性。询证函由注册会计师利用被审计单位提供的应收账款明细账户名称及地址编制。但是，询证函的寄发和收回一定要由注册会计师亲自来做。需要指出的是，即便应收账款得到了债务人的确认，也并不意味着债务人一定会付款。另外，函证也不可能发现所有存在的问题。

注册会计师李全选择具有以下特征的应收账款作为函证对象：大额或账龄较长的项目；与债务人发生纠纷的项目；关联方项目；主要客户（包括关系密切的客户）项目；余额为0的项目；非正常的项目。确定的函证对象为89家，占全部客户数量的30%。选择的函证方式是积极式函证。发出89份询证函，只有1家没有回函，部分函证结果汇总情况见表3-15。

表3-15 **应收账款函证结果汇总表**

被审计单位：永佳公司　　　　索引号：YSZK-4

项目：应收账款函证结果汇总　　　　财务报表截止日/期间：2021年12月31日

编制：李全　　　　复核：马安

日期：2022年2月12日　　　　日期：2022年2月12日

客户名称	询证函编号	函证方式	函证日期		回函日期	账面金额（元）	回函金额（元）	可以确认金额（元）	未确认金额（元）
			第一次	第二次					
摩尔公司	06	积极式函证	1.23	—	2.1	171 258.00	171 258.00	171 258.00	
墨伞公司	12	积极式函证	1.23	—	2.2	296 158.50	296 158.50	296 158.50	
膜司公司	25	积极式函证	1.23	—	2.1	573 342.00	573 342.00	573 342.00	
魔琉公司	34	积极式函证	1.23	—	2.1	74 460.00	74 460.00	74 460.00	
新意公司	41	积极式函证	1.23	2.3	无	9 000 000.00	没有回函	—	9 000 000.00
信贤公司	56	积极式函证	1.23	—	2.2	37 230.00	37 230.00	37 230.00	
恬饰公司	69	积极式函证	1.23	—	2.1	95 535.00	95 535.00	95 535.00	
新芽公司	72	积极式函证	1.23	—	1.30	744 600.00	677 586.00	677 586.00	67 014.00
霞光公司	80	积极式函证	1.23	—	1.29	171 963.00	0		171 963.00
⋮									
合计						15 120 000.00	5 881 023.00	5 881 023.00	9 238 977.00

审计说明：

首先，对没有收到回函的新意公司进行二次发函。如果二次发函仍然没有收到回函，则实施替代审计程序；其次，对未确认金额需要进一步获取审计证据。

审计结论：

经过函证可以确认的应收账款金额为5 881 023元。

注：

合计数的来源：表3-16中说明“抽取样本金额占期末余额的比例为36%”，所以：

函证账面金额=42 000 000×36%=15 120 000（元）

未确认金额=9 000 000+67 014+171 963=9 238 977（元）

可以确认金额=15 120 000−9 238 977=5 881 023（元）

（4）应收账款替代审计程序的实施

注册会计师李全在实施上述程序的基础上，对没有回函的应收账款项目实施替代程序。测试的对象包括应收账款的借方发生额、贷方发生额；测试内容包括发票金额内容与记账凭证是否一致，发票金额是否已正确计入应收账款，发票品名、规格、数量与合同核对是否相符，有没有不属于结算业务的债权，与对应科目明细账记录是否一致，与付款单位户名是否一致。

经测试发现，未收到回函的新意公司业务没有合法的销售合同，也没有付款单位新意公司这个客户，此项债权不属于结算业务的债权，询问永佳公司相关人员，承认与新意公司发生的900万元应收账款属于虚增销售收入行为。查阅与新芽公司、霞光公司发生的销售业务的相关原始凭证，审计查实新芽公司已经退货67 014元，霞光公司已经退货171 963元。

（5）审定应收账款

依据前述应收账款审计相关事项，注册会计师确定的应收账款调整建议为：调减新意公司销售收入9 000 000元，调减新芽公司已经退货的部分共计67 014元，调减霞光公司已经退货的部分171 963元，上述调减金额合计为9 238 977元。注册会计师李全编制了应收账款审定表（见表3–16）和应收账款坏账准备测算表（见表3–17）。

表3–16 **应收账款审定表**

被审计单位：永佳公司　　索引号：YSZK–9

项目：应收账款审定　　财务报表截止日/期间：2021年12月31日

编制：李全　　复核：马安

日期：2022年2月12日　　日期：2022年2月12日

上年审定数（元）	未审数金额（元）		调整金额（元）		重分类金额（元）		审定数（元）	
	借方	贷方	借方	贷方	借方	贷方	借方	贷方
18 000 000.00	42 000 000.00			9 238 977.00	0	0	32 761 023.00	
				12 061 598.00			20 699 425.00	

审计说明：

抽取的样本为89家，抽取样本金额占期末余额的比例为36%。对未收到回函的单位采取了替代审计程序。对于虚增应收账款，建议调整分录如下：

借：主营业务收入　8 176 086

　　应交税费——应交增值税（销项税额）　1 062 891

　贷：应收账款——新意公司　9 000 000

　　　　　　　——新芽公司　67 014

　　　　　　　——霞光公司　171 963

审计结论：

经永佳公司调整后，应收账款余额可以确认。

注：

应收账款调减金额12 061 598元来自前述营业收入审计部分发现的虚增应调减合计数。其中包括：表3–9中调整应收账款合计2 079 288元；表3–10中调整应收账款合计6 805 760元；表3–11中调整应收账款合计3 176 550元。

表3-17 **应收账款坏账准备测算表**

被审计单位：永佳公司　　索引号：YSZK-7

项目：应收账款坏账准备测算　　财务报表截止日/期间：2021年12月31日

编制：李全　　复核：马安

日期：2022年2月12日　　日期：2022年2月12日

应收账款账龄	应收账款余额审定数（元）	坏账比例（%）	按账龄期末应计提坏账准备金额（元）
1年以内	15 037 665.00	0.5	75 188.33
1~2年	2 677 890.00	10	267 789.00
2~3年	2 887 568.00	50	1 443 784.00
3~4年	56 302.00	80	45 041.60
4年以上	40 000.00	100	40 000.00
合计	20 699 425.00		1 871 802.93

审计说明：

期末应收账款应计提坏账准备：1 871 802.93元。

企业期末应收账款已计提坏账准备：1 978 305.70元。

应收账款应调整减少坏账准备：106 502.77元。

应当调整减少的坏账准备建议调整分录为：

借：坏账准备　　106 502.77

　贷：资产减值损失——坏账损失　　106 502.77

审计结论：

经永佳公司调整后，期末应收账款应计提的坏账准备余额1 871 802.93元可以确认。

注：

表中数据来源如下：

①应收账款余额审定数，1年以内金额为15 037 665元（36 338 240-9 238 977-12 061 598）。其中：36 338 240元取自表3-14中1年以内金额；9 238 977元取自表3-16中应收账款调整数金额贷方；12 061 598元取自表3-16中应收账款调整数金额贷方。

②应收账款余额审定数其他数据取自表3-14。

③本节应收账款相关事项不考虑应收票据调整对应收账款的影响。

2）应收票据实质性程序

应收票据是在企业赊销业务中产生的，是企业在生产经营活动中收到的、由出票人签发的、在将来的一定时间对持票人支付一定金额的无条件书面承诺或支付命令。应收票据目前在我国主要指商业汇票，包括商业承兑汇票和银行承兑汇票。应收票据是以书面形式表现的债权资产，其款项具有一定的保证，经持有人背书后可以提交银行贴现，具有较大的灵活性。

注册会计师李全设计的应收票据实质性程序见表3-18，在此基础上编制的应收票据细节测试表见表3-19，编制的应收票据审定表见表3-20。

表3-18 **应收票据实质性程序表**

被审计单位：永佳公司　　　　索引号：YSPJ

项目：应收票据实质性程序　　　　财务报表截止日/期间：2021年12月31日

编制：李全　　　　复核：马安

日期：2022年2月11日　　　　日期：2022年2月11日

审计目标			财务报表认定				
			存在	完整性	权利和义务	计价和分摊	列报
应收票据存在			√				
应收票据及其坏账准备增减变动的记录完整				√			
应收票据归被审计单位所有					√		
应收票据可以收回，坏账准备的计提方法和比例恰当，计提充分；应收票据及其坏账准备期末余额正确						√	
应收票据及其坏账准备披露恰当							√
计划实施的实质性程序①	是否执行	索引号	存在	完整性	权利和义务	计价和分摊	列报
1.获取或编制应收票据明细表		YSPJ-1				√	
2.取得被审计单位“应收票据备查簿”，核对其是否与账面记录一致		YSPJ-2	√				
3.监盘库存票据，并与“应收票据备查簿”的有关内容核对		YSPJ-3	√	√		√	
4.对应收票据进行函证，并对函证结果进行汇总、分析，同时对不符事项进行适当处理		YSPJ-4	√		√	√	
5.对于大额票据，应取得相应销售合同或协议、销售发票和出库单等原始交易资料并进行核对，以证实是否存在真实交易		YSPJ-5	√				
6.复核带息票据的利息计算是否正确，并检查其会计处理是否正确		YSPJ-6				√	
7.对贴现的应收票据，复核其贴现息计算是否正确，会计处理是否正确。编制已贴现和已转让但未到期的商业承兑汇票清单，并检查是否存在贴现保证金		YSPJ-7				√	
8.评价针对应收票据计提的坏账准备的适当性		YSPJ-8					
9.检查应收票据是否已按照企业会计准则的规定在财务报表中进行了恰当列报		YSPJ-9					√

注：①实质性程序与财务报表认定之间的对应关系用“√”表示。

表3-19 **应收票据细节测试表**

被审计单位：永佳公司　　索引号：YSPJ-2

项目：应收票据细节测试　　财务报表截止日/期间：2021年12月31日

编制：李全　　复核：马安

日期：2022年2月11日　　日期：2022年2月11日

票据种类	交易内容	出票单位	承兑人（背书人）	出票日	到期日	票面金额（元）	是否抵押	银行是否退回	是否已贴现未记录	贴现日期	贴现净额	是否已背书转让	备注
银行承兑汇票	销售产品	摩尔公司	农行元水办	2021.9.12	2021.12.12	3 000 000							到期，2021.12.13银行已兑现
商业承兑汇票	销售产品	信贤公司	信贤公司	2021.1.5	2021.4.5	2 000 000							已逾期未兑现
商业承兑汇票	销售产品	恬饰公司	恬饰公司	2021.11.23	2022.2.23	5 000 000							—

测试说明：

由摩尔公司出具的银行承兑汇票因到期已经兑现；由信贤公司出具的商业承兑汇票已经逾期，尚未兑现。

附件：

所有列出票据的复印件。

表3-20 **应收票据审定表**

被审计单位：永佳公司　　索引号：YSPJ-9

项目：应收票据审定　　财务报表截止日/期间：2021年12月31日

编制：李全　　复核：马安

日期：2022年2月11日　　日期：2022年2月11日

票据种类	票据内容					未审数		逾期兑现原因	调整数（万元）	审定数（万元）
	出票人	收票人	出票日	到期日	承兑单位	币种	金额（万元）			
银行承兑汇票	摩尔公司	永佳公司	2021.9.12	2021.12.12	农行元水办	人民币	300	2021.12.13银行已兑现	-300	0
商业承兑汇票	信贤公司	永佳公司	2021.1.5	2021.4.5	信贤公司	人民币	200	信贤公司暂无付款能力	-200	0
商业承兑汇票	恬饰公司	永佳公司	2021.11.23	2022.2.23	恬饰公司	人民币	500		0	500
合计							1 000		-500	500

审计说明：

经审查并逐项核对相关原始凭证和应收票据备查簿记录，除了应收信贤公司票据到期日2021年4月5日已经逾期尚未兑现以外，其他事项均无问题。

按规定，逾期未兑现的应收票据应当转入"应收账款"账户，调整分录为：

借：应收账款——信贤公司　　2 000 000

　贷：应收票据——信贤公司　　2 000 000

按规定，已经兑现的应收票据应当转入"银行存款"账户，调整分录为：

借：银行存款　　3 000 000

　贷：应收票据——摩尔公司　　3 000 000

转入应收账款部分需补提坏账准备=2 000 000×5‰=10 000（元）

借：资产减值损失——坏账损失　　10 000

　贷：坏账准备　　10 000

审计结论：

经永佳公司调整后，应收票据余额可以确认。

3）其他应收款实质性程序

其他应收款用于核算企业除存出保证金、应收票据、应收账款、预付账款、长期应收款等以外的其他各种应收暂付款项。正是由于其他应收款核算内容复杂，比较容易隐含一些非正常事项，为此，注册会计师李全将审计重点集中于企业发生的业务是否合规，核算内容是否真实，有无利用其他应收款隐藏关联方往来、企业间资金拆借、收入、成本、费用等问题。

其他应收款的审计目标包括：确定记录的其他应收款在资产负债表日是否确实存在；确定记录的其他应收款是否由被审计单位拥有或控制；确定所有应当记录的其他应收款是否均已记录；确定其他应收款是否以恰当的金额包括在财务报表中，与之相关的计价或分摊调整是否已恰当记录；确定其他应收款是否已按照企业会计准则的规定在财务报表中进行适当分类、描述和披露。

经审阅永佳公司的资产负债表，“其他应收款”项目的年初数为154 000元，期末数为158 000元，截至审计外勤工作日已收回来自甲公司的款项5 000元，发出的询证函均已收回。李全设计的其他应收款实质性程序见表3-21，获取的其他应收款明细表见表3-22，进行的其他应收款账龄分析见表3-23。

表3-21 其他应收款实质性程序表

被审计单位：永佳公司　　索引号：QTYSK

项目：其他应收款实质性程序　　财务报表截止日/期间：2021年12月31日

编制：李全　　复核：马安

日期：2022年2月11日　　日期：2022年2月11日

审计目标			财务报表认定				
			存在	完整性	权利和义务	计价和分摊	列报
其他应收款存在			√				
所有应当记录的其他应收款均已记录				√			
记录的其他应收款是被审计单位能够拥有或控制的					√		
其他应收款可收回，期末余额正确						√	
其他应收款的列报恰当							√
计划实施的实质性程序①	是否执行	索引号	存在	完整性	权利和义务	计价和分摊	列报
1.获取或编制其他应收款明细表		QTYSK-1				√	
2.对其他应收款进行函证		QTYSK-2	√		√	√	
3.获取或编制其他应收款账龄分析表		QTYSK-3				√	
4.检查坏账准备		QTYSK-4				√	
5.检查其他应收款是否已按照企业会计准则的规定在财务报表中进行恰当列报，关注其他应收款是否已按照账龄及单位类别进行披露		QTYSK-5					√

注：①实质性程序与财务报表认定之间的对应关系用“√”表示。

表3-22　**其他应收款明细表**

被审计单位：永佳公司　　索引号：QTYSK-1

项目：其他应收款明细　　财务报表截止日/期间：2021年12月31日

编制：李全　　复核：马安

日期：2022年2月11日　　日期：2022年2月11日

其他应收款单位名称	未审数（元）		调整数（元）		重分类（元）		审定数（元）		期初数（元）
	原币	记账本位币	借方	贷方	借方	贷方	原币	记账本位币	
一、关联方：									
小计									
二、非关联方：									
甲公司		58 910						58 910	58 910
乙公司		69 000						69 000	69 000
丙公司		20 000						20 000	20 000
张新		2 090						2 090	2 090
李明		3 000		3 000				0	0
新芽公司		5 000						5 000	5 000
小计		158 000						155 000	155 000
合计		158 000						155 000	155 000

审计说明：

经审计，发现应收李明的款项3 000元没有相关领导和财务主管的签字，属于不合规业务，应当调减“其他应收款”，调整分录为：

借：库存现金　　3 000

　贷：其他应收款——李明　　3 000

审计结论：

经永佳公司调整后，余额可以确认。

表3-23 **其他应收款账龄分析表**

被审计单位：永佳公司　　索引号：QTYSK-3

项目：其他应收款账龄分析　　财务报表截止日/期间：2021年12月31日

编制：李全　　复核：马安

日期：2022年2月11日　　日期：2022年2月11日

序号	单位名称	是否属于关联方	款项内容	账面余额（元）		账龄分析（元）						期后已收回金额（元）	备注
				原币	记账本位币	1年以内	1~2年	2~3年	3~4年	4~5年	5年以上		
1	甲公司	否	代付款		58 910	50 000	8 910					5 000	
2	乙公司	否	代付款		69 000		9 000	60 000					
3	丙公司	否	代付款		20 000				20 000				
4	张新	否	借款		2 090	2 090							
5	李明	否	借款		3 000	3 000						3 000	违规借款
6	新芽公司	否	代付款		5 000	4 000	1 000						

审计结论：

永佳公司存在其他应收款长期挂账的情况，并且挂账金额较大，建议永佳公司及时催收。

关键概念

主营业务收入　应收账款　应收票据　其他应收款　坏账准备

本章小结

1.公司存在的问题

永佳公司属于高新技术企业，在2021年度的经营形势、管理及经营机构与2020年度相比没有发生重大变化的情况下，在2021年度财务报表审计中，注册会计师还是发现了一些问题，主要包括：期末虚列主营业务收入，提前确认销售收入，应收账款长期挂账，销售退回业务处理不及时，应收票据逾期未兑现，已到期票据的会计处理不及时，其他应收账款长期挂账的情况较为严重且有不合规业务等。

2.案例分析思路

按照中国注册会计师审计准则等的相关规定，注册会计师李全、马安首先对永佳公司的行业状况、性质、内部控制等方面进行相关的了解；其次识别和评估重大错报风险，并依据重大错报风险的评估结果，对销售与收款循环的内部控制通过调查表、穿行测试等方式进行测试，并对内部控制执行的有效性进行汇总评价；最后根据内部控制测试结果拟定并执行了销售业务、应收账款、应收票据、其他应收款等项目的实质性程序，获取了充分、适当的审计证据，证实了上述问题的存在。

课程思政

隐匿个人收入、虚构业务转换收入："直播一姐"薇娅因偷逃税被罚13.41亿元所引发的思考。

思政目标：通过一系列案例专题研讨授课，使学生在学习专业知识的同时，树立依法纳税、社会利益为先的意识，积极认识到应有的社会责任，做到明德于心，自觉把小我融入大我，不断追求国家的富强、民主、文明、和谐以及社会的自由、平等、公正、法治，将社会主义核心价值观内化为精神追求、外化为自觉行动。牢固树立法治观念，坚定不移走中国特色社会主义法治道路，深化对法治理念、法治原则、重要法律概念的认知，提高运用法治思维和法治方式维护自身权利、参与社会公共事务、化解矛盾纠纷的意识和能力。

练习题

1.诚信会计师事务所的注册会计师周瑾在评价希望公司销售业务的内部控制时，了解到如下情况：

（1）希望公司为扩大销售渠道，在洛阳地区设立了一家销售网点，委派当地人员赵某担任该网点的经理，网点的会计则由公司本部直接委派财务人员孙某前往担任。为满足经营需要，希望公司在中国工商银行洛阳分行开设了专门账户，供该销售网点支付相关费用。公司规定，孙某主持网点工作，并负责审核凭证、保管财务处处长个人名章、保管销售网点的支票；赵某负责登记明细账和总账；使用支票支付费用须由赵某和孙某共同签发，并指定孙某持签发的支票到银行办理支取手续；作为财务人员，孙某除登记银行存款日记账外，每月还必须按时从银行取得对账单进行核对。支票存根、作废支票、银行对账单等均由孙某保管。孙某每月必须编制现金支出报告送交公司总部。

（2）在销售与收款业务活动中，希望公司收到比尔商场订单，要求赊购2 000套化妆品，产品销售价格约为150万元。比尔商场是希望公司的老客户，商业信誉和财务状况都很好，经过营销部经理审核同意，全权委托业务员王某负责此项业务。在进行了相关谈判后，双方签订了销售合同；营销部经理审批同意了该销售合同，王某口头通知发货部门组织发货，发货部门按照王某的口头通知发货；王某编制了销售通知单，经公司经理批准交给财务处，财务处据此向比尔商场开具销售发票。

要求：假如你是注册会计师周瑾，在了解希望公司的内部控制后，分析一下希望公司在内部控制的设计与执行过程中存在哪些缺陷。

2.林顺会计师事务所的注册会计师韩清凉担任镇热公司2021年度财务报表审计业务的项目合伙人。审计工作底稿记载的与收入确认相关的情况如下：

（1）考虑到舞弊性质严重，而分析程序所提供的审计证据的精确程度和保证水平不高，注册会计师韩清凉要求项目组成员在识别与收入确认相关的舞弊风险时避免使用分析程序。

（2）尽管镇热公司难以实现2021年度预期的利润目标，但注册会计师韩清凉仍直接假定收入完整性认定存在舞弊风险。

（3）镇热公司销售给未披露的关联方的商品价格明显高于非关联方，但低于已披露的关联方，注册会计师韩清凉认为该项交易的舞弊风险处于高水平。

（4）镇热公司在接近2021年年末时发生了大量的销售交易，注册会计师韩清凉认为这些销售交易中存在舞弊行为。

（5）镇热公司未经客户同意，将商品运送到销售合同约定地点以外的其他地点。项目组成员提请作为舞弊风险迹象，注册会计师韩清凉未予认可。

（6）为确认镇热公司是否通过高估收入达到编制虚假财务报告的目的，注册会计师韩清凉要求项目组成员以发运凭证为起点，对主营业务收入实施截止测试。

要求：针对上述情况（1）至（6），不考虑其他情况，逐项指出注册会计韩清凉的做法是否恰当。如不恰当，简要说明理由。

3.诚信会计师事务所接受委托，审计天翼公司2021年度财务报表。注册会计师于2022年1月15日采用积极式函证方式对天翼公司应收账款发出102份询证函。注册会计师收到回函的情况如下：

收到101份询证函回函，其中95份回答是肯定的，6份存在问题，分别为：

（1）A公司：购买天翼公司30万元的货物属实，但款项已于2021年12月25日用支票支付。

（2）B公司：购买天翼公司20万元的货物尚未收到。

（3）C公司：因产品质量不符合要求，根据购货合同，于2021年12月28日将货物退回。

（4）D公司：2021年12月8日，收到天翼公司委托本公司代销的货物价值34万元，尚未销售。

（5）E公司：已就所函证的事项以电子邮件方式向天翼公司作出答复，天翼公司已将邮件转发给会计师事务所。经查，寄发给E公司的函件是一份消极式询证函。

（6）F公司：将积极式询证函的回函直接寄到天翼公司，要求天翼公司转交会计师事务所。天翼公司收到回函后，在没有拆封的情况下，将回函转交给审计小组。

没有收到回函的有1份，即：

（7）G公司：寄发的积极式询证函在20日后被当地邮局以“查无此单位”为由退回天翼公司。

要求：针对上述情况（1）至（7），说明注册会计师为获取充分、适当的审计证据应采取哪些进一步审计程序。

4.林立会计师事务所负责审计盼亮公司2021年度财务报表。审计工作底稿中与函证相关的部分内容摘录如下：

（1）盼亮公司在乙银行开立了一个用以缴纳税款的专门账户，除此以外，与乙银行没有其他业务关系。审计项目组认为，该账户的重大错报风险很低且余额不重大，未对该账户实施函证程序。

（2）审计项目组评估认为应收账款的重大错报风险较低，对盼亮公司2021年11月30日的应收账款余额实施了函证程序，未发现差异。盼亮公司2021年12月31日的应收账款余额较11月30日无重大变动。审计项目组据此认为已对年末应收账款余额的存在认定获取了充分、适当的审计证据。

(3) 审计项目组负责填写询证函信息，盼亮公司业务员负责填写询证函信封。审计项目组取得加盖公章的询证函及业务员填写的信封后，直接至邮局将询证函寄出。

(4) 客户丙公司的回函并非询证函原件。盼亮公司的财务人员说是在催收回函时，由于丙公司财务人员表示未收到询证函，因此将其留存的询证函复印件寄送给了丙公司，并要求丙公司财务人员将回函直接寄回至林立会计师事务所。审计项目组认为该解释合理，不必实施进一步审计程序。

(5) 审计项目组收到的一份银行询证函回函中标注“本行不保证回函的准确性，接收人不能依赖回函中的信息”。审计项目组致电该银行，银行工作人员表示这是标准条款。审计项目组据此认为该回函可靠，并在工作底稿中记录了与银行的电话沟通内容。

(6) 盼亮公司管理层拒绝审计项目组向客户丁公司寄发询证函。

要求：

(1) 针对上述第(1)至(5)项，逐项指出审计项目组的做法是否恰当。如不恰当，简要说明理由。

(2) 针对上述第(6)项，指出审计项目组应当采取的应对措施。

第 4 章 购货与付款循环审计案例

学习目标

通过本章的学习，掌握购货与付款循环控制测试，熟练掌握固定资产、应付账款、其他应付款等项目审计的实质性程序，能够较好地运用审计程序进行相关审计实务的分析。

4.1 永新公司应付款项审计案例

4.1.1 项目背景资料

(1) 永新公司的背景资料

永新公司是一家造纸企业，主要从事纸浆、纸和纸制品的生产和销售业务，以及木材和木材产品的销售业务。2021年，公司全面围绕董事会确定的年度生产经营目标，紧紧抓住国内纸品包装材料持续增长的市场机遇，积极应对木材原料供应严重不足、主辅原料价格居高不下、生产成本大幅提高等严峻形势，以瓦楞纸项目建设和木材原料供应保障为重点，把握市场动态，控制生产成本，深化管理改革和技术创新，落实技改工程建设，持续推进"林纸一体化"建设。同时，强化对外投资项目监管，有效整合优势投资项目，重点发展林业、光电等优势产业。

从2021年度报告来看，公司表现出浆纸主营业务平稳发展，投资项目收益明显提升的良好态势。在浆纸主营产品方面，公司共完成纸袋纸产量2.83万吨、销量2.79万吨，与去年同期相比分别增长1.35%、2.09%；完成板纸产量8.19万吨、销量7.79万吨，与去年相比分别增长2.15%、1.13%；新增高强瓦楞纸产品，投产基本顺利。在投资项目方面，光电产业实现利润总额135万元，同比增长77.75%；林业产业实现利润总额184万元，同比增长35.85%。公司实现营业利润810万元，同比增长97.04%；实现净利润587.5万元，同比增长142.56%。

诚信会计师事务所接受永新公司董事会委托，于2022年1月20日至2月28日对永新公司进行2021年度财务报表审计。负责应付款项审计的注册会计师是张德和关蓓。永新公司2021年度未经审计的主要财务数据和指标如下：应付账款项目的期末数为1 138万元，期初数为687万元；净利润为587.5万元；每股收益为0.235元；净资产报酬率为9.25%；资产负债率为23.05%。在编制审计计划时，财务报表层次的重要性水平确定为431.64万元，分配至应付账款项目的重要性水平是26万元。该公司应付账款明细账有134笔，确定函证其中的30%，即40笔。根据编制的审计计划，由注册会计师张德和关蓓负责应付款项的审计测试与取证工作。

应付款项是资产负债表中重要的流动负债。注册会计师应特别关注应付款项的少记和漏记，即重点审查应付款项的“完整性”。由于应付款项中的应付账款最容易出现错误，因此，应付账款的审计目标一般包括：确定期末应付账款是否存在；确定期末应付账款是否为被审计单位应履行的偿还义务；确定应付账款的发生及偿还记录是否完整；确定应付账款的期末余额是否正确；确定应付账款的列报是否恰当。

（2）永新公司所在行业背景资料

受2007年美国次贷危机和国内原材料匮乏的影响，我国造纸业2011年至2012年一直处于低迷状态。2013年造纸业从金融危机中逐渐恢复，业务收入和利润都取得了较大幅度增长。中国造纸协会的数据显示，2013年我国产量在100万吨以上的造纸企业达到10家，约占全国纸及纸板总产量的60%。2014年造纸业的生产和销售继续保持增长态势。就瓦楞纸和箱板纸而言，我国瓦楞纸箱工业近年来以年均20%左右的速度增长。然而，由于我国缺乏造纸用纤维原料，每年需要大量进口纸浆、废纸等生产原料以补充国内原料市场的不足，加之我国原料林以及废纸回收体系建设较为缓慢，因而我国造纸业发展的原料缺口日益加大。尽管我国部分造纸企业正在积极发展林业生产，但是木材的生长需要较长的时间，企业自制木浆受木片供应等的影响较大，致使自制木浆的价格比购买商品浆还要高。

国家政策对造纸产业的影响有所加大。我国在2008年的《造纸产业发展政策》中明确指出，造纸产业是与国民经济和社会事业发展关系密切的重要基础原材料产业，是一个国家现代化水平和文明程度的标志。造纸产业是资源消费型产业，具有规模效应显著、资金密集的特点，其单位产品收益率低，投资回收期较长。国家对造纸产业的政策主要集中于淘汰落后产能及环保控制方面。2011年7月1日，制浆企业开始执行《制浆造纸工业水污染物排放标准》，这一标准的执行使得造纸企业在废水治理方面的投入和运行成本增加，造纸企业的节能减排已经成为造纸业“十二五”期间的绿色发展目标。中国造纸协会的调查资料显示，2016年全年规模以上（年主营业务收入2 000万元以上）的造纸企业共有2 757家；生产的纸的种类包括箱板纸、瓦楞纸、白纸板、包装用纸、新闻纸、非涂布印刷书写用纸、涂布印刷纸、生活用纸和特种纸九大类，其中，瓦楞纸和箱板纸的年产量占全部纸类年产量的近一半，并且保持着相对较高的增速。

随着绿色发展已成为“十四五”时期乃至更长时期我国经济社会发展的基本理念之一，造纸业面临着结构调整任务重、环保刚性约束持续增强、动能转换、科技创新压力巨大的严峻态势。造纸企业要探索更加先进、环保的造纸技术，不断发展“绿色承诺”，践行“清洁生产、绿色环保、循环经济理念”，在企业发展过程中始终贯彻“既要金山银山，也要绿水青山”的理念，探索可持续发展的行业未来。

4.1.2 评估重大错报风险

在实施控制测试和实质性程序之前，注册会计师需要了解永新公司购货与付款交易和相关余额的内部控制的设计、执行情况，评估认定层次的重大错报风险，并对被审计单位特殊的交易活动和可能影响财务报表真实反映的事项保持职业怀疑态度。这将影响到注册会计师决定采取的审计方法。就应付款项业务而言，其可能存在的重大错报风险主要有以下几个方面：

（1）利用应付账款账户虚构债务，将已实现的销售收入、材料盘盈、投资收益、罚没款、捐赠、其他额外收入、上级拨款或上级拨入资金等转入应付账款账户，或长期挂账隐瞒利润，或形成“小金库”。

(2) 支付款项不合规，在没有购销合同或结算资料不齐全的情况下支付款项。

(3) 利用特别目的的实体把负债从资产负债表中剥离，或利用关联方之间的费用定价优势制造虚假的收益增长趋势。

(4) 管理层凌驾于内部控制之上和员工舞弊的风险。例如，通过与第三方串通，把私人费用计入企业费用支出，或有意无意地重复付款。

(5) 采用不正确的费用支出截止期。将本期采购并收到的商品计入下一会计期间或者将下一会计期间采购的商品提前计入本期，未及时计提已经购买但尚未付款的服务支出等。

(6) 低估。在承受反映较高盈利水平和营运资本的压力下，被审计单位管理层可能试图低估应计提的减值、准备和应付账款，包括低估对存货、应收账款应计提的减值以及对已售商品提供的担保（例如售后服务承诺）应计提的准备。

(7) 舞弊和盗窃的固有风险。如果被审计单位经营大型零售业务，由于所采购商品和固定资产的数量及支付的款项庞大，交易复杂，容易造成商品发运错误，那么，员工和客户发生舞弊和盗窃的风险较高。如果那些负责付款的会计人员有权接触应付账款主文档，并能够通过在应付账款主文档中擅自添加新的账户来虚构采购交易，风险也会增加。

总之，当被审计单位管理层具有高估利润的动机时，注册会计师应当主要关注费用支出和应付账款的低估。重大错报风险集中体现在遗漏交易、采用不正确的费用支出截止期，以及错误划分资本性支出和收益性支出，这些将对完整性、截止、发生、存在、准确性和分类认定产生影响。为评估永新公司财务报表层次的重大错报风险，负责该项目审计的注册会计师张德、关蓓通过审阅以前年度审计工作底稿、观察内部控制执行情况、询问管理层和员工、检查相关的文件和资料等方法，获取了相关审计证据，得出的评估结论是应付款项业务重大错报风险为低水平。注册会计师决定对拟信赖的应付账款项目进行控制测试。

4.1.3 永新公司应付账款控制测试

应付账款内部控制的主要内容包括：应付账款的记录必须由独立于请购、采购、验收、付款的人员来进行；必须依据取得和审核的各种必要凭证记录应付账款明细账；属于预付款项的交易，在收到供应商发票后应将预付金额冲抵部分发票金额来记录应付账款；必须分别设置应付账款的总分类账和明细分类账；享有折扣的交易，应根据供应商的发票金额减去折扣金额的净额登记应付账款；每月核对应付账款明细账与客户的对账单；付款前，应复核客户发票上的数量、单价、金额和合计数以及折扣条件等，核对支票的金额，采购和付款应有各自独立的签名，对支票应采取函寄或其他安全方式送交；会计部门及时记录付款业务，定期核对总分类账与日记账，检查应付账款的明细账和有关文件，以防失去可能的现金折扣。

通过了解永新公司应付账款内部控制的主要内容，注册会计师张德确定了应付账款内部控制的关键控制点，制定了应付账款内部控制测试的程序。

首先，调查与询问永新公司的人员，了解永新公司购货与付款的主要控制制度是否被执行。其次，观察采购与付款循环的关键控制点及特定控制点的控制实践，必要时通过重新执行来证实控制执行的有效性，比如，观察编制凭证与签发支票、签发支票与保管支票的职责是否分离；检查付款支票样本，确定资金支付是否完整地记录在适当的会计期间。再次，检查关键控制点生成的有关文件和记录，比如，检查购货业务所附的原始凭证，包括订货单、验收单、购货发票等，重点审查这些原始凭证的数量、单价、金额与记账凭证是否一致，原始凭证上的各项手续是否齐全；享有现金折扣的应付账款业务是否由经授权的经办人按规定处理；根据付款凭证记录的内容，分别追查应付账款和存货明细账与总账是否进行平行登记，金额是否一致；检查支票样本，审核付款是否经过批准，支票是否与应付凭单一致，付款后是否注销凭单，支票是否由经过授权审批的人员签发；检查支票登记簿的编号顺序，与相应的应付账款明细账和银行存款日记账核对，审查其金额是否一致等。最后，根据上述程序的实施，评价应付账款内部控制制度的有效性。

注册会计师张德以调查表的形式设计了应付账款内部控制调查问卷，进行问卷调查，形成应付账款内部控制调查问卷（其中之一见表4-1）。

表4-1 **应付账款内部控制调查问卷**

被审计单位：永新公司　　索引号：YFZKKZ-1

项目：应付账款内部控制调查问卷　　财务报表截止日/期间：2021年1月1日—12月31日

审计人员：张德　　复核：关蓓

日期：2022年1月20日　　日期：2022年1月20日

被询问人姓名：石成　　询问时间：2022年1月20日

被询问人所属部门岗位及职位：采购员　　询问地点：会议室　　询问人姓名：张德

调查项目	调查结果			备注
	是	否	不适合	
1.是否已建立请购的一般和特殊授权程序？	√			
2.是否对所有请购的商品或劳务编制请购单？	√			
3.购置商品或劳务是否有计划？如有，计划是否经过批准？	√			
4.购置商品或劳务时是否都与对方签订了合同？		√		部分零星采购无合同
5.商品的入库是否经验收合格并与采购合同核对后才填写入库单？	√			
6.验收部门将商品送交仓库或其他请购部门，是否取得了对方签章的收据？	√			
7.商品的进项税额、运费及运输中损耗的计算是否合理？	√			
8.编制凭单时，是否将凭单与订购单、验收单和供应商发票相核对？	√			

续表

调查项目	调查结果			备注
	是	否	不适合	
9.是否编写每日凭单汇总表，并将其与有关记账凭证上记录的金额进行比较？	√			
10.是否对有关记账凭证的分录进行独立检查，以确定账户分类的适当性和入账的及时性？	√			
11.是否独立检查供应商发票和凭单计算的正确性？	√			
12.是否定期独立检查未付凭单档案内凭单总和与应付账款总账的一致性？		√		
13.付款是否实行费用预算控制，并明确款项支付权限？		√		未明确付款权限
14.货款支付与记账的职责是否分离？	√			

被询问人签字：石成　　　　　　　　　　　　签字日期：2022年1月20日

注册会计师张德根据被审计单位购货与付款流程设计了上述调查问卷，并将其分别发放给被审计单位的相关人员。根据回收的足够数量的调查问卷的统计结果，注册会计师张德得出的结论是：应付账款内部控制基本健全，需要对应付账款进行进一步的控制测试及评价。

根据问卷调查所得出的结论，结合检查、观察等其他审计程序，注册会计师张德对应付账款内部控制执行有效性进行明细评价（见表4-2），之后对应付账款内部控制执行有效性进行汇总评价（见表4-3）。

表4-2　　应付账款内部控制执行有效性评价明细表

被审计单位：永新公司　　　　　　　　　　索引号：YFZKKZ-2
项目：应付账款内部控制执行有效性评价明细　财务报表截止日/期间：2021年1月1日—12月31日
编制：张德　　　　　　　　　　　　　　　复核：关蓓
日期：2022年1月20日　　　　　　　　　　日期：2022年1月20日

控制目标	控制测试			
	控制测试情况描述	内部控制测试执行评价	执行人	索引号
定期核对相关资料的相符性	定期将购货合同与请购单、供应商发票、验收报告、入库单、付款凭证、记账凭证相核对	随机抽取2021年1—12月份的购货合同40份，同请购单、供应商发票、验收报告、入库单、付款凭证、记账凭证相核对，并追查至明细账和总账，相符率为100%		
付款与记账的职责分离	款项支付凭证入账及时，货款支出与记账的职责分离	付款权限不明确		

续表

控制目标	控制测试			
	控制测试情况描述	内部控制测试执行评价	执行人	索引号
完整记录购货业务情况	核对、检查有关明细账的原始凭证，如订货单、验收单、供应商发票的正确性、合法性及其金额是否与相关明细账一致	√		
完整记录货款支付情况	检查支付货款的付款凭证和银行存款日记账与有关明细账及总账的记录是否正确	√		
真实记录货款支付情况	编制付款凭证时，与订购合同、预（决）算计划、验收单和供应商发票相核对	√		
审计结论： 应付账款内部控制测试结果显示相符率高，可适当简化实质性程序。				

表4-3 **应付账款内部控制执行有效性汇总评价表**

被审计单位：永新公司　　索引号：YFZKKZ-3

项目：应付账款内部控制执行有效性汇总评价　　财务报表截止日/期间：2021年1月1日—12月31日

编制：张德　　复核：关蓓

日期：2022年1月20日　　日期：2022年1月20日

内部控制风险评价标准	
重要提示： 如出现下列情况，应将控制风险评估为高水平： 1.既定内部控制制度在不同的时间点或不同的业务单元未被一贯执行； 2.例外事项的控制点未被一贯执行； 3.有证据表明存在管理层凌驾于内部控制之上的情况。	
对内部控制制度执行有效性的评价	
评价对象： 检查表（√）；询问记录（√）；观察记录（√）	
评价： 询问了永新公司的相关人员，了解到永新公司应付账款的主要内部控制制度均被执行，但是货款支付没有明确付款权限； 观察应付账款业务的关键控制点，未见异常情况； 检查关键控制点生成的有关文件和记录，只有零星采购没有签订购货合同。	
评价结论类型	结论
内部控制可信赖	
内部控制不可信赖	注：确定实质性测试方案或确定审计报告意见类型
部分内部控制可信赖	√注：需要详细描述并确定实质性测试方案

4.1.4 永新公司应付账款实质性程序

根据应付账款内部控制执行有效性的汇总评价结果，张德确定了应付账款项目的实质性程序（见表4-4）。

表4-4 应付账款实质性程序表

被审计单位：永新公司　　索引号：YFZK

项目：应付账款实质性程序　　财务报表截止日/期间：2021年12月31日

编制：张德　　复核：关蓓

日期：2022年1月21日　　日期：2022年1月21日

审计目标			财务报表认定				
			存在	完整性	权利和义务	计价和分摊	列报
资产负债表中记录的应付账款是存在的			√				
所有应当记录的应付账款均已记录				√			
资产负债表中记录的应付账款是被审计单位应当履行的现时义务					√		
应付账款以恰当的金额包括在财务报表中，与之相关的计价调整已恰当记录						√	
应付账款已按照企业会计准则的规定在财务报表中进行了恰当列报							√
计划实施的实质性程序[①]	是否执行	索引号	存在	完整性	权利和义务	计价和分摊	列报
1.获取或编制应付账款明细表： （1）复核加计正确，并与报表数、总账数和明细账合计数核对是否相符； （2）分析有借方余额的项目，查明原因，必要时，进行重分类调整		YFZK-1				√	
2.实施实质性分析程序 （1）比较当年及以前年度应付账款及周转率的增减变动，并对异常情况进行解释； （2）比较当年及以前年度应付账款的构成、账龄及主要供货商的变化，并查明出现异常情况的原因； （3）对应付账款借方发生额与货币资金流出、应付票据贷方发生额等进行分析		YFZK-2	√	√		√	

续表

计划实施的实质性程序[1]	是否执行	索引号	存在	完整性	权利和义务	计价和分摊	列报
3.获取被审计单位与其供应商之间的对账单（应从非财务部门如采购部门获取），就对账单和被审计单位财务记录之间的差异进行调节（如在途款项、在途货物、付款折扣、未记录的负债等），查找有无未入账的应付账款，确定应付账款金额的准确性				√		√	
4.检查应付账款长期挂账的原因并进行记录，注意其是否可能无须支付；对确实无须支付的应付账款的会计处理是否正确，依据是否充分；关注账龄超过3年的大额应付账款在资产负债表日后是否偿还，检查偿还记录及单据，并披露			√				√
5.针对资产负债表日后付款项目，检查银行对账单及有关付款凭证（如银行划款通知、供应商收据等），询问被审计单位内部或外部的知情人员，查找有无未及时入账的应付账款				√			
6.复核截至审计现场工作日的全部未处理的供应商发票，并询问是否存在其他未处理的供应商发票，确认所有的负债都记录在正确的会计期间内				√			
7.选择应付账款的重要项目（包括零账户）函证其余额和交易条款，对未回函的再次发函或实施替代的检查程序（检查原始凭单，如合同、发票、验收单，核实应付账款的真实性）		YFZK-3	√		√		
8.针对已偿付的应付账款，追查至银行对账单、银行付款单据和其他原始凭证，检查其是否在资产负债表日前真实偿付		YFZK-3		√			
9.检查资产负债表日后应付账款明细账贷方发生额的相应凭证，关注其购货发票的日期，确认其入账时间是否合理			√	√			
10.检查应付账款是否已按照企业会计准则的规定在财务报表中进行了恰当列报		YFZK-4					√

注：①实质性程序与财务报表认定之间的对应关系用“√”表示。

1）获取应付账款明细表

注册会计师要求永新公司提供应付账款明细表，经审计后形成工作底稿（见表4-5）。

表4-5 **应付账款明细表**

被审计单位名称：永新公司　　索引号：YFZK-1

项目：应付账款明细　　财务报表截止日/期间：2021年12月31日

编制：张德　　复核：关蓓

日期：2022年1月21日　　日期：2022年1月21日

单位名称	期初余额（元）			本期减少（元）	本期增加（元）	期末余额（元）			调整后期末余额账龄（元）				工作底稿索引号	备注
	调整前	审计调整	调整后			调整前	审计调整	调整后	1年以内	1~2年	2~3年	3年以上		
天星公司	100 000	0	100 000	0	0	100 000	−100 000	0						债务重组
天源公司	6 000 000	0	6 000 000	0	0	6 000 000	0	6 000 000				6 000 000		
天青公司	300 000	0	300 000	0	0	300 000	0	300 000		300 000				
天新公司	0	0	0	0	0	0	500 000	500 000	500 000					补计负债
天意公司	0	0	0	0	120 000	120 000	0	120 000	120 000					
天平公司	650 000	0	650 000	0	0	650 000	0	650 000			650 000			
天行公司	230 000	0	230 000	0	0	230 000	0	230 000		230 000				
天马公司	0	0	0	300 000	0	−300 000	300 000	0						重分类
⋮														
合计	6 870 000					11 380 000								

审计说明：

（1）该公司因无力支付已有3年账龄的欠天星公司的货款100 000元（相关税费忽略不计，下同），经与债权人协商，达成如下债务重组协议：债权人同意永新公司以其生产的总售价为80 000元（不含税，适用税率13%）的产品用于抵偿上述债务。双方已在本年度履行了债务重组协议，但永新公司未按规定进行账务处理。调整分录为：

借：应付账款——天星公司　　100 000

　贷：主营业务收入　　80 000

　　应交税费——应交增值税（销项税额）　　10 400

　　营业外收入——债务重组利得　　9 600

（2）该公司存在3年以上账龄的应付账款——天源公司6 000 000元。通过查阅原始凭证和询问有关业务人员，未能取得充分的审计证据来证明此款项的业务性质，无法判定负债的存在。

（3）该公司于2021年12月28日从天新公司购入的原木500 000元，已按规定纳入12月31日存货盘点范围，进行了实物盘点。但2022年1月5日才收到供应商发票，并在2022年1月份进行了账务处理，2021年度无进货和相应的负债记录。建议调整分录为：

借：原材料——原木　　500 000

　贷：应付账款——天新公司　　500 000

（4）该公司于2021年12月16日预付天马公司材料款300 000元，记入“应付账款——天马公司”明细账借方，到年底一直没有发生实质性交易，其本质属于资产，建议进行重分类调整。建议调整分录为：

借：预付账款——天马公司　　300 000

　贷：应付账款——天马公司　　300 000

审计结论：

对于上述疑问，在审验债务重组真实性的基础上，提请被审计单位按照规定进行补充会计处理，并对财务报表相关项目的数额进行调整，且将审验情况及被审计单位的处理调整情况详细记录在审计工作底稿中，被审计单位同意调整。对于长期挂账的天源公司6 000 000元应付账款，根据调查不能证实其真实性，但是考虑到其金额巨大（注：财务报表层次的重要性水平为431.64万元），考虑出具非标准意见的审计报告。对于因发票收到太迟而不能计入2021年12月份的付款凭证进行全面检查，并按照归属期间确认公司已经全部用转账分录入账，没有出现差错。

2）函证应付账款

一般情况下，应付账款不需要函证，这是因为函证不能保证查出未记录的应付账款，况且注册会计师能够取得购货发票等外部凭证来证实应付账款的余额。但是如果重大错报风险较高，某些应付账款明细账户金额较大或被审计单位处于财务困难时期，则应对应付账款实施函证程序。

注册会计师张德在对永新公司应付账款的内部控制进行测试后得出结论：永新公司的部分内部控制可以信赖。永新公司应付账款共有明细账134笔，确定函证其中的30%，即40笔。注册会计师张德选择的函证对象是：金额较大的债权人；在资产负债表中的总金额不大，甚至为0，但为企业重要供货商的债权人。采用的函证方式为积极式，要求债权人直接回函给张德所在的诚信会计师事务所，并根据回函情况进行函证结果分析（见表4-6）。

表4-6 应付账款函证明细表

被审计单位：永新公司　　索引号：YFZK-3

项目：应付账款函证明细　　财务报表截止日/期间：2021年12月31日

编制：张德　　复核：关蓓

日期：2022年2月2日　　日期：2022年2月2日

序号	客户名称	函证金额（元）	函证日期	回函金额（元）	回函日期	差额（元）	索引号
1	天星公司	100 000	1月21日	0	1月28日	—	
2	天源公司	6 000 000	1月21日	—	没有收到回函	6 000 000	
3	天青公司	300 000	1月21日	300 000	1月28日	—	
4	天意公司	120 000	1月21日	120 000	1月28日	—	
5	天平公司	650 000	1月21日	650 000	1月29日	—	
6	天行公司	230 000	1月21日	230 000	1月29日	—	
7	天马公司	-300 000	1月21日	-300 000	1月30日	—	
	⋮						

审计说明：

应付天星公司的100 000元已经完成债务重组；应付天马公司的-300 000元属于预付账款。

3）查找未入账的应付账款

由于应付账款很容易被低估，如何查找未入账的应付账款就成为注册会计师关注的焦点。张德确定的审计程序是：检查被审计单位在资产负债表日是否存在有材料入库凭证但未收到购货发票的经济业务；检查资产负债表日后收到的购货发票，关注购货发票的日期，确认其入账时间是否正确；检查资产负债表日后应付账款明细账贷方发生额的相应凭证，确认其入账时间是否正确；检查资产负债表日后付款项目，检查银行对账单及有关付款凭证；通过询问被审计单位的会计、采购人员，查阅资本预算、工作通知单和基建合同来进行。

通过上述程序，张德发现该公司于2021年12月28日从天新公司购入的原木50万元，已按规定纳入12月31日存货盘点范围进行了实物盘点。但2022年1月5日才收到供应商发票，并在2022年1月份进行了账务处理，2021年度无进货和相应的负债记录，建议调账。相关调整分录见表4-5中的审计说明。

4）**审定应付账款**

注册会计师将应付账款审定的情况汇总于表4-7。

表4-7 **应付账款审定表**

被审计单位：永新公司　　索引号：YFZK-4

项目：应付账款审定　　财务报表截止日/期间：2021年12月31日

编制：张德　　复核：关蓓

日期：2022年1月30日　　日期：2022年1月30日

项目名称	期末未审数（元）	账项调整（元）		重分类调整（元）		期末审定数（元）	上期末审定数（元）	索引号
		借方	贷方	借方	贷方			
一、关联方								
1年以内								
1~2年								
2~3年								
3年以上								
小计								
二、非关联方								
1年以内	3 400 000		500 000		300 000	4 200 000	360 000	
1~2年	1 230 000					1 230 000	400 000	
2~3年	650 000					650 000	110 000	
3年以上	6 100 000	100 000				6 000 000	6 000 000	
小计	11 380 000	100 000	500 000		300 000	12 080 000	6 870 000	
三、合计								
1年以内	3 400 000		500 000		300 000	4 200 000	360 000	
1~2年	1 230 000					1 230 000	400 000	
2~3年	650 000					650 000	110 000	
3年以上	6 100 000	100 000				6 000 000	6 000 000	
小计	11 380 000	100 000	500 000		300 000	12 080 000	6 870 000	

审计结论：

应付天源公司货款6 000 000元没有收到回函，通过查阅原始凭证和询问有关业务人员也无法确认其真实存在性。

5）其他应付款实质性程序

其他应付款是指除应付账款、应付票据、预收账款和应付职工薪酬等经营活动以外的其他各项应付、暂收其他单位或个人的款项，如应付租入包装物租金、存入保证金等。实务中容易发生滥用该账户隐瞒收入的问题，所以审计时应将其作为重点关注对象。注册会计师张德制定了其他应付款实质性程序（见表4-8），并编制了其他应付款明细表（见表4-9）和其他应付款审定表（见表4-10）。

表4-8 **其他应付款实质性程序表**

被审计单位：永新公司　　索引号：QTYFK

项目：其他应付款实质性程序　　财务报表截止日/期间：2021年12月31日

编制：张德　　复核：关蓓

日期：2022年1月31日　　日期：2022年1月31日

审计目标			财务报表认定				
			存在	完整性	权利和义务	计价和分摊	列报
资产负债表中记录的其他应付款是存在的			√				
所有应当记录的其他应付款均已记录				√			
记录的其他应付款是被审计单位应当履行的现时义务					√		
其他应付款以恰当的金额包括在财务报表中，与之相关的计价调整已恰当记录						√	
其他应付款已按照企业会计准则的规定在财务报表中进行了恰当的列报							√
计划实施的实质性程序①	是否执行	索引号	存在	完整性	权利和义务	计价和分摊	列报
1.获取或编制其他应付款明细表： （1）复核加计是否正确，并与报表数、总账数和明细账合计数核对是否相符； （2）分析有借方余额的项目，查明原因，必要时，进行重分类调整； （3）结合应付账款、其他应收款等往来项目的明细余额，调查有无空挂的项目、异常余额或与本科目核算无关的其他款项，如有，应进行记录，必要时进行调整； （4）标识重要明细账户		QTYFK-1				√	
2.判断、选择金额较大和异常的明细余额，检查其原始凭证，并考虑向债权人函证。对未回函的重要单位，编制该单位的增减变动表；必要时，收集客户资料，分析其变动的合理性			√		√	√	

续表

计划实施的实质性程序①	是否执行	索引号	存在	完整性	权利和义务	计价和分摊	列报
3.请被审计单位协助，在其他应付款明细表中标出截至审计日已支付的、金额较大的其他应付款，确定有无未及时入账的其他应付款。抽查付款凭证、银行对账单等，并注意入账日期发生的合理性			√	√			
4.检查长期未结的其他应付款，并进行妥善处理			√		√		
5.根据评估的舞弊风险等因素增加其他审计程序							
6.检查其他应付款是否已按照企业会计准则的规定在财务报表中进行了列报		QTYFK-2					√

注：①实质性程序与财务报表认定之间的对应关系用“√”表示。

表4-9 **其他应付款明细表**

被审计单位：永新公司　　索引号：QTYFK-1

项目：其他应付款明细　　财务报表截止日/期间：2021年12月31日

编制：张德　　复核：关蓓

日期：2022年1月31日　　日期：2022年1月31日

单位名称	业务内容	期初数（元）	调整数（元）	期初审定数（元）	期初账龄分析（元）				本期增加（元）	本期减少（元）	期末数（元）	调整数（元）
					1年以内	1~2年	2~3年	3年以上				
一、关联方												
—												
小计												
二、非关联方												
吉欣公司	包装物押金	12 000	0	12 000	12 000				0	12 000	0	0
吉庆公司	包装物押金	120 000	0	120 000	120 000				0	120 000	0	0
吉利公司	包装物押金	230 000	0	230 000	230 000				0	230 000	0	0
吉祥公司	保证金	10 000	0	10 000	10 000				58 500	10 000	58 500	0
小计		372 000	0	372 000	372 000				58 500	372 000	58 500	0
合计		372 000	0	372 000	372 000				58 500	372 000	58 500	0

表4-10 **其他应付款审定表**

被审计单位：永新公司 索引号：QTYFK-2

项目：其他应付款审定 财务报表截止日/期间：2021年12月31日

编制：张德 复核：关蓓

日期：2022年1月31日 日期：2022年1月31日

项目名称	期末未审数（元）	账项调整（元）		重分类调整（元）		期末审定数（元）	上期末审定数（元）
		借方	贷方	借方	贷方		
一、关联方							
1年以内							
1~2年							
2~3年							
3年以上							
小计							
二、非关联方							
1年以内	58 500					58 500	372 000
1~2年							
2~3年							
3年以上							
小计	58 500					58 500	372 000
三、合计							
1年以内	58 500					58 500	372 000
1~2年							
2~3年							
3年以上							
小计	58 500					58 500	372 000

4.2 永新公司固定资产审计案例

4.2.1 项目背景资料

沿用4.1所述案例背景，诚信会计师事务所接受永新公司董事会委托，对永新公司进行2021年度财务报表审计。编制审计计划时，财务报表层次的重要性水平是431.64万元，分配至固定资产项目的重要性水平是50万元。该公司2021年12月31日未经审计的固定资产原值为48 240 254元，累计折旧为9 600 328元，固定资产净值为38 639 926元。根据编制的审计计划，由注册会计师刘羽和赵龙负责对永新公司的固定资产进行审计。

由于固定资产在企业资产总额中一般占有较大的比例，固定资产的安全、完整对企业的生产经营影响极大，因此，注册会计师应对固定资产的审计予以高度重视。固定资产的审计目标一般包括：确定固定资产是否存在；确定固定资产是否归被审计单位拥有或控制；确定固定资产的计价方法是否恰当；确定固定资产的折旧政策是否恰当；确定累计折旧的计提是否合理、一贯；确定固定资产减值准备的计提是否充分、完整，方法是否恰当；确定固定资产、累计折旧和固定资产减值准备的记录是否完整；确定固定资产、累计折旧和固定资产减值准备的期末余额是否正确；确定固定资产、累计折旧和固定资产减值准备的披露是否恰当。

4.2.2 评估重大错报风险

固定资产业务中存在的错报形式主要有：

（1）付款中的舞弊。一种情况是，固定资产的价值一般比较昂贵，不同的供货商可能提供不同的价格，最低价与最高价之间有时相差悬殊，如以最低价付款，以最高价要求对方开发票，采购者就能私吞两者之间的差价；另一种情况是，由购买方多付购货款，由供货方多给回扣。付款中的舞弊在一定程度上是由供货方与购货方相关人员相互勾结、串通舞弊所引起的，这使查证工作具有较大困难。

（2）虚构租赁。因从固定资产实物上不能直观地识别产权关系，虚构租入固定资产（主要是机器设备）借以骗取租金的现象常常发生。企业可能以支付租赁费的名义，向某个虚设或关联企业付款，然后套取现金或列入小金库。

（3）多付租金。在计算列入费用的租赁费时有意多列，导致“其他应付款”账户将多计部分挂账，到租期将满时，将该账户积累下来的多列租金从“其他应付款”账户转出，开出某个人收款的现金支票，从银行提取现金予以贪污。

（4）购建固定资产计价舞弊。将不合理、不合法的费用开支摊入固定资产购建成本，使购建成本虚增，然后通过资产的逐步摊销予以消化；或将购建支出列入产品成本或其他费用，使购建成本降低。这两种情况对当年的利润和留存收益都将产生影响。

（5）违规计提累计折旧和资产减值准备。通过多计准备或少计负债和准备，把损益控制在被审计单位管理层希望的程度。

（6）资产账实不符。

为评估重大错报风险，负责该项目审计的注册会计师刘羽、赵龙通过审阅以前年度的审计工作底稿、观察内部控制执行情况、询问管理层和员工、检查相关的文件和资料等方法获取的相关审计证据表明永新公司固定资产的管理较好，由此初步将固定资产项目的重大错报风险评估为低水平，决定对固定资产内部控制进行控制测试。

4.2.3 永新公司固定资产项目控制测试

由于永新公司固定资产使用期限长、价值大、更新慢，增减变化发生的频率较流动资产来说要少得多，相对而言，在数量上发生差错或产生弊端的可能性也较小，因此，刘羽和赵龙在编制具体审计计划时，安排用于固定资产审计的时间较少，审计程序与方法也比较简单。他们根据不同关键控制点的特性选择实施的控制测试程序包括：

（1）询问永新公司相关人员，编制固定资产内部控制调查问卷，了解固定资产的关键控制点是否被执行；

（2）检查关键控制点生成的有关文件和记录；

（3）观察固定资产业务关键控制点的控制实践；

（4）根据上述程序的实施，评估固定资产内部控制的执行是否有效。

刘羽和赵龙对永新公司的固定资产内部控制调查问卷见表4-11。

表4-11　**固定资产内部控制调查问卷**

被审计单位：永新公司　索引号：GDZCKZ-1

项目：固定资产内部控制调查问卷　财务报表截止日/期间：2021年1月1日—12月31日

编制：刘羽　复核：赵龙

日期：2022年1月20日　日期：2022年1月20日

被询问人姓名：赵新　询问时间：2022年1月20日

被询问人所属部门岗位及职位：采购员　询问地点：会议室　询问人姓名：刘羽

调查项目	调查结果			备注
	是	否	不适合	
1.固定资产和在建工程的购建是否有预算并经授权批准？	√			
2.已完工的在建工程转入固定资产是否办理了竣工验收等移交手续？	√			
3.外购固定资产是否有严格的验收手续？	√			
4.固定资产折旧方法的确定与变更是否经过董事会批准？	√			
5.固定资产的购入、内部调拨是否履行一定的手续？	√			
6.固定资产的取得、处置和出售是否有书面授权批准？	√			
7.固定资产毁损、报废、清理是否经过技术鉴定和授权批准？		√		
8.是否有固定资产定期盘点制度并执行？	√			
9.是否对固定资产实行目录管理，定期核对账卡，做到账、卡、物一致？		√		
10.固定资产的购置与验收、使用、付款和记账等职责是否分离？	√			
11.对临时租出、租入的固定资产是否建立备查登记制度，并遵照制度执行？	√			
12.是否有固定资产的定期保养和修理制度，以保持其良好的状态？	√			
13.固定资产的维修是否履行授权批准制度并明确授权范围？		√		

被询问人签字：赵新　签字日期：2022年1月20日

注册会计师刘羽根据被审计单位的购货与付款流程设计了上述调查问卷，并印制360份，分别发放给被审计单位的相关人员。根据回收的360份调查问卷的统计结果，注册会计师刘羽得出的结论是：需要对固定资产的维修、毁损、报废、清理进行进一步的控制测试。固定资产内部控制执行有效性评价明细及汇总评价分别见表4-12和表4-13。

表4-12 固定资产内部控制执行有效性评价明细表

被审计单位：永新公司　　索引号：GDZCKZ-2

项目：固定资产内部控制执行有效性评价明细　　财务报表截止日/期间：2021年1月1日—12月31日

编制：刘羽　　复核：赵龙

日期：2022年1月21日　　日期：2022年1月21日

控制目标	控制测试			
	控制测试情况描述	内部控制测试执行评价	执行人	索引号
定期盘点固定资产	资产每年盘点一次	√		
经过授权批准的资产处置是合理的业务活动	固定资产的毁损、报废、清理经过技术鉴定和授权批准	存在个别固定资产清理未审批的问题		
资产估价合理	固定资产折旧方法为直线法	折旧率符合规定，前后会计期间一致		
所有新增加的资产均按制度验收	完工工程转入固定资产必须办理竣工验收和移交使用手续	√		
经过审批的款项支付是合理的业务活动	在建工程中付款均有发票或其他原始凭证	√		
所有新增资产均按公司预算管理，明确款项支付权限	年度内新增固定资产和在建工程必须编制预算，经过董事会授权批准后方可执行	抽查年度内新增的5项固定资产和2项在建工程，均有预算，但付款权限不明确		
定期核对相关资料的相符性	定期将购货合同与请购单、供应商发票、验收报告、入库单、付款凭证、记账凭证相核对	随机抽取2021年1—10月份的购货合同40份，与请购单、供应商发票、验收报告、入库单、付款凭证、记账凭证相核对，并追查至明细账和总账，相符率为100%		
付款与记账的职责分离	款项支付凭证入账及时，货款支出与记账的职责分离	付款权限不明确		
审计结论： 固定资产内部控制测试相符率比较高，可适当简化实质性审计程序。				

表4-13 **固定资产内部控制执行有效性汇总评价表**

被审计单位：永新公司　　　　索引号：GDZCKZ-3

项目：固定资产内部控制执行有效性汇总评价　　　　财务报表截止日/期间：2021年1月1日—12月31日

编制：刘羽　　　　复核：赵龙

日期：2022年1月21日　　　　日期：2022年1月21日

<table>
<tr><td colspan="2">内部控制风险评价标准</td></tr>
<tr><td colspan="2">重要提示：
如出现下列情况，应将控制风险评估为高水平：
1.既定内部控制制度在不同的时间点或不同的业务单元未被一贯执行；
2.例外事项的控制点未被一贯执行；
3.有证据表明存在管理层凌驾于内部控制之上的情况。</td></tr>
<tr><td colspan="2">对内部控制制度执行有效性的评价</td></tr>
<tr><td colspan="2">评价对象：
检查表（√）；询问记录（√）；观察记录（√）</td></tr>
<tr><td colspan="2">评价：
询问被审计单位的相关人员，了解到被审计单位固定资产的主要控制制度均被执行，只是货款支付没有明确付款权限；
观察固定资产业务的关键控制点，未见异常情况；
检查关键控制点生成的有关文件和记录，少数固定资产清理未经过授权审批。</td></tr>
<tr><td>评价结论类型</td><td>结论</td></tr>
<tr><td>内部控制可信赖</td><td></td></tr>
<tr><td>内部控制不可信赖</td><td>注：确定实质性测试方案或确定审计报告意见类型</td></tr>
<tr><td>部分内部控制可信赖</td><td>√注：需要详细描述并确定实质性测试方案</td></tr>
</table>

4.2.4 永新公司固定资产项目实质性程序

注册会计师刘羽、赵龙在明确固定资产及累计折旧实质性程序的目的、对固定资产内部控制有效性进行评价的基础上，编制了永新公司固定资产实质性程序（见表4-14）以及固定资产盘点检查情况表、固定资产增加检查表、固定资产减少检查表、固定资产累计折旧审定表、固定资产审定表。

1）固定资产存续状况审计

注册会计师刘羽和赵龙首先从永新公司获取了固定资产明细账，检查了固定资产的分类，并与报表数、总账数和明细账合计数核对；然后，对固定资产进行实地观察与盘点，编制了固定资产盘点检查情况表（见表4-15）。

表4-14 **固定资产实质性程序表**

被审计单位：永新公司　　索引号：GDZC

项目：固定资产实质性程序　　财务报表截止日/期间：2021年12月31日

编制：刘羽　　复核：赵龙

日期：2022年1月30日　　日期：2022年1月30日

<table>
<tr><th colspan="3" rowspan="2">审计目标</th><th colspan="5">财务报表认定</th></tr>
<tr><th>存在</th><th>完整性</th><th>权利和义务</th><th>计价和分摊</th><th>列报</th></tr>
<tr><td colspan="3">资产负债表中记录的固定资产是存在的</td><td>√</td><td></td><td></td><td></td><td></td></tr>
<tr><td colspan="3">所有应当记录的固定资产均已记录</td><td></td><td>√</td><td></td><td></td><td></td></tr>
<tr><td colspan="3">记录的固定资产由被审计单位拥有或控制</td><td></td><td></td><td>√</td><td></td><td></td></tr>
<tr><td colspan="3">固定资产以恰当的金额包括在财务报表中，与之相关的计价或分摊已恰当记录</td><td></td><td></td><td></td><td>√</td><td></td></tr>
<tr><td colspan="3">固定资产已按照企业会计准则的规定在财务报表中进行了恰当的列报</td><td></td><td></td><td></td><td></td><td>√</td></tr>
<tr><th>计划实施的实质性程序[①]</th><th>是否执行</th><th>索引号</th><th>存在</th><th>完整性</th><th>权利和义务</th><th>计价和分摊</th><th>列报</th></tr>
<tr><td>1.获取或编制固定资产明细表，复核加计是否正确，并与总账数和明细账合计数核对是否相符，结合累计折旧和固定资产减值准备与报表数核对是否相符</td><td></td><td>GDZC-1</td><td></td><td></td><td></td><td>√</td><td></td></tr>
<tr><td>2.实质性分析程序：
（1）基于对被审计单位及其环境的了解，通过进行以下比较，并考虑有关数据间关系的影响，建立有关数据的期望值：
①分类计算本期计提折旧额与固定资产原值的比率，并与上期比较；
②计算固定资产修理及维护费用占固定资产原值的比例，并进行本期各月、本期与以前各期的比较。
（2）确定可接受的差异额。
（3）将实际情况与期望值相比较，识别需要进一步调查的差异。
（4）如果其差额超过可接受的差异额，调查并获取充分的解释和恰当的佐证审计证据（例如检查相关的凭证）。
（5）评估分析程序的测试结果</td><td></td><td>GDZC-2</td><td>√</td><td>√</td><td></td><td>√</td><td></td></tr>
</table>

续表

计划实施的实质性程序[1]	是否执行	索引号	存在	完整性	权利和义务	计价和分摊	列报
3.实地检查重要固定资产（如为首次接受审计，应适当扩大检查范围），确定其是否存在；关注是否存在已报废但仍未核销的固定资产		GDZC-3	√				
4.检查固定资产的所有权或控制权		GDZC-4					
5.检查本期固定资产的增加： （1）询问管理层当年固定资产的增加情况，并与获取或编制的固定资产明细表进行核对； （2）检查本年度增加固定资产的计价是否正确，手续是否齐备，会计处理是否正确； （3）检查固定资产是否存在弃置费用，如果存在弃置费用，检查弃置费用的估计方法和弃置费用现值的计算是否合理，会计处理是否正确		GDZC-4	√	√	√	√	
6.检查本期固定资产的减少： （1）结合固定资产清理科目，抽查固定资产账面转销额是否正确； （2）检查出售、盘亏、转让、报废或毁损的固定资产是否经授权批准，会计处理是否正确； （3）检查因修理、更新改造而停止使用的固定资产的会计处理是否正确； （4）检查投资转出固定资产的会计处理是否正确； （5）检查债务重组或非货币性资产交换转出固定资产的会计处理是否正确； （6）检查其他减少固定资产的会计处理是否正确		GDZC-5	√	√		√	
7.检查固定资产的后续支出：检查固定资产的相关后续支出是否满足资产确认条件；如不满足，检查该支出是否在该后续支出发生时计入当期损益		GDZC-4	√	√			
8.获取暂时闲置固定资产的相关证明文件，并观察其实际状况，检查是否已按规定计提折旧，相关的会计处理是否正确						√	
9.获取已提足折旧后仍继续使用固定资产的相关证明文件，并进行相应记录						√	
10.检查购置固定资产时是否存在与资本性支出有关的财务承诺						√	√
11.检查固定资产的抵押、担保情况，结合对银行借款等的检查，了解固定资产是否存在重大的抵押、担保情况。如存在，应取证，并进行相应的记录，同时提请被审计单位进行恰当披露					√		√

续表

计划实施的实质性程序①	是否执行	索引号	存在	完整性	权利和义务	计价和分摊	列报
12.检查累计折旧： (1) 获取或编制累计折旧分类汇总表，复核加计是否正确，并与总账数和明细账合计数核对； (2) 检查被审计单位制定的折旧政策和方法是否符合相关会计准则的规定，确定其所采用的折旧方法能否在固定资产预计使用寿命内合理分摊其成本，前后期是否一致，预计使用寿命和预计净残值是否合理； (3) 复核本期折旧费用的计提和分配； (4) 检查累计折旧的减少是否合理、会计处理是否正确		GDZC-6 GDZC-7				√	

注：①实质性程序与财务报表认定之间的对应关系用"√"表示。

表4-15　**固定资产盘点检查情况表**

被审计单位：永新公司　　索引号：GDZC-3

项目：固定资产盘点检查情况　　财务报表截止日/期间：2021年12月31日

编制：刘羽　　复核：赵龙

日期：2022年1月30日　　日期：2022年1月30日

序号	卡片编号	开始使用日期	固定资产类别	名称	规格型号	计量单位	使用部门	单价（元）	账面结存			实际检查		盈亏（+/-）		备注
									数量	原值（元）	净值（元）	数量	金额（元）	数量	金额（元）	
1			房屋及建筑物	办公用房、厂房		栋	厂内		2	13 300 000		2	13 300 000	0		
2			机器设备	机器设备		台	车间		8	26 840 000		9	27 380 000	+1	+540 000	买入后未及时入账
3			电子设备	电子设备		台	车间		8	6 880 000		7	6 640 000	-1	-240 000	报废后未及时处理
4			运输设备	轿车、运输车		辆	厂内		4	1 220 254		4	1 220 254	0		

检查时间：2022年1月30日　　检查地点：永新公司　　检查人：刘羽　张欣　　盘点检查比例：35%

审计说明及调整说明：

(1) 经盘点发现，盘盈的一台机器设备属于买入后未及时入账，被审计单位同意调整，估计重置成本为540 000元，建议调整分录为：

借：固定资产　540 000

　贷：以前年度损益调整　540 000

应缴纳的所得税（税率为25%）为135 000元：

借：以前年度损益调整　135 000

　贷：应交税费——应交所得税　135 000

调整"利润分配""盈余公积"账户余额：

借：以前年度损益调整　405 000

　贷：盈余公积——法定盈余公积　40 500

　　利润分配——未分配利润　364 500

(2) 盘亏的一台电子设备属于到期报废，账面原值240 000元，已提折旧226 000元，但是没有报废审批的相关文件，也没有将处置净收入计入当期损益。被审计单位同意补办报废审批手续，并调整相关记录。调整分录见表4-17。

2）固定资产增加审计

固定资产增加的计价正确与否，影响折旧额的提取和成本的计算。企业会计准则规定，固定资产应该按照取得成本进行初始计量，即企业为取得某项固定资产按其全新状态所应支付的全部货币金额。但固定资产增加的途径不同，其原始价值的计算方法也不同。因此，注册会计师刘羽在审核固定资产计价时，区分不同情况逐项审查，审计结果见表4-16。

表4-16 固定资产增加检查表

被审计单位：永新公司　　索引号：GDZC-4

项目：固定资产增加检查　　财务报表截止日/期间：2021年12月31日

编制：刘羽　　复核：赵龙

日期：2022年1月30日　　日期：2022年1月30日

固定资产名称	取得日期	取得方式	固定资产类别	增加情况		凭证号	核对内容（用“√”“×”表示）							
				数量	原价(元)		1	2	3	4	5	6	7	8
办公用房、厂房	8.3	新建	房屋及建筑物	1栋	400 000	12	√	√	√	√	√	√	√	
机器设备	11.1	设备大修	机器设备	1台	680 000	2	×	×	×	×	×	×	×	
电子设备	2.2	购入	电子设备	1台	180 000	6	√	√	√	√	√	√	√	
轿车	7.12	购入	运输设备	1辆	280 000	23	√	√	√	√	√	√	√	

核对内容说明：

1.与发票是否一致；
2.与付款单据是否一致；
3.与购买、建造合同是否一致；
4.与验收报告或评估报告等是否一致；
5.审批手续是否齐全；
6.与在建工程转出数核对是否一致；
7.会计处理是否正确（入账日期和入账金额）；
8.……

审计说明：

在审计中发现，新增“固定资产——机器设备”账户中的680 000元属于2021年11月份发生的生产设备大修理支出，按照企业会计准则的规定，应在发生时直接计入当期损益，应调减该年度的固定资产原值和相应计提的累计折旧（该公司12月份已经就此项错误计入固定资产的业务计提折旧11 333元）。被审计单位同意调整，建议调整分录为：

借：管理费用　　680 000
　贷：固定资产　　680 000
借：累计折旧　　11 333
　贷：制造费用　　11 333

3）固定资产减少审计

固定资产的减少主要包括出售、向其他单位投资转出、向债权人抵押转出、报废、毁损、盘亏等。注册会计师刘羽在审核固定资产减少时，区分不同情况逐项审查，审计结果见表4-17。

表4-17 **固定资产减少检查表**

被审计单位：永新公司　　索引号：GDZC-5

项目：固定资产减少检查　　财务报表截止日/期间：2021年12月31日

编制：刘羽　　复核：赵龙

日期：2022年1月31日　　日期：2022年1月31日

固定资产名称	取得日期	处置方式	处置日期	固定资产原价（元）	累计折旧（元）	减值准备（元）	账面价值（元）	处置收入（元）	清理费用（元）	净损益（元）	核对内容（用“√”“×”表示）				
											1	2	3	4	5
办公用房、厂房															
机床	2013.7.3	到期报废	12.25	540 000	530 000	0	10 000	1 000	0	9 000	√	√	√	√	
电子设备	2012.12.12	到期报废	12.2	240 000	226 000	0	14 000	1 300	1 000	13 700	√	×	×	×	
运输车	2021.2.26	提前报废	7.6	160 000	10 333	0	149 667	130 000	0	19 667	√	×	×	×	

核对内容说明：

1.与收款单据是否一致；

2.与合同是否一致；

3.审批手续是否完整；

4.会计处理是否正确；

5.……

说明：

“净损益”一列数字中负数为收益，正数为损失。

审计说明：

（1）审计中发现减少的一台电子设备属于到期报废，账面原值240 000元，已提折旧226 000元，但是没有报废审批的相关文件，发生清理费用1 000元，取得变卖收入1 300元，该业务没有进行会计处理。审计人员建议调整，调整分录为：

借：固定资产清理　　14 000

　　累计折旧　　226 000

　贷：固定资产　　240 000

借：固定资产清理　　1 000

　贷：银行存款　　1 000

借：银行存款　　1 300

　贷：固定资产清理　　1 300

借：营业外支出　　13 700

　贷：固定资产清理　　13 700

（2）审计中发现一辆运输车（原值160 000元，已提折旧10 333元）刚刚使用4个月就进行报废处理，经查是虚报资产报废，实际上是将运输车变卖，变卖款项13万元未入账，形成了“小金库”。注册会计师建议调整，调整分录为：

借：固定资产清理　　149 667

　　累计折旧　　10 333

　贷：固定资产　　160 000

借：银行存款　　130 000

　　营业外支出　　19 667

　贷：固定资产清理　　149 667

4）审定固定资产折旧

固定资产累计折旧审定表见表4-18。

表4-18 固定资产累计折旧审定表

被审计单位：永新公司 索引号：GDZC-6

项目：固定资产累计折旧审定 财务报表截止日/期间：2021年12月31日

编制：刘羽 复核：赵龙

日期：2022年1月31日 日期：2022年1月31日

固定资产类别	数量	资产状况	存放地点或使用部门	固定资产原值（元）	调整前累计折旧（元）	建议调整数（元）	调整后累计折旧（元）	备注
房屋及建筑物	2栋	在用	厂内	13 300 000	5 295 722	0	5 295 722	
机器设备	8台	在用	车间	26 840 000	1 870 236	-11 333	1 858 903	混淆资本性支出与收益性支出
电子设备	8台	在用	车间	6 880 000	1 865 400	-226 000	1 639 400	报废未处理
运输设备	4辆	在用	厂内	1 220 254	568 970	-10 333	558 637	已处理未入账
合计				48 240 254	9 600 328	-247 666	9 352 662	
审计说明： 机器设备累计折旧调减11 333元，电子设备累计折旧调减226 000元，运输设备累计折旧调减10 333元，具体原因见表4-16、表4-17。								
审计结论： 被审计单位接受审计调整意见，余额可以确认。								

5）审定固定资产

固定资产的可收回金额低于其账面价值称为固定资产减值。企业会计准则规定，企业应当在资产负债表日判断资产是否存在可能发生减值的迹象，判断依据如下：（1）资产的市价当期大幅度下跌，其跌幅明显高于因时间的推移或者正常使用而预计的下跌；（2）企业经营所处的经济、技术或者法律等环境以及资产所处的市场在当期或者将在近期发生重大变化，从而对企业产生不利影响；（3）市场利率或者其他市场投资报酬率在当期已经提高，从而影响企业计算资产预计未来现金流量现值的折现率，导致资产可收回金额大幅度降低；（4）有证据表明资产已经陈旧过时或者其实体已经损坏；（5）资产已经或者将被闲置、终止使用或者计划提前处置；（6）企业内部报告的证据表明资产的经济绩效已经低于或者将低于预期，如资产所创造的净现金流量或者实现的营业利润（或者亏损）远远低于（或者高于）预计金额等；（7）其他表明资产可能已经发生减值的迹象。企业资产存在以上迹象之一者，则应该计提相应的减值准备。

注册会计师刘羽在实施必要的审计程序后，证实永新公司的固定资产不存在减值迹象。根据上述审计结果审定的固定资产见表4-19。

表4-19

固定资产审定表

被审计单位：永新公司　　索引号：GDZC-7

项目：固定资产审定　　财务报表截止日/期间：2021年12月31日

编制：刘羽　　复核：赵龙

日期：2022年1月31日　　日期：2022年1月31日

项目名称	期末未审数（元）	账项调整（元）		期末审定数（元）	上期末审定数（元）
		借方	贷方		
一、固定资产原值合计	48 240 254	540 000	1 080 000	47 700 254	
其中：房屋及建筑物	13 300 000	0	0	13 300 000	
机器设备	26 840 000	540 000	680 000	26 700 000	
电子设备	6 880 000	0	240 000	6 640 000	
运输设备	1 220 254	0	160 000	1 060 254	
二、累计折旧合计	9 600 328	247 666	0	9 352 662	
其中：房屋及建筑物	5 295 722	0	0	5 295 722	
机器设备	1 870 236	11 333	0	1 858 903	
电子设备	1 865 400	226 000	0	1 639 400	
运输设备	568 970	10 333	0	558 637	
三、减值准备合计	—			—	
其中：房屋及建筑物	—			—	
机器设备	—			—	
电子设备	—			—	
运输设备	—			—	
四、账面价值合计	38 639 926			38 347 592	
其中：房屋及建筑物	8 004 278			8 004 278	
机器设备	24 969 764			24 841 097	
电子设备	5 014 600			5 000 600	
运输设备	651 284			501 617	

审计结论：

永新公司同意按照审计建议调整，调整后期末余额可以确认。

关键概念

应付账款　其他应付款　固定资产

本章小结

1. 公司存在的问题

永新公司是一家造纸企业，面对2021年国内纸品包装材料持续增长的市场机遇，重点建设瓦楞纸项目；为应对木材原材料供应严重不足的严峻形势，重点发展林业生产，取得了销售与利润的双增长。但是，注册会计师在2021年度财务报表审计中还是发现了一些问题，主要包括：部分零星采购没有签订合同，没有明确付款权限，部分负债无法判断其存在性，部分应付账款长期挂账，有的新增固定资产买入后入账不及时，到期报废的固定资产没有报废审批的相关文件，混淆资本性支出与收益性支出的界限，虚报资产报废等。

2. 案例分析思路

按照中国注册会计师审计准则等的相关规定，注册会计师在对永新公司2021年度财务报表进行审计时，首先对永新公司的行业状况、法律环境、监管环境和基本面进行了解，并初步评估了永新公司可能存在的重大错报风险；其次对购货与付款循环的内部控制进行调查，并对拟信赖的应付账款、固定资产的内部控制进行控制测试，进而对内部控制执行有效性进行汇总评价；最后根据汇总评价结果确定应付账款、固定资产项目的实质性程序，获取了充分、适当的审计证据，证实了上述问题的存在。

课程思政

对企业整个采购流程进行分析，发现其中存在众多舞弊风险，如招投标舞弊、合同舞弊、付款舞弊等所引发的思考。

思政目标：基于采购舞弊的严重后果分析，追溯舞弊产生根源，识别各项舞弊征兆，识破舞弊伪装技术，反思舞弊背后的深层次主观原因，对学生进行诚信和法治教育，使学生树立正确的义利观，教育引导学生深刻理解中华优秀传统文化中讲仁爱、重民本、守诚信、崇正义、尚和合、求大同的思想精华和时代价值。

练习题

1. 注册会计师陈真按照审计小组的人员分工，专门负责审查穗新公司2021年度财务报表中的固定资产及累计折旧项目。在审计开始时，陈真通过实施实质性分析程序，发现穗新公司的固定资产原值与上年相比显著上升。根据他对其他企业固定资产项目的审计经验，陈真确定了以下两个重要审计目标：（1）本年新增的固定资产是否真实，计价是否正确；（2）本年减少的固定资产是否均已进行会计记录。

陈真在审计时发现，在2021年度，穗新公司有甲、乙、丙、丁四项在建工程，其中有三项已完工，情况如下：甲在建工程已经试运行且已经能够生产合格产品，但产量尚未达到设计生产能力；乙在建工程已经试运行，产量已经达到设计生产能力，但生产的产品中仅有少量是合格产品；丙在建工程不需试运行，其实体建造和安装工作全部完成，并已达到预定可使用状态，但尚未办理验收手续。

要求：

（1）陈真应当建议哪些在建工程需要结转固定资产，为什么？结合上述资料，说明如何审计固定资产增减变动的合法合规性。

（2）要证实固定资产外购业务的真实性，陈真应当检查哪些文件与凭证？

2. 注册会计师程实负责审计穗成公司2021年度财务报表中的应付款项。在审计时，程实注意到与购货和付款循环相关的内部控制存在缺陷。程实怀疑穗成公司管理层可能在资产负债表日故意推迟记录发生的应付账款，于是决定实施审计程序进一步查找未入账的应付账款。同时，程实根据穗成公司应付账款内部控制测试的结果，决定从其中四个应付账款明细账户中挑选两个进行函证，四个应付账款明细账户的情况见表4-20。

表4-20 **应付账款明细账户情况** 单位：元

客户名称	应付账款年末余额	本年度供货总额
A公司	52 000	60 000
B公司	0	2 000 000
C公司	5 000	95 000
D公司	280 000	3 000 000

要求：

（1）注册会计师程实应如何查找未入账的应付账款？

（2）注册会计师程实应选择的函证对象是哪两家？

3. 注册会计师在对甲公司2021年度财务报表进行审计时发现，1—6月份每月计提折旧56 000元，7—12月份每月计提折旧100 000元，但本年度内固定资产没有发生增减变动。经进一步审查发现，该公司对6月份租入的设备在7—12月份计提折旧，合计金额200 000元。另外，该公司自7月份开始将折旧方法由平均年限法改为年数总和法，多提折旧64 000元。

要求：针对上述情况，指出甲公司存在的问题，并提出改进意见。

4. 某企业固定资产盘点结果见表4-21。

表4-21 **某企业固定资产盘点结果** 单位：万元

固定资产名称	固定资产明细账	固定资产卡片	固定资产原值	单价
A设备	60 000	60 000	54 000	6 000
B设备	90 000	90 000	100 000	10 000
C设备	32 400	27 000	32 400	5 400
D设备	8 400	70 000	70 000	7 000

要求：根据上述资料分析该企业固定资产可能存在的问题，并提出改进意见。

第 5 章　生产与存货循环审计案例

学习目标

通过本章的学习，掌握生产与存货循环的重大错报风险的评估，掌握存货的内部控制测试与实质性程序，重点掌握存货的监盘程序和要求，掌握职工薪酬审计、制造费用审计的目标和程序。

5.1　星辰公司存货项目审计案例

5.1.1　项目背景资料

星辰公司所属行业为造纸业。2021年，中国造纸业发展速度持续平稳。2021年上半年，造纸原料价格不断上涨，导致生产成本上升。针对上半年面临的困难，星辰公司管理层采取了以下措施：在采购、销售、财务管理、环保节能、公司治理等环节加大管理力度，重点抓好新投产项目的生产经营，努力提高设备运行效率，大力开拓国内外市场。

诚信会计师事务所接受星辰公司2021年度财务报表审计业务，注册会计师王强、刘丽于2022年1月15日开始负责该公司2021年度存货项目的审计工作。经过初步调查了解到，该公司主营业务为机制纸及板纸和造纸原料、造纸机械的生产与销售。

星辰公司主要经营铜版纸、轻涂纸、新闻纸、箱板纸、双胶纸、白卡纸、书写纸等几大系列纸品。2021年度，公司完成机制纸产量28万吨，比2019年增加4万吨，增长幅度达16.67%；主营业务成本1 207.15万元，比2019年增加236.17万元，增长幅度达24.32%。该公司的存货按成本进行初始计量，存货成本包括采购成本、加工成本和其他使存货达到目前场所和状态所发生的支出。存货发出采用加权平均法计价，存货盘存制度为永续盘存制。鉴于轻工造纸业的行业特点、产品的单一性及企业的实际情况，星辰公司采用品种法对产品成本进行核算。月末无在产品，无论哪一生产步骤当中的在产品在月末均作为原材料处理，而该阶段的直接人工与制造费用则通过“生产成本”账户转入本期的“库存商品”账户。没有生产成本在月末在产品与产成品之间的分配。

资产负债表日，星辰公司的存货按照成本与可变现净值孰低计量。当其可变现净值低于成本时，按单个存货项目的成本高于其可变现净值的差额提取存货跌价准备。计提存货跌价准备后，如果以前减记存货价值的影响因素已经消失，导致存货的可变现净值高于其账面价值的，可在原已计提的存货跌价准备金额内予以转回，转回的金额计入当期损益。

造纸业在国民经济中具有极其重要的地位，是衡量一个国家现代化程度和社会文明程度的重要标志，是发达国家国民经济十大支柱性产业之一。近年来，我国造纸业进入快速增长期。现代造纸企业是用最先进的技术与装备武装的、与环境协调的、具有先进的科学管理和参与国际市场竞争能力的大型或特大型企业。造纸业的特点是：规模效应显著，消费大量资源和能源，污染物排放严重，属于技术密集型、资金密集型、资源约束型产业。

前些年，在国内经济疲软、出口形势严峻的背景下，造纸业发展整体低迷。主要下游行业增速进一步回落；同时，受经销商环节去库存的压力以及纸张生产低克重化趋势的影响，行业产量增长缓慢，收入增速进一步趋缓。供给端则保持一定的产能扩张速度，行业产能过剩矛盾有所加剧，主要纸种销售价格均出现下跌。现阶段国内造纸业集中度很低，行业内部在装备、成本、环保处理等方面存在很大差异，淘汰落后产能、优化供给结构的空间仍很大。在低景气、弱盈利的压制下，随着环保标准与政策执行力度趋严，落后产能的退出将会较前期进一步加快，能够较大程度冲抵新增产能影响。中国纸业已经从产品紧缺发展到供需基本平衡，多数纸业产品能够满足市场需求，部分产品出现结构性、阶段性过剩。因此，化解过剩产能、调整纸品结构、关注环境协调成为造纸业未来发展必须解决的重要问题。

2021年，因疫情影响，快递、外卖等需求迅速上升，纸质包装的需求随之增加，而在家办公、在线教育、电子发票的使用则减少了办公用纸的需求。为保护生态环境，全国各大城市纷纷发布限塑令，限制一次性不可降解塑料制品的生产、销售和使用，纸吸管、牛皮纸袋等纸制品在外卖餐饮行业的使用率大大提高，以纸代塑成为环保新趋势，无胶带纸箱也开始规模化投入使用，未来可能成为快递包装的主流。

为改善环境，提升国内固体废物回收利用水平，从2017年开始，我国开始限制外废进口，我国的外废进口额度逐年缩减。2020年11月24日，生态环境部、商务部、国家发展和改革委员会、海关总署发布《关于全面禁止进口固体废物有关事项的公告》，自2021年1月1日起，我国禁止以任何方式进口固体废物。废纸一直以来都是我国造纸业重要的原材料来源，近几年来外废进口政策逐步收紧，进口废纸的减少使得国内废纸价格大幅上涨，国内废纸回收量也快速上升。

企业会计准则规定，存货是指企业在日常活动中持有以备出售的产成品或商品、处在生产过程中的在产品、在生产过程或提供劳务过程中耗用的材料和物料等。存货是企业开展经营活动的重要物质条件，也是流动资产的重要组成部分，其特性在于流动性强、周转快，受市场因素的影响很大，在各会计期间往往不平衡，因此对各会计期间的损益和期末资产价值有较大的影响。

存货业务的审计目标一般包括：确定记录的存货在资产负债表日是确实存在的；确定记录的存货由被审计单位拥有或控制；确定所有应当记录的存货均已记录；确定存货以恰当的金额包括在财务报表中，与之相关的计价或分摊已恰当记录；确定存货已按照企业会计准则的规定在财务报表中进行了适当分类、描述和披露。

5.1.2 评估重大错报风险

诚信会计师事务所根据事务所的情况进行信息化和数字化建设，在审计中逐渐应用信息技术和数字技术，采用审计系统，与被审计单位的信息系统设有接口，可以获取电子版财务数据。在疫情的影响下，有些项目只能采用远程审计。根据2020年发布的《中国注册会计师协会关于在新冠肺炎疫情下执行审计工作的指导意见》，诚信会计师事务所尽量采取常规审计，但是有些情况下只能采取非常规审计。因此，在审计过程中，诚信会计师事务所对评估疫情带来的风险和影响进行了重点考虑。

在实施控制测试和实质性程序之前，注册会计师王强、刘丽了解了星辰公司生产与存货循环的交易和余额的内部控制的设计、执行情况，分析了关键因素和关键指标。结合诚信会计师事务所项目组对星辰公司财务报表层次重大错报风险的评估，王强和刘丽评估了星辰公司认定层次的重大错报风险。

影响生产与存货交易和余额的重大错报风险可能包括：

（1）管理层错报成本费用的偏好和动因。管理层为了完成预算、满足业绩考核要求、进行筹资、影响公司股价等，可能通过一些方法错报成本费用。

（2）存货交易的数量庞大、业务复杂，增加了错误和舞弊的风险。

（3）成本基础的复杂性。间接费用的分配可能比较复杂，从而造成成本基础复杂。

（4）产品多元化。产品多元化会引起存货计量方法的差异，可能需要聘请专家来验证其质量、状况或价值。

（5）某些存货项目的可变现净值难以确定。这将影响存货采购价格和销售价格的确定，也将影响注册会计师对存货计价认定的有关风险进行评估。

（6）将存货存放在不同地点。这将增加商品途中毁损或遗失的风险，或者导致存货在两个地点被重复列示，也可能产生转移定价的错误或舞弊。

（7）寄存的存货。已经不属于企业所有的寄存存货和寄存于其他企业的本企业存货都将产生风险。

注册会计师王强、刘丽实施的风险评估程序包括：询问管理层和被审计单位内部其他人员；分析程序；观察和检查。

王强、刘丽实施了这三种风险评估程序，阅读了一些相关的外部信息资料，并与诚信会计师事务所负责星辰公司审计的项目组其他成员进行讨论。王强、刘丽结合诚信会计师事务所项目组对星辰公司财务报表层次重大错报风险的评估，发现星辰公司管理层面临的业绩压力较小，错报成本费用的偏好不强。该公司生产经营的产品品种比较少，采用品种法核算产品成本，制造费用的分配不是很复杂，而且不存在完工产品和在产品的成本费用的分配问题，存货存放地点比较固定，存货和成本的内部控制比较好，预期控制的运行是有效的，因此，将生产与存货循环的重大错报风险评估为低水平。

5.1.3 星辰公司存货项目控制测试

王强、刘丽把生产与存货循环的重大错报风险评估为低水平，在评估生产与存货流程的重大错报风险时预期内部控制运行有效，因此，必须对星辰公司进行控制测试，以获取内部控制有效运行的充分、适当的审计证据。

1）存货的内部控制制度

生产与存货循环的内部控制主要包括存货的内部控制和成本制度的内部控制两项

内容。需要进行以下两个方面的说明：一方面，鉴于生产与存货循环同其他业务循环的内在联系，生产与存货循环中某些审计测试，特别是对存货的审计测试，与其他相关业务循环的审计测试同时进行将更为有效。例如，对于原材料的取得和记录是作为采购与付款循环审计的一部分进行测试的，而对于装运产成品和记录营业收入与成本则是作为销售与收款循环审计的一部分进行测试的。另一方面，尽管不同企业对其存货可能采取不同的内部控制，但从根本上说，均可概括为对存货的数量和计价两个关键因素的控制。

审计项目组根据《企业内部控制应用指引第8号——资产管理》中对存货内部控制制度的要求，结合星辰公司存货的特点，总结出星辰公司存货内部控制制度的关键控制点，这些关键控制点都是审计人员进行控制测试时应关注的要点。

2）存货的内部控制测试

在确定存货内部控制关键控制点以后，需要实施恰当的审计程序，用以评价存货内部控制在设计健全的基础上是否能够在不同业务单元按照既定设计被一贯执行。根据不同关键控制点的特性，王强、刘丽选择实施的控制测试程序见表5-1。

表5-1 **存货内部控制测试程序表**

被审计单位名称：星辰公司　编制：王强　日期：2022年1月18日　索引号：CHKZ-1

会计期间：2021年1月1日—12月31日　复核：刘丽　日期：2022年1月18日　页次：1/1

内部控制测试目标： 在评价生产与存货循环的内部控制设计健全并被有效执行的基础上，充分考虑成本效益原则和风险水平，从下列方面获取关于控制是否有效运行的审计证据： 1.控制在所审计期间的不同时点是如何运行的； 2.控制是否得到一贯执行； 3.控制由谁执行； 4.控制以何种方式运行（例如人工控制或自动化控制）。
审计程序： 1.询问星辰公司的相关人员，并编制调查问卷，调查被审计单位的相关人员，了解存货的关键控制点是否被执行； 2.观察关键控制点的运行，如材料收发过程中关键控制点的控制实践； 3.检查关键控制点的有关文件和记录，如采购预算、生产通知单、领发料凭证、产量和工时记录、工薪费用分配表、材料费用分配表、制造费用分配表、财产清查记录等； 4.必要时，重新执行； 5.根据上述程序的实施，评估存货内部控制运行是否有效。

为了测试存货内部控制关键控制点的有效性，注册会计师王强、刘丽编制了存货内部控制调查问卷，并将其分发给被审计单位的相关人员，调查内容见表5-2。

根据问卷调查以及检查等相关程序所得出的结论，注册会计师王强对存货内部控制执行有效性进行汇总评价（见表5-3）。

表5-2 **存货内部控制关键控制点调查问卷**

被审计单位名称：星辰公司　编制：王强　日期：2022年1月18日　索引号：CHKZ-2

会计期间：2021年1月1日—12月31日　复核：刘丽　日期：2022年1月18日　页次：1/1

被调查人：张明

应调查项目	是	否	不适合	备注
1.是否有采购预算制度？对于大宗材料的采购，是否都订有合同并经主管批准？	√			
2.原料的领用是否经核准后开出领料单？	√			
3.是否对存货有出门验证制度？	√			
4.是否对所有存货均设有永续盘存记录？	√			
5.仓库存货（材料、成品）是否按类别、性质集中堆放并有醒目标记？	√			
6.是否对存货定期盘点（盘点期间）？	√			年终
7.存货的盘盈、盘亏是否经报批后入账？	√			
8.仓库是否对呆滞、废损存货进行了清理？	√			
9.存货的收发人员与记账人员是否分开？	√			
10.原料、成品的收发存月报表是否根据当月的入库单、领料单分别汇总编制？	√			
11.计时、计件工资的原始记录是否齐全？	√			
12.月末车间未用的原材料是否办理了假退料手续？	√			
13.产品是否有材料定额并以限额领料单控制领料？	√			
14.产成品完工是否及时办理交库手续？	√			
15.存货计价方法的确定与变更是否经过董事会批准？	√			
16.成本计算和费用分配方法的确定与变更是否经授权批准？	√			
17.是否建立了成本核算管理制度？	√			
18.成本开支范围是否符合有关规定？	√			
19.成本核算制度是否与生产特点相符并得以严格执行？	√			
20.各成本项目的核算、制造费用的归集与分配、产品成本的结转是否严格按规定办理？前后期是否一致？	√			
审计结论： 经过内部控制调查问卷测试后，认为存货业务内部控制的可信赖程度比较高。				

表5-3 **存货内部控制执行有效性汇总评价表**

被审计单位名称：星辰公司　　编制：王强　　日期：2022年1月18日　　索引号：CHKZ-3

会计期间：2021年1月1日—12月31日　　复核：刘丽　　日期：2022年1月18日　　页次：1/1

<table>
<tr><td colspan="2">内部控制风险评价标准</td></tr>
<tr><td colspan="2">重要提示：
如出现下列情况，应将控制风险评估为高水平：
1.相关内部控制执行存在偏差，不能防止、发现和纠正重大错报或漏报；
2.难以对内部控制执行的有效性进行评价；
3.有证据表明存在管理层凌驾于内部控制之上的情况。</td></tr>
<tr><td colspan="2">对内部控制制度执行有效性的评价</td></tr>
<tr><td colspan="2">评价对象：
检查表（√）；询问记录（√）；观察记录（√）</td></tr>
<tr><td colspan="2">评价：
通过询问被审计单位的人员，观察关键控制点的运行，检查关键控制点的有关文件和记录，发现内部控制运行合理、执行有效。</td></tr>
<tr><td>评价结论类型</td><td>结论</td></tr>
<tr><td>内部控制可信赖</td><td>√</td></tr>
<tr><td>内部控制不可信赖</td><td>注：确定实质性测试方案或确定审计报告意见类型</td></tr>
<tr><td>部分内部控制可信赖</td><td>注：需要详细描述并确定实质性测试方案</td></tr>
</table>

5.1.4 星辰公司存货项目实质性程序

根据存货内部控制的评价结果，注册会计师王强、刘丽确定了存货审计实质性程序，包括实质性分析程序、生产与存货交易和余额的细节测试两个方面，具体审计程序见表5-4。

表5-4 **存货审计实质性程序表**

被审计单位名称：星辰公司　　编制：王强　　日期：2022年1月20日　　索引号：CH

会计截止日：2021年12月31日　　复核：刘丽　　日期：2022年1月20日　　页次：1/1

<table>
<tr><td rowspan="2">针对认定实施的审计程序</td><td colspan="5">财务报表的认定</td><td rowspan="2">执行人</td><td rowspan="2">工作底稿索引号</td></tr>
<tr><td>存在</td><td>完整性</td><td>权利和义务</td><td>计价和分摊</td><td>列报</td></tr>
<tr><td>1.获取或编制存货明细表，复核加计正确，并与报表数、总账数和明细账合计数核对相符，核对期初余额与上期审定期末余额是否相符</td><td></td><td></td><td></td><td>√</td><td></td><td></td><td>CH-1</td></tr>
</table>

续表

针对认定实施的审计程序	财务报表的认定					执行人	工作底稿索引号
	存在	完整性	权利和义务	计价和分摊	列报		
2.根据实际情况，选择以下方法对存货执行分析程序： (1) 根据本期存货余额组成、存货采购、生产水平与以前期间和预算的比较，定义营业收入、营业成本和存货可接受的重大差异额。 (2) 比较存货购入数量与耗用或销售数量，分析本年度存货的变动，并对异常变动情况进行进一步调查。 (3) 核对存货采购的计划成本与实际成本。 (4) 比较当年及以前年度采购费用、各种采购费用占存货采购费用的比例增减变动情况，并对异常情况进行进一步调查。 (5) 按月比较实际发生的采购费用与预算的差异。 (6) 比较各月存货采购的金额并对异常波动进行进一步调查。 (7) 按存货品种及存放地点、存货类别，比较当年及以前年度数量和金额的增减变动情况，并对异常情况进行进一步调查。 (8) 按存货成本构成、存货平均成本、材料采购价格差异，比较当年及以前年度的增减变动情况，并对异常情况进行进一步调查。 (9) 比较当年及以前年度直接材料、直接人工、制造费用占生产成本的比例，并查明出现异常情况的原因。 (10) 比较当年及以前年度存货跌价准备占存货余额的比例，并查明出现异常情况的原因。 (11) 按存货残损情况、存货账龄、库存可用月数，比较当年及以前年度的增减变动情况，并对出现的异常情况进行进一步调查。 (12) 比较截止日前后两个月的产品毛利率，并对异常波动进行进一步调查。	√	√	√	√			CH-2

续表

针对认定实施的审计程序	财务报表的认定					执行人	工作底稿索引号
	存在	完整性	权利和义务	计价和分摊	列报		
(13) 比较存货的实际用量与预算用量的差异并分析其合理性。 (14) 比较当年与以前年度的存货周转率，并查明出现异常情况的原因。 (15) 核对下列相互独立部门的数据： ①仓库记录的材料领用量与生产部门记录的材料领用量； ②人事部门记录的人工成本与生产部门记录的工时和工资标准之积； ③仓库记录的产成品入库量与生产部门记录的产品生产量； ④发票记录的数量、发货量、订货量与主营业务成本记录的销售量； ⑤产品销售量与产量或采购量							
3. 实施存货监盘程序，编制存货监盘报告： (1) 向被审计单位索取存货盘点计划，审核盘点计划的完备性； (2) 审计人员到现场观察存货盘点工作，监督盘点计划的执行并进行适当抽点； (3) 盘点结束后，索取盘点明细表、汇总表进行复核，并选择数额较大、收发频繁的存货项目与永续盘存记录进行核对； (4) 如果被审计单位存货存放在多个地点，可以要求其提供一份完整的存货存放地点清单（包括期末库存量为零的仓库、租赁的仓库，以及第三方代被审计单位保管存货的仓库等）。对于企业存放或寄销在外地的存货，委托当地会计师事务所负责监盘抽点，如存货量不大，可向寄存、寄销单位函证予以确认； (5) 向企业索取存货盘点前的最后一张验收报告单（或入库单）与最后一张货运文件（或出库单），以便进行截止测试	√	√					CH-1 CH-2 CH-3

续表

针对认定实施的审计程序	财务报表的认定					执行人	工作底稿索引号
	存在	完整性	权利和义务	计价和分摊	列报		
4.取得存货盘亏和损失处理记录，检查针对重大存货盘亏和损失有无充分合理的解释；重大存货盘亏和损失的会计处理是否已经授权审批，是否正确、及时入账	√			√			CH-4 CH-5
5.检查资产负债表日前后若干天的存货增减变动项目的有关账簿记录和原始凭证，进行存货截止测试	√	√		√			
6.检查和询问被审计单位存货跌价准备计提和结转的依据、方法和会计处理是否正确，计算和函证存货的可变现净值，检查存货跌价准备的计提和结转是否经授权批准，前后期是否一致				√			
7.根据被审计单位存货计价方法，抽查期末结存量较大的存货计价是否正确；检查被审计单位存货计价方法是否与上年度相一致，如有变动应查明原因，检查其是否得到管理层的批准，并测算存货计价方法的变动对利润表的影响				√			CH-6
8.抽查大额的材料发出业务，检查其原始凭证是否齐全、内容是否完整、计价是否正确				√			
9.检查产品成本计算是否正确，包括直接材料成本、直接人工成本和制造费用： （1）直接材料成本： ①抽查主要产品成本计算单，检查直接材料成本的计算是否正确，材料费用的标准与计算方法是否合理和适当，是否与材料费用分配汇总表中该产品分摊的直接材料费用相符； ②分析、比较同一产品前后年度的直接材料成本，如有重大波动，应查明原因； ③抽查材料发出及领用的原始凭证，检查材料单位成本计价方法是否适当，是否正确、及时入账。 （2）直接人工成本： ①抽查主要产品成本计算单，检查直接人工成本的计算是否正确，人工费用的分配标准及计算方法是否合理和适当，是否与人工费用汇总表中该产品分摊的直接人工费用相符；				√			SC-1 SC-2

续表

针对认定实施的审计程序	财务报表的认定					执行人	工作底稿索引号
	存在	完整性	权利和义务	计价和分摊	列报		
②分析、比较本年度各个月份的人工费用发生额，如有异常波动，应查明原因； ③结合应付职工薪酬的审查，抽查人工费用会计记录及会计处理是否正确。 （3）制造费用： ①取得或编制制造费用汇总表，并与明细账、总账核对相符，抽查制造费用中金额较大的项目和例外项目，判断例外项目是否合理； ②审阅制造费用的明细账，检查其核算内容及范围是否合理，并应注意是否存在异常会计事项；如有，则应追查至记账凭证及原始凭证； ③检查制造费用的分配方法，重点审查在建工程、自制设备等方面的费用是否错误列入制造费用							
10.抽查产成品入库单，核对其品种、数量和实际成本与生产成本的结转数是否相符				√			SC-1
11.抽查产成品的发出凭证，核对其品种、数量和实际成本与主营业务（销售）成本是否相符				√			SC-1
12.查明客户有无用存货抵押的情况			√				
13.取得或编制存货跌价准备计提明细表，核对存货跌价准备明细账和总账余额与报表是否相符，索取存货期末市价的资料来源，复核、计算应计提的存货跌价准备；考虑不同存货的可变现净值的确定原则，复核其可变现净值计算的正确性				√			CH-7
14.检查存货跌价准备计提和核销的批准程序是否符合规定，是否经过批准，是否有书面报告等文件，会计处理是否正确				√			CH-7
15.检查债务重组或非货币性交易中涉及存货的会计处理是否正确				√	√		CH-8
16.检查与存货有关的会计记录，以确定被审计单位是否按规定进行了相应的会计处理和披露	√	√		√	√		CH-9

续表

针对认定实施的审计程序	财务报表的认定					执行人	工作底稿索引号
	存在	完整性	权利和义务	计价和分摊	列报		
17.验明存货的列报与披露是否恰当，检查是否在附注中披露了与存货有关的下列信息： （1）分项列示存货期初、期末金额及对应的跌价准备，披露计提存货跌价准备的依据及转回存货跌价准备的原因、本期转回金额占该项存货期末余额的比例； （2）披露存货分类依据、发出存货的计价方法、确定不同类别存货可变现净值的依据及存货跌价准备的计提方法、存货的盘存制度以及低值易耗品和包装物的摊销方法； （3）披露用于担保的存货账面价值					√		CH-9

1）存货的监盘程序

存货的监盘程序是存货审计实质性程序中的一项核心程序，注册会计师王强、刘丽认为星辰公司的存货对财务报表是重要的，因此，要实施监盘程序，以对存货的存在和状况获取充分、适当的审计证据。具体说来，存货监盘涉及：①检查存货以确定其是否存在，评价存货状况，并对存货盘点结果进行测试；②观察管理层指令的遵守情况，以及用于记录和控制存货盘点结果的程序的实施情况；③获取有关管理层存货盘点程序的可靠的审计证据。星辰公司的管理层制订了盘点计划，对存货每年进行一次实物盘点。注册会计师王强、刘丽编制了存货监盘计划，并实施了存货监盘程序。

一般说来，如果被审计单位的存货标识清楚，日常内部控制设计和运行有效，以前年度没有审计调整，能够严格按照审计项目组的要求进行开箱等抽样检查，并辅之以精确的定位信息，通过远程实时视频的方式实施存货监盘，那么，可以在一定程度上为存货的存在提供部分审计证据。但是，需要特别注意的是，采用远程实时视频的方式实施存货监盘或检查存货通常有其固有局限性。例如，观察管理层制定的盘点程序的执行情况时，由于远程视频的拍摄由被审计单位相关人员在现场控制，因而有一定的局限性，为监盘程序的执行带来较大的限制和风险；抽盘建立在对被审计单位现场充分了解的基础之上，远程则难以充分了解现场，执行抽盘审计的效果可能会大大降低，而且抽盘是双向的，从实物到盘点记录的抽盘通常难以通过远程实时视频的方式有效执行；在检查存货时，审计项目组通常难以通过远程实时视频的方式验证存货的真实情况。上述局限性可能导致审计项目组在判断被审计单位提供的审计证据是否真实、完整、准确时存在很大困难，尤其是如果被审计单位舞弊风险较高，则可能会有很高的审计风险。因此，除非与存货相关的重大错报风险很低，并且相关内部控制设计和运行有效，被审计单位也能够严格按照审计项目组的要求执行各项操作，否则，基于目前的视频技术手段，审计项目组很可能无法通过远程实时视频的方式实施有效的监盘。王强、刘丽通过综合考虑，认为星辰公司存货错报风险较低，但还是尽量到现场监盘，因此，根据疫情的情况，提前作出妥善安排，进行了现场监盘。

（1）编制存货监盘计划

在编制存货监盘计划时，注册会计师王强、刘丽了解了星辰公司存货的特点、盘存制度和存货内部控制的有效性等情况，在评价其管理层制定的盘点程序的基础上，编制了存货监盘计划（见表5-5）。

表5-5 **存货监盘计划表**

被审计单位名称：星辰公司 编制：王强 日期：2022年1月21日 索引号：CH-3

会计截止日：2021年12月31日 复核：刘丽 日期：2022年1月21日 页次：1/1

序号	存货类别	存放地点	盘点日账面金额（元）	盘点日期和时间	资产负债表日金额（元）	是否参与监盘	是否函证
1	稻草	仓库1、生产车间	30 000 000	2022.1.21	6 000 000	是	否
2	铜版纸	仓库2	17 600 000	2022.1.21	100 280	是	否
3	书写纸	仓库3	144 000	2022.1.21	1 218 520	是	否
4	白卡纸	仓库3	218 000	2022.1.21	0	是	否
5	双胶纸	仓库3	81 600	2022.1.21	450 000	是	否
6	新闻纸	仓库3	332 800	2022.1.21	1 180 000	是	否
7	轻涂纸	仓库3	156 000	2022.1.21	23 000	是	否
8	箱板纸	仓库3	79 200	2022.1.21	176 400	是	否
9	包装物	仓库4	22 800	2022.1.21	24 688	是	否
建议的抽盘范围以及抽盘项目的选取： 因为该公司存货的重大错报风险为低水平，所以，抽盘比例为10%左右，从稻草、铜版纸、书写纸、白卡纸、双胶纸、新闻纸、轻涂纸等存货中选取部分进行抽盘。							
存货监盘人员的分工： 根据星辰公司的盘点计划，该公司将组织管理人员张新、财务人员王丽、技术人员陈立强以及仓库保管人员赵刚、李景、张斌共6人对存货予以盘点；审计项目组分派审计人员王强、刘丽进行监盘。							
盘点时应收集截止测试信息，获取以下截止日资料： 1.盘点前最后一张入库单或购货发票； 2.盘点前最后一张出库单或销货发票； 3.盘点前最后一张内部转账凭证。							
应予注意的特殊问题和其他要求： 编制存货监盘核对表（见表5-8）。							

(2) 执行存货监盘程序

注册会计师王强、刘丽在盘点现场监盘时，实施了下列审计程序：

①评价管理层用于记录和控制存货盘点结果的指令和程序。

注册会计师王强、刘丽考虑这些指令和程序是否包括以下方面：第一，适当控制活动的运用，例如，收集已使用的存货盘点记录，清点未使用的存货盘点表单，实施盘点和复盘程序；第二，准确认定在产品的完工程度，流动缓慢（呆滞）、过时或毁损的存货项目，以及第三方拥有的存货（如寄存货物）；第三，在适用的情况下用于估计存货数量的方法；第四，对存货在不同存放地点之间的移动以及截止日前后期间出入库的控制。

②观察管理层制定的存货盘点程序的实施情况。

在星辰公司盘点存货前，注册会计师王强、刘丽观察盘点现场，确定应纳入盘点的存货已经恰当整理和排列，并附有盘点标识，防止遗漏或重复盘点。对未纳入盘点范围的存货，注册会计师查明了未纳入的原因。盘点之前进行现场观察，有助于注册会计师了解存货及其组织管理方式，在监盘中及时发现潜在问题，防止存货遗漏或重复盘点。

在实施存货监盘过程中，注册会计师王强、刘丽跟随被审计单位安排的存货盘点人员，观察被审计单位事先制定的存货盘点程序是否得到了贯彻执行，盘点人员是否准确无误地记录了被盘点存货的数量和状况，是否已恰当地区分所有毁损、陈旧、残次的存货。

此外，注册会计师王强、刘丽还获取了有关截止性信息（如存货移动的具体情况）的复印件，即盘点日前后存货的收发和移动的凭证，检查了库存记录与会计记录期末截止是否正确。

③检查存货。

在存货监盘过程中，注册会计师王强、刘丽对存货的数量、规格、状况等进行了检查，这有助于确定存货的存在，以及识别过时、毁损或陈旧的存货。

注册会计师王强编制的存货明细账与存货盘点记录核对表见表5-6。

④执行抽盘。

注册会计师应当进行适当抽查，将抽查结果与被审计单位盘点记录相核对，并形成相应记录。抽查的范围通常包括所有盘点工作小组的盘点内容以及难以盘点或隐蔽性较强的存货。注册会计师应尽可能地避免被审计单位了解自己将抽取测试的存货项目。

注册会计师王强对存货进行监督盘点，并适当抽盘了部分存货；从存货盘点记录中选取了部分项目追查至存货实物，以测试盘点记录的准确性；从存货实物中选取了部分项目追查至存货盘点记录，以测试存货盘点记录的完整性。注册会计师王强编制的存货抽盘核对表见表5-7。

(3) 监盘结束时的工作

在被审计单位存货盘点结束时，注册会计师王强执行了以下程序：

① 再次观察盘点现场，以确定所有应纳入盘点范围的存货均已盘点。

表5-6

存货明细账与存货盘点记录核对表

被审计单位名称：星辰公司　　编制：王强　　日期：2022年1月21日　　索引号：CH-3

会计截止日：2021年12月31日　　复核：刘丽　　日期：2022年1月21日　　页次：1/1

序号	项目	盘点日期	盘点日账面金额（元）	尚未入账		盘点日应存额（元）	盘点日实存额（元）	盘点盈亏（元）	盈亏已调整（√）	资产负债表日至盘点日		资产负债表日账面金额（元）	资产负债表日审定金额（元）	参与盘点人员
				入库额（元）	出库额（元）					入库额（元）	出库额（元）			
1	稻草	2022.1.21	30 000 000	0	0	30 000 000	30 000 000			32 330 210	8 330 210	6 000 000	6 000 000	注册会计师王强、仓库保管人员李景、组织管理人员张新
2	铜版纸	2022.1.21	17 600 000	0	0	17 600 000	17 600 000			20 340 445	2 840 725	100 280	100 280	
3	书写纸	2022.1.21	144 000	0	0	144 000	145 480	盈1 480	√	1 235 890	2 310 410	1 218 520	1 220 000	
4	白卡纸	2022.1.21	218 000	0	0	218 000	218 000			407 000	189 000	0	0	
5	双胶纸	2022.1.21	81 600	0	0	81 600	81 600			70 000	438 400	450 000	450 000	
6	新闻纸	2022.1.21	332 800	0	0	332 800	332 800			224 665	1 071 865	1 180 000	1 180 000	
7	轻涂纸	2022.1.21	156 000	0	0	156 000	156 000			167 000	34 000	23 000	23 000	
8	箱板纸	2022.1.21	79 200	0	0	79 200	52 800	亏26 400	√	45 000	142 200	176 400	150 000	
9	包装物	2022.1.21	22 800	0	0	22 800	22 800			18 900	20 788	24 688	24 688	
合计		—	48 634 400	0	0	48 634 400	48 609 480			54 839 110	15 377 598	9 172 888	9 147 968	

审计说明：

（1）盘点发现，书写纸盘盈1 480元。通过追加审计程序，原因已经查明，书写纸盘盈是因为入库时计量出错，经批准冲减管理费用，调整分录为：

借：库存商品——书写纸　1 480

　贷：待处理财产损溢　1 480

借：待处理财产损溢　1 480

　贷：管理费用　1 480

（2）盘点发现，箱板纸盘亏26 400元。通过追加审计程序，原因已经查明，箱板纸盘亏是因为仓库意外失火，该批箱板纸没有投保，经批准列为营业外支出，调整分录为：

借：待处理财产损溢　26 400

　贷：库存商品——箱板纸　26 400

借：营业外支出　26 400

　贷：待处理财产损溢　26 400

审计结论：

经星辰公司调整后，余额可以确认。

表5-7　**存货抽盘核对表**

被审计单位名称：星辰公司　编制：王强　日期：2022年1月21日　索引号：CH-4

会计截止日：2021年12月31日　复核：刘丽　日期：2022年1月21日　页次：1/1

序号	品名	计量单位	盘点日实存量	加：盘点日前付出量	减：盘点日前收入量	资产负债表日实存数量	资产负债表日账面结存		差异			调整数（元）
							数量	金额（元）	数量	单价（元）	金额（元）	
1	稻草	吨	938	260	1 010	188	187.5	600 000	0.5	3 200	1 600	0
2	铜版纸	千张	440	71	508.5	2.5	2.5	10 028	0	4 011.2	0	0
3	书写纸	千张	160	2 567	1 371	1 356	1 356	122 000	0	89.97	0	0
4	白卡纸	千张	218	189	407	0	0	0	0	100	0	0
5	双胶纸	千张	120	630	125	625	625	45 000	0	72	0	0
6	新闻纸	千张	208	670	140.5	737.5	737.5	118 000	0	160	0	0
7	轻涂纸	千张	78	17	83.5	11.5	11.5	2 300	0	200	0	0

② 取得并检查已填用、作废及未使用盘点表单的号码记录，确定其是否连续编号，查明已发放的表单是否均已收回，并与存货盘点的汇总记录进行核对。根据自己在存货监盘过程中获取的信息对被审计单位最终的存货盘点结果汇总记录进行复核，评估其是否正确地反映了实际盘点结果。因为存货盘点日不是资产负债表日，王强还实施了适当的审计程序，确定盘点日与资产负债表日之间存货的变动已经得到恰当的记录。

监盘结束后，王强编制了存货监盘核对表（见表5-8），并编制了存货监盘报告，对监盘情况进行总结，认为星辰公司仓库管理人员对存货很熟悉，盘点工作及复盘工作很认真，对注册会计师的审计工作很配合，监盘结果总体评价较好，达到了监盘的各项目标。

表5-8　**存货监盘核对表**

被审计单位名称：星辰公司　编制：王强　日期：2022年1月21日　索引号：CH-5

会计截止日：2021年12月31日　复核：刘丽　日期：2022年1月21日　页次：1/1

对存货情况的总体描述（在适用的项目后打“√”）：

存货类别：原材料（√）在产品（　）产成品（√）包装物（√）其他（　）

是否存在特殊类型的存货，包括哪些项目：否

序号	核对内容	是	否	说明
	存货盘点计划			
1	是否具备充分的书面盘点计划，该计划是否涵盖了存货实地盘点过程中的各个阶段？（如果有，请说明所注意到的缺陷） 获取该项计划的一份副本，保存在工作底稿中	√		

续表

序号	核对内容	是	否	说明
2	客户盘点人员是否遵循了盘点计划？	√		
3	在盘点开始前，存货是否放置整齐以方便盘点？	√		
4	类别不同的存货以及特殊种类的存货是否恰当地分隔开来，以便适当地确定是否将其纳入盘点范围？	√		
5	客户盘点人员是否被充分督导？	√		
	客户盘点程序			
6	盘点小组是否被安排盘点通常不由他们负责的材料？	√		
7	每个盘点小组是否包括一名熟悉所盘点存货的员工？	√		
8	盘点人员是否系统、有序地进行盘点，盘点数量是否用钢笔书写，以避免可能的未经授权的修改？	√		
9	在盘点期间，盘点小组是否没有机会接触永续盘存记录？是否有人比较盘点结果和永续盘存记录并调查差异原因？	√		
10	是否有初次盘点人员以外的人员检查点算或复点存货项目？	√		
11	初次盘点人员以外的人员是否没有机会接触初次盘点的记录？	√		
12	所有存货数量是否均通过实物点数加以确定？（如果不是，请说明估计存货数量时所使用的方法）		√	稻草按照称重计量
13	如果在产品存货是重大的，说明在产品完工程度是如何确定的以及制造费用是如何分配的？			“N/A”，不存在在产品，在产品计入原材料
14	如果部分存货已经过预盘，则以后的入库、领用情况是否在标签上列明，或者通过其他程序加以有效控制？	√		
15	是否使用预先编号的存货标签，并对其编号的连续性加以控制？（如果未使用，请说明为保证所有存货均已被盘点所采用的方法，包括程序）	√		
16	如所记录的，存货盘点数量是否即为存货明细表中所使用的最终数量？（如果不是，请说明期后发运、入库等的预期变化的性质）	√		
	截止程序			
17	客户盘点程序是否包括收集截止信息？	√		
18	盘点期间生产过程是否暂时停止？（如果不是，请说明用于控制材料流转的程序）		√	各生产车间提前备用库存原材料，盘点期间不允许材料和库存商品进出库

续表

序号	核对内容	是	否	说明
19	盘点期间收发货业务是否暂停？（如果不是，请说明用以确保收发货业务正确截止的程序）	√		
20	收发货区域中的货物是否恰当地归入公司存货？	√		
21	如果客户存货存放于不止一个场所，请说明用于控制盘点期间各场所间的存货收发的程序。		√	分为几个小组，各存放地点的存货同时盘点
	抽盘程序			
22	是否实地观察了盘点和记录程序？	√		
23	是否根据审计程序表的要求，由审计人员抽盘所需数量的存货，并将结果列示于审计工作底稿中？	√		
24	除了那些在工作底稿中列示的，还进行了其他抽盘吗？		√	所有抽盘项目均列示在工作底稿中
25	对于抽盘测试中所修正的错误，是否已找到源头？如果发现的错误很多，公司雇员是否对有关地点存放的存货进行重新盘点？期后是否复核了这些复盘区域以进行最终验证？	√		
26	是否进行测试以确保存货品名、完工进度和计量单位填写正确？	√		
27	是否进行复核以确保所有存货项目已被贴上了标签，或者以其他方法盘点？（如果客户未使用标签，则简要描述我们的程序）	√		
28	如果使用存货盘点表，是否从实物以及盘点表中各选取若干抽盘对象？	√		
29	如果存在大量被封装的材料，则封装是否由供货商进行？ 如果由公司自行封装，是否测试了其中一些包装（至少测试其中价值较大的项目）？	√		
30	如果监盘的全部或部分是对客户永续盘存记录的测试，则简要描述用于保证这些记录可靠性的程序和控制并回答下列问题：			
	（1）是否从实物及永续盘存记录中各选取一些作为抽盘项目？	√		
	（2）所有的抽盘结果是否已调节至永续盘存记录？如果没有，那么工作底稿中是否已包含足够的信息以使审计人员能在以后再进行调节？	√		
	（3）是否已审阅过永续盘存记录，并调查了存货数量上的较大调整？	√		
	（4）相应的截止信息是否已追查至永续盘存记录中的适当项目？	√		

续表

序号	核对内容	是	否	说明
31	监盘是否涵盖了所有该场所的存货？（如果不是，请说明存放在外部场所的存货项目以及估计金额，包括代销品）	√		
32	说明用以确保存货项目于监盘后不被添加的程序。	√		取得所使用的存货盘点标签的编号清单、存货盘点表或在每张盘点表中列出行数
33	如果最终的存货盘点结果汇总表是我们在场的情况下编制的，那么我们是否取得了该表的复印件？或者如果客户准备了所有盘点标签的“审计用副本”，那么我们是否取得了已用标签的“审计用副本”？	√		
34	是否已就残次、冷背、积压及无法对外销售的存货与公司生产部门的雇员进行了讨论？	√		
35	在实地观察过程中，是否已列出了在监盘过程中注意到的所有残次、冷背、积压存货中的重大项目？（包括与其讨论这些项目的公司雇员姓名）	√		
	存货盘点汇总表的编制			
36	如果已盘点的数量在最终存货明细表中被换算成不同的计量单位，那么是否已获取了充分的资料以测试换算？	√		
37	在将抽盘测试结果追查至最终存货明细表时，能否取得客户盘点结果汇总底稿？（如果不能取得，请说明如何将抽盘结果调节至最终存货明细表）	√		

其他需要说明的情况：

无。

结论：

基于审计人员的抽盘和观察结果，我们认为，客户的存货记录公允地反映了监盘日所拥有的存货实际数量。

注：

在某些监盘场合，某些问题可能不适用。对不适用的问题，应标明“N/A”（不适用）。如回答“否”，则应在所附备忘录中对相关问题进行解释。负责一个存放地点或部门存货监盘的本所审计人员，均应填制一份本问卷，且应于离开盘点现场前填写完毕。本问卷可以代替“存货监盘备忘录”使用。

2）存货计价测试

为验证财务报表中存货余额的准确性，注册会计师需要对存货的计价进行审计，即确定存货实物数量和永续盘存记录中的数量是否经过正确的计价和汇总。

对存货计价进行审计时，首先要选取样本。注册会计师应该从存货数量已经盘点、单价和总金额已经列入存货汇总表的结存存货中选择，着重选择结存金额比较大而且价格变化比较频繁的项目，同时考虑所选样本的代表性。

存货计价方法有多种，应审查被审计单位选择的计价方法是否适合，结合国家法规的要求和企业实际情况，以确认存货计价方法的合理性、一贯性。如果没有充分理由，则计价方法在同一会计年度内不得变动。

在进行计价测试时，注册会计师首先应对存货价格的组成内容予以审核，然后按照了解的计价方法对所选择的存货样本进行独立的计价测试。测试时，应尽量排除被审计单位已有计算程序和结果的影响，进行独立测试。注册会计师将审计结果与被审计单位的账面记录进行比较，并编制对比分析表，对于其中的差异应进行分析。如果差异过大，应扩大样本范围进行继续审计，并根据审计结果进行审计调整。注册会计师王强编制的存货计价测试表见表5-9。

3）存货跌价准备审计

在进行存货计价测试时，由于企业对期末存货采用成本与可变现净值孰低进行计量，所以注册会计师应当特别关注企业对存货可变现净值的确定以及存货跌价准备的计提。可变现净值是指在日常活动中，存货的估计售价减去至完工时估计将要发生的成本、估计的销售费用以及相关税费后的余额。不同的存货可变现净值按不同的方法确定：①产成品、商品和用于出售的材料等直接用于出售的商品存货，在正常生产经营过程中，应当以该存货的估计售价减去估计的销售费用和相关税费后的金额，确定其可变现净值；②需要经过加工的材料存货，在正常生产经营过程中，应当以所生产的产成品的估计售价减去至完工时估计将要发生的成本、估计的销售费用和相关税费后的金额，确定其可变现净值。我国企业会计准则规定，企业通常应当按照单个存货项目计提存货跌价准备，但是，对于数量繁多、单价较低的存货，可以按照存货类别计量存货成本与可变现净值。如果某些存货与在同一地区生产和销售的产品系列相关、具有相同或类似最终用途或目的，且难以与其他项目分开计量，则可以合并计提存货跌价准备。

按照确定的审计程序，注册会计师王强在审计该公司的存货跌价准备情况时获取的资料如下：

（1）星辰公司2021年年初存货跌价准备为12万元。

（2）2021年12月31日，星辰公司已计提6万元跌价准备，其中，对新闻纸已计提跌价准备3万元。经审查，发现新闻纸的市价在2021年12月31日不仅未下跌，反而超过原账面价值。

据此，注册会计师王强编制的存货跌价准备审定表见表5-10。

表5-9

存货计价测试表

被审计单位名称：星辰公司　　编制：王强　　日期：2022年1月20日　　索引号：CH-6

会计截止日：2021年12月31日　　复核：刘丽　　日期：2022年1月20日　　页次：1/1

索引号	月份	品名	月初结存			本月入库			本月出库			本月结存			计价方法
			数量	单位成本	金额（元）	数量	单位成本	金额（元）	数量	单位成本	金额（元）	数量	单位成本	金额（元）	
	2	稻草	12 000 吨	3 200 元/吨	38 400 000	10 000 吨	3 205 元/吨	32 050 000	11 000 吨	3 202.27 元/吨	35 224 970	11 000 吨	3 202.27 元/吨	35 225 030	加权平均法
	5	书写纸	3 000 千张	90 元/千张	270 000	3 300 千张	87 元/千张	287 100	4 100 千张	88.43 元/千张	362 563	2 200 千张	88.43 元/千张	194 537	加权平均法
	7	新闻纸	3 600 千张	160 元/千张	576 000	3 800 千张	161 元/千张	611 800	4 800 千张	160.51 元/千张	770 448	2 600 千张	160.51 元/千张	417 352	加权平均法
	9	双胶纸	2 900 千张	68 元/千张	197 200	1 900 千张	66 元/千张	125 400	3 200 千张	67.21 元/千张	215 072	1 600 千张	67.21 元/千张	107 528	加权平均法
	12	箱板纸	1 980 千张	45 元/千张	89 100	1 880 千张	43 元/千张	80 840	2 080 千张	44.03 元/千张	91 582.4	1 780 千张	44.03 元/千张	78 357.6	加权平均法

审计说明：

通过对上述部分存货计价的测试，在检查每月的计算过程时，发现该公司存货发出计价采用加权平均法执行得不够规范，原材料稻草存在漏算估价冲回金额，其他存货计价准确。通过对原材料稻草全年计价的重新计算，全年共少转成本560 455元。调整分录为：

借：库存商品　560 455

　贷：原材料　560 455

借：主营业务成本　560 455

　贷：库存商品　560 455

审计结论：

经星辰公司调整后，余额可以确认。

表5-10 **存货跌价准备审定表**

被审计单位名称：星辰公司 编制：王强 日期：2022年1月31日 索引号：CH-7

会计截止日：2021年12月31日 复核：刘丽 日期：2022年1月31日 页次：1/1

存货类别	索引号	未审数（元）	调整数（元）		审定数（元）	备注
			借方	贷方		
铜版纸		1 000			1 000	
书写纸		0			0	
白卡纸		2 000			2 000	
双胶纸		7 000			7 000	
箱板纸		10 000			10 000	
新闻纸		30 000	30 000		0	
轻涂纸		10 000			10 000	
合计		60 000	30 000		30 000	

审计说明：

通过审查新闻纸已计提跌价准备的相关原始凭证，以及目前市价恢复的相关资料，星辰公司同意调整，调整分录为：

借：存货跌价准备 30 000

贷：资产减值损失——存货 30 000

审计结论：

经星辰公司调整后，余额可以确认。

4）审定存货

注册会计师编制的存货审定表见表5-11。

表5-11 **存货审定表**

被审计单位名称：星辰公司 编制：王强 日期：2022年1月31日 索引号：CH-9

会计截止日：2021年12月31日 复核：刘丽 日期：2022年1月31日 页次：1/1

索引号	项目	未审数（元）	调整数（元）		审定数（元）	备注
			借方	贷方		
	一、存货	9 572 888			8 987 513	
	1.原材料	6 400 000		560 455	5 839 545	
	原料及主要材料	6 000 000		560 455	5 439 545	
	辅助材料	400 000			400 000	

续表

索引号	项目	未审数（元）	调整数（元）		审定数（元）	备注
			借方	贷方		
	2.库存商品	3 172 888	1 480	26 400	3 147 968	
	二、存货跌价准备	60 000	30 000		30 000	
	三、存货净额	9 512 888			8 957 513	

审计说明：

对存货计价进行测试，主要原材料稻草采用实际成本核算，在检查被审计单位的计算过程时，发现该公司每月月末均有估价入库、月初冲回的情况，但是在计算各期加权平均价格时，当月入库数量和金额未将估价冲回部分作为计算基数，因此产生了误差。经审计，全年发出成本为35 500 568元，按月计算实际共为36 061 023元，少结转成本560 455元，按照该公司的核算方法，期初期末均无在产品，因此，少结转成本部分可以全部调整计入当期营业成本。调整分录为：

借：库存商品 560 455
　　贷：原材料 560 455
借：主营业务成本 560 455
　　贷：库存商品 560 455

审计结论：

经星辰公司调整后，余额可以确认。

5.2 星辰公司成本费用审计案例

5.2.1 项目背景资料

案例背景如5.1.1中所述，注册会计师王强、刘丽负责星辰公司年报审计项目中生产与存货循环的审计。生产与存货循环涉及利润表中的“营业成本”项目，而“营业成本”审计案例收录在第8章“损益形成及利润分配审计案例”中，本章不再涉及。

成本费用是制造业企业进行生产所发生的各项生产费用的归集和分配项目，注册会计师应重点复核生产费用的归集和分配，以确认生产成本项目数额的记录是否完整，计价是否正确，生产成本在当期完工产品与在产品之间分配是否适当。

制造业企业的成本费用项目包括直接材料费用、直接人工费用、制造费用等。其中，直接材料费用的审计详见存货项目的审计。本部分主要对职工薪酬、制造费用进行分析，职工薪酬在成本费用中所占比重较大，因此，注册会计师要重视职工薪酬的审计。

5.2.2 评估重大错报风险

在实施控制测试和实质性程序之前，注册会计师王强、刘丽首先评估了星辰公司的认定层次的重大错报风险。在5.1.2中已经分析了影响生产与存货交易和余额的重大错报风险，其在成本费用审计中依然适用。本部分主要分析与职工薪酬相关的重大错报风险。

职工薪酬涉及的主要业务活动通常包括批准招聘、记录工作时间或产量、计算工薪总额和扣除项目、工薪支付等。企业支付职工薪酬时可能有较高的舞弊风险，因为企业可能为不存在的员工支付薪酬。但是，围绕职工福利的监管比较广泛，企业经常采用预防性的控制活动，这样会降低剩余的重大错报风险。在这种情况下，注册会计师应当确定控制设计和实施的适当性，以支持评估为中或低的认定层次剩余重大风险。

薪酬的重大错报风险可能表现为：

（1）在工薪单上虚构员工。

（2）由一位可以更改员工数据主文档的员工在没有授权的情况下更改总工薪的付费标准。

（3）为员工并未工作的工时支付工薪。

（4）在进行工薪处理过程中出错。

（5）工薪扣款可能是不正确的或未经员工个人授权，导致应付工薪扣款的返还和支付不正确。

（6）电子货币转账系统的银行账户不正确。

（7）将工薪支付给错误的员工。

（8）由于工薪长期未支付造成挪用现象。

注册会计师王强、刘丽通过对星辰公司进行了解和检查，与审计星辰公司的项目组其他成员进行讨论，结合报表层次的重大错报风险和生产与存货循环的重大错报风险，认为星辰公司薪酬的重大错报风险比较低，将其评估为低水平。

5.2.3 星辰公司成本费用控制测试

制造业企业的成本费用包括材料费用、职工薪酬、制造费用等。本部分主要以职工薪酬为例介绍成本费用的控制测试。

1）职工薪酬内部控制测试

不同的薪酬制度对企业职工薪酬的内部控制测试有不同的影响。计时工资制度下，注册会计师在进行内部控制测试时，应该获取样本的实际工时统计记录、职员分类表和职员工薪手册（工资率）及人工费用分配汇总表，并进行如下检查：成本计算单中直接人工成本与人工费用分配汇总表中该样本的直接人工费用核对是否相符；样本的实际工时统计记录与人工费用分配汇总表中该样本的实际工时核对是否相符；抽取生产部门若干天的工时台账与实际工时统计记录核对是否相符；当没有实际工时统计记录时，则可根据职员分类表及职员工薪手册中的工资率，计算复核人工费用分配汇总表中该样本的直接人工费用是否合理。

星辰公司实行计时工资制度，注册会计师王强、刘丽根据对职工薪酬内部控制的了解，识别职工薪酬内部控制的关键控制点，并根据具体审计计划拟定的针对评估的重大错报风险实施的程序，对拟信赖的设计有效并被执行的关键控制点进行了控制测试与评价（见表5-12、表5-13）。

表5-12 **职工薪酬内部控制测试程序表**

被审计单位名称：星辰公司　　编制：王强　　日期：2022年2月1日　　索引号：SCKZ-1

会计期间：2021年1月1日—12月31日　　复核：刘丽　　日期：2022年2月1日　　页次：1/1

审计目标： 在评价职工薪酬的内部控制设计有效并被执行的基础上，充分考虑下列因素： 1.通过检查职工薪酬的内部控制是否在被审计单位的经营过程中能够在不同业务单元及不同时间按照既定设计被一贯执行，从而评价职工薪酬循环控制制度执行的有效性； 2.实现获取充分、适当的审计证据以支持审计结论之目标。
审计程序： 1.询问被审计单位的人员，了解被审计单位职工薪酬的主要控制制度是否被执行。 2.观察职工薪酬的关键控制点及特定控制点的控制实践。 3.检查关键控制点生成的有关文件和记录。 4.选择若干月份工薪汇总表进行检查，计算、复核每一份工薪汇总表；检查每一份工薪汇总表是否已经授权批准；检查应付工薪总额与人工费用分配汇总表中的合计数是否相符；检查其代扣款项的账务处理是否正确；检查实发工薪总额与银行付款凭单及银行存款对账单是否相符，并正确过入相关账户。 5.从工薪单中选取若干样本（应包括各种类型人员），进行如下检查：检查员工工薪卡或人事档案，确保工薪发放有依据；检查员工工薪率及实发工薪额的计算；检查实际工时统计记录（或产量统计报告）与员工工时卡（或产量记录）是否相符；检查员工加班记录与主管人员签名的月度加班费汇总表是否相符；检查员工扣款依据是否正确；检查员工的工薪签收证明；实地抽查部分员工，证明其确在本公司工作，如已离开本公司，需要获得管理层证实。 6.必要时通过重新执行来证实控制执行的有效性。 7.通过追踪工资在财务报告信息系统中的处理过程（穿行测试），以提取对关键控制点控制有效支持的审计证据。 8.根据上述程序的实施，评估内部控制是否可信赖。

表5-13 **职工薪酬内部控制执行有效性汇总评价表**

被审计单位名称：星辰公司　　编制：王强　　日期：2022年2月1日　　索引号：SCKZ-2

会计期间：2021年1月1日—12月31日　　复核：刘丽　　日期：2022年2月1日　　页次：1/1

内部控制风险评价标准	
重要提示： 如出现下列情况，应将控制风险评估为高水平： 1.既定内部控制制度在不同的时间点或不同的业务单元和公司层面未被一贯执行； 2.例外事项的控制点未被一贯执行； 3.有证据表明存在管理层凌驾于内部控制之上的情况。	
对内部控制制度执行有效性的评价	
评价对象： 检查表（√）；询问记录（√）；观察记录（√）	
评价： 通过询问被审计单位的人员，了解被审计单位职工薪酬的主要控制制度已经被执行；观察职工薪酬的关键控制点及特定控制点的控制实践，执行有效；检查关键控制点生成的有关文件和记录，未见异常。	
评价结论类型	结论
内部控制可信赖	√
内部控制不可信赖	注：确定实质性测试方案或确定审计报告意见类型
部分内部控制可信赖	注：需要详细描述并确定实质性测试方案

2）制造费用内部控制测试

制造费用是成本费用的一项重要内容，在“5.1.3 星辰公司存货项目控制测试”中已经包含了对制造费用的控制测试的内容。注册会计师王强、刘丽已经把生产与存货的内部控制评价为可信赖。因此，在制造费用专门的内部控制测试中，王强、刘丽获取了样本的制造费用分配汇总表、按项目分列的制造费用明细账、与制造费用分配标准有关的统计报告及其相关原始记录，并进行如下检查：

（1）制造费用分配汇总表中样本分担的制造费用与成本计算单中的制造费用核对是否相符。

（2）制造费用分配汇总表中的合计数与样本所属成本报告期的制造费用明细账总计数核对是否相符。

（3）制造费用分配汇总表选择的分配标准（机器工时数、直接人工工资、直接人工工时数、产量等）与相关的统计报告或原始记录核对是否相符，并对费用分配标准的合理性进行评估。

（4）如果企业采用预计费用分配率分配制造费用，则应针对制造费用分配过多或过少的差额，检查其是否进行了适当的账务处理。

王强、刘丽在进行以上测试后，认为星辰公司制造费用内部控制是可信赖的。

5.2.4 星辰公司成本费用实质性程序

根据控制测试的结果，注册会计师王强、刘丽设计并制定成本费用业务实质性程序，具体分为生产成本审计、制造费用审计、应付职工薪酬审计，参考存货审计实质性程序，另外实施了生产成本计价方法的测试、废品损失和停工损失的测试、计入成本费用的借款费用的测试、检查制造费用分配方法及分配率等审计程序。

1）生产成本审计

王强、刘丽执行了相关审计程序，审计结果列示在生产成本细节测试表（见表5-14）中。

表5-14 生产成本细节测试表

被审计单位名称：星辰公司　　编制：王强　　日期：2022年2月1日　　索引号：SC-1

会计截止日：2021年12月31日　　复核：刘丽　　日期：2022年2月1日　　页次：1/1

索引号	项目	未审数（元）				调整数（元）		审定数（元）	备注
		期初数	本年发生数	本年结转数	期末数	借方	贷方		
	铜版纸	65 280	540 380	545 380	60 280	0	0	60 280	
	书写纸	840 000	906 600 020	906 620 020	820 000	0	0	820 000	
	白卡纸	13 000	178 900	168 900	23 000	0	0	23 000	
	双胶纸	46 000	530 000	526 000	50 000	0	0	50 000	
	新闻纸	901 000	10 033 000	9 933 000	1 001 000	0	0	1 001 000	
	轻涂纸	26 000	459 700	465 700	20 000	0	0	20 000	
	箱板纸	103 000	1 300 900	1 283 900	120 000	0	0	120 000	
	合计	1 994 280	919 642 900	919 542 900	2 094 280			2 094 280	
审计说明： 经复核，生产费用的归集和分配方法合理，余额无误。									
审计结论： 经审计，余额可以确认。									

2）制造费用审计

制造费用是企业为生产产品或提供劳务而发生的间接费用，以及生产单位为组织和管理生产而发生的费用。制造费用包括企业各生产单位（分厂和车间）为组织和管理生产所发生的生产单位的管理人员职工薪酬、折旧费、修理费、办公费、水电费、差旅费、机物料消耗、低值易耗品摊销、劳动保护费、保险费、设计制图费、实验检验费、季节性和修理期间的停工损失以及其他制造费用。

注册会计师王强编制的制造费用细节测试表见表5-15。

表5-15 制造费用细节测试表

被审计单位名称：星辰公司　　编制：王强　　日期：2022年2月2日　　索引号：SC-2

会计期间：2021年1月1日—12月31日　　复核：刘丽　　日期：2022年2月2日　　页次：1/1

索引号	项目内容	未审数（元）	调整数（元）		审定数（元）	上期数（元）
			借方	贷方		
	车间管理人员工资	900 000			900 000	略
	福利费	126 000			126 000	
	折旧费	720 000			720 000	
	修理费	300 000			300 000	
	保险费	280 000			280 000	
	低值易耗品	60 000			60 000	
	机物料消耗	600 000		32 000	568 000	
	水电费	360 000			360 000	
	办公费	16 300		10 000	6 300	
	劳动保护费	240 000			240 000	
	合计	3 602 300			3 560 300	

审计说明：

1.经过审查相关原始凭证等，发现该公司将应当记入“生产成本”账户的材料费用32 000元，记入了该测试项目中的“机物料消耗”账户，被审计单位同意调整，调整分录为：

借：生产成本——原材料　　32 000

　贷：制造费用——机物料消耗　　32 000

2.经过审查相关原始凭证等，还发现该公司将应当记入“管理费用”账户的办公费10 000元，记入了该测试项目中的“办公费”账户，被审计单位同意调整，调整分录为：

借：管理费用　　10 000

　贷：制造费用——办公费　　10 000

审计结论：

经调整后，发生额可以确定。

3）应付职工薪酬审计

应付职工薪酬的审计目标主要是：确定资产负债表中记录的应付职工薪酬是否存在；确定所有应当记录的应付职工薪酬是否均已记录；确定记录的应付职工薪酬是否为被审计单位应当履行的现时义务；确定应付职工薪酬是否以恰当的金额包括在财务报表中，与之相关的计价调整是否已恰当记录；确定应付职工薪酬是否已按照企业会计准则的规定在财务报表中进行了恰当列报。星辰公司实行计时工资制度，注册会计师王强确定了应付职工薪酬实质性程序（见表5-16），并进一步编制了应付职工薪酬细节测试表（见表5-17）。

表5-16 应付职工薪酬实质性程序表

被审计单位名称：星辰公司 编制：王强 日期：2022年2月3日 索引号：SC

会计截止日：2021年12月31日 复核：刘丽 日期：2022年2月3日 页次：1/1

针对认定实施的审计程序	财务报表的认定					执行人	工作底稿索引号
	存在	完整性	权利和义务	计价和分摊	列报		
1.获取或编制应付职工薪酬明细表，复核加计正确，并将期初、期末余额与报表数、总账数和明细账合计数核对相符，核对期初余额与上期审定期末余额是否相符				√			
2.根据实际情况，选择以下方法对本期职工薪酬费用执行分析程序： (1) 关注被审计单位员工人数的变动情况；检查被审计单位各部门各月职工薪酬费用的发生额是否有异常波动；若有，则查明波动原因是否合理，并进行记录。 (2) 将本期职工薪酬费用总额与上期进行比较，要求被审计单位解释大幅度增减变动的原因，并取得被审计单位管理层关于职工薪酬标准的决议。 (3) 结合被审计单位员工社保缴费明细，明确被审计单位员工范围，检查是否与关联公司职工薪酬混淆列支。 (4) 了解被审计单位本期平均职工人数，计算人均薪酬水平，与上期或同行业水平进行比较	√	√		√			SC-3
3.了解被审计单位实行的薪酬制度，检查本项目核算的内容是否包括工资、职工福利、社会保险费、住房公积金、工会经费、职工教育经费、解除劳动关系补偿、非货币性福利、其他与获得职工提供的服务相关的支出等明细项目。检查应付职工薪酬的确认及账务处理是否正确，除因解除与职工的劳动关系给予的补偿直接计入管理费用外，被审计单位是否根据职工提供服务的受益对象，区分不同情况进行了处理	√	√		√			

续表

针对认定实施的审计程序	财务报表的认定					执行人	工作底稿索引号
	存在	完整性	权利和义务	计价和分摊	列报		
4. 检查工薪、奖金、津贴和补贴： (1) 计提是否正确，依据是否充分。将执行的工薪标准与有关规定核对，并对工薪总额进行测试：被审计单位如果实行工效挂钩，应取得有关主管部门确认的效益工薪发放额认定证明，结合有关合同文件和实际完成的指标，检查其计提额是否正确，是否应进行纳税调整。 (2) 检查分配方法与上年是否一致。 (3) 检查其他职工薪酬是否计入当期损益	√	√		√			
5. 对于被审计单位为职工缴纳的医疗保险费、养老保险费、失业保险费、工伤保险费、生育保险费等社会保险费和住房公积金，检查计提和支付的会计处理是否正确，依据是否充分： (1) 检查是否在职工为其提供服务的会计期间，根据工资总额的一定比例计算； (2) 检查是否根据职工提供服务的受益对象，计入有关成本费用； (3) 检查是否存在超标准计提的情况，必要时进行应纳税所得额的调整	√	√	√	√			
6. 检查被审计单位是否存在辞退福利、非货币福利、股份支付等其他职工薪酬，检查其会计处理是否准确	√	√	√	√			
7. 检查应付职工薪酬的期后付款情况，并关注在资产负债表日至财务报告批准报出日之间，是否有确凿证据表明需要调整资产负债表日原确认的应付职工薪酬事项，分析和评价报表日应付职工薪酬余额的准确性及合理性		√		√			
8. 验明应付职工薪酬的列报与披露是否恰当，检查是否在附注中披露了与职工薪酬相关的信息					√		

表5-17 **应付职工薪酬细节测试表**

被审计单位名称：星辰公司　编制：刘丽　日期：2022年2月3日　引号：SC-3

会计截止日：2021年12月31日　复核：王强　日期：2022年2月3日　页次：1/1

一、应付职工薪酬分析程序

月份	贷方金额（元）	占全年比例（%）	是否异常	核查说明
1	2 220 000	8.3146	正常	
2	2 220 000	8.3146	正常	
3	2 226 000	8.3371	正常	新增10名选纸工，每人工资600元/月
4	2 226 000	8.3371	正常	
5	2 226 000	8.3371	正常	
6	2 226 000	8.3371	正常	
7	2 226 000	8.3371	正常	
8	2 226 000	8.3371	正常	
9	2 226 000	8.3371	正常	
10	2 226 000	8.3371	正常	
11	2 226 000	8.3371	正常	
12	2 226 000	8.3371	正常	
合计	26 700 000	100		

二、未通过“应付职工薪酬”科目而是直接在“其他应付款”科目中列支的工资性支出

会计科目	其他应付款					合计
金额（元）	1 120 000					1 120 000

三、应付职工薪酬抽查

凭证号	月份	抽查内容					
		借方金额（元）	计算是否正确	依据是否充分	有无授权批准	领款人是否签章	代扣款项是否扣减
35	2	2 220 000	正确	充分	有批准手续	是	是
33	5	2 226 000	正确	充分	有批准手续	是	是
37	12	2 226 000	正确	充分	有批准手续	是	是

四、会计处理核对

凭证号	月份	金额（元）	成本、费用科目				
34	11	1 120 000	销售费用				

审计说明：

全年销售人员的工资1 120 000元未通过“应付职工薪酬”科目进行计提和发放核算，但是各种保险费和住房公积金的计提会计处理正确，其余工资的计提和发放均已核对。调整分录为：

借：其他应付款　1 120 000

　贷：应付职工薪酬——工资　1 120 000

该公司全年提取工资27 820 000元，平均人数2 010人，属于企业合理的工资薪金支出，准予在税前扣除。

关键概念

存货　存货监盘　存货计价　应付职工薪酬　制造费用

本章小结

本章以星辰公司为例，对生产与存货循环的审计进行了分析，审计程序包括评估重大错报风险、控制测试和实质性程序。本章重点对存货、职工薪酬进行了分析，对如何评估存货、职工薪酬存在的重大错报风险以及如何执行控制测试、实质性程序和细节测试都进行了详细讲解。存货的数量和价格是存货审计的两个重要方面，因此，在存货的实质性审计程序中重点执行了存货监盘和计价测试，对存货监盘涉及的因素、主要内容、主要步骤、特别关注的问题等进行了详细分析，对于新冠肺炎疫情和数字化的影响进行了分析。

首先，对星辰公司的存货进行审计。星辰公司产品品种较少，成本费用核算比较简单，存货存放地点固定，存货和成本的内部控制较好而且运行有效，因此，生产与存货循环的重大错报风险为低水平。通过内部控制测试，注册会计师认定星辰公司内部控制设计合理、运行有效。通过对星辰公司存货实行监盘程序，注册会计师认定其存货记录公允地反映了监盘日所拥有的存货实际数量；通过对存货进行计价测试和存货跌价准备审计，注册会计师发现星辰公司在计算成本时出现少结转成本560 455元的错误，经调整后，可以确认存货余额。

其次，对星辰公司的成本费用进行审计，主要进行了与职工薪酬和制造费用相关的审计。星辰公司职工薪酬和制造费用的重大错报风险评估为低水平。通过控制测试，注册会计师认为星辰公司职工薪酬和制造费用内部控制设计合理、运行有效，可以信赖。在细节测试中，注册会计师执行了相关的审计程序，发现生产费用的归集和分配方法合理，但是，生产成本和制造费用、制造费用和管理费用各发生一笔分类错误，销售人员工资未列入应付职工薪酬，星辰公司调整后，余额都可以确认。

课程思政

对企业整个生产与存货循环进行分析，发现其中存在产品质量、安全生产、资源节约、环境保护、维护职工权益等问题所引发的思考。

思政目标：基于企业在生产过程中忽视社会责任而引发的严重后果分析，追溯可能存在的产品质量差、安全生产事故多发、污染环境、浪费资源等问题，反思背后的深层次主观原因，对学生进行责任担当教育，使学生树立正确的社会责任观，树立人类命运共同体理念，建设持久和平、普遍安全、共同繁荣、开放包容、清洁美丽的世界。

练习题

1. 注册会计师王丽、李东负责金石公司存货项目的审计工作，金石公司对存货实行永续盘存制，每年全面盘点一次，金石公司有30%的存货储存在偏远山区的防空洞里，考虑到交通不便，王丽、李东决定对这30%的存货不实施监盘，请问这样处理是否正确？注册会计师可以不实施存货监盘吗？如果不实施监盘，要实施哪些替代程序？如果没有实施监盘，也没有实施替代程序，那么对审计报告有影响吗？

2.在对红光公司2021年度财务报表进行审计时，注册会计师王哲和陈泓在实施截止测试时发现的情况如下：

以2021年12月31日为截止日，分别向前或向后推若干天，顺序选取并检查购货发票和验收报告，发现以下：

（1）2021年12月26日已验收入库的甲材料，由于其购货发票于2022年1月8日收到，因此记入2022年1月账内，其会计处理为：借记“原材料——甲材料”300 000元，借记“应交税费——应交增值税（进项税额）”39 000元，贷记“应付账款”339 000元。

（2）2021年12月28日收到南方公司的发票，记入账内，增加购进存货100 000元，但对应的原材料2022年2月才收到并验收入库，该原材料采用实地盘存制，并以个别计价法核算。

以2021年12月31日为截止日，分别向前或向后推若干天，顺序选取并检查销售发票和货运凭证，发现以下情况：

（3）2021年12月8日确认销售给北方公司的会计处理仅有销售发票，没有发运凭证，但该笔销售在2022年2月3日以红字发票进行了销售退回，没有入库单。

（4）2021年11月23日确认销售给东方公司的交易，销售发票与发运凭证核对无误，会计记录为：借记“应收账款”452 000元，贷记“主营业务收入”400 000元，贷记“应交税费——应交增值税（销项税额）”52 000元。同时，借记“主营业务成本”220 000元，贷记“库存商品”220 000元。但该笔销售在2022年1月18日退回。

（5）2021年12月29日以红字发票退回2020年8月销售给西方公司的货物，在12月账上用红字冲销了原确认的销售收入和结转的成本。

要求：对于情况（1）至（5），分别指出红光公司的处理是否正确，并指出对财务报表的影响及注册会计师的建议。

3.中正公司主要从事家电产品的生产和销售。林峰会计师事务所负责审计中正公司2021年度财务报表。审计项目组在审计工作底稿中记录了与存货监盘相关的情况，部分内容摘录如下：

（1）审计项目组拟不信赖与存货相关的内部控制运行的有效性，故在监盘时不再观察管理层制定的盘点程序的执行情况。

（2）审计项目组获取了盘点日前后存货收发及移动的凭证，以确定中正公司是否将盘点日前入库的存货、盘点日后出库的存货以及已确认为销售但尚未出库的存货包括在盘点范围内。

（3）由于中正公司人手不足，审计项目组受管理层委托，于2021年12月31日代为盘点中正公司异地专卖店的存货，并将盘点记录作为中正公司的盘点记录和审计项目组的监盘工作底稿。

（4）审计项目组按存货项目定义抽样单元，选取A产品为抽盘样本项目之一。A产品分布在5个仓库中，考虑到监盘人员安排困难，审计项目组对其中3个仓库的A产品执行抽盘，未发现差异，对该样本项目的抽盘结果满意。

（5）在中正公司存货盘点结束前，审计项目组取得并检查了已填用、作废及未使用盘点表单的号码记录，确定其是否连续编号以及已发放的表单是否均已收回，并与存货盘点汇总表中记录的盘点表单使用情况核对一致。

（6）中正公司部分产成品存放在第三方仓库，其年末余额占资产总额的10%。

要求：

（1）针对上述第（1）至（5）项，逐项指出审计项目组的做法是否恰当；如不恰当，简要说明理由。

（2）针对上述第（6）项，列举3项审计项目组可以实施的审计程序。

4.林茂会计师事务所的注册会计师林心顺负责审计学丰公司等多家被审计单位2021年度的财务报表。与存货审计相关的事项如下：

（1）针对学丰公司存货存放在多个地点的情况，注册会计师林心顺要求学丰公司提供一份完整的存货存放地点清单。在获取了学丰公司管理层提供的存货存放地点清单后，注册会计师林心顺根据不同地点所存放存货的重要性以及对各个地点与存货相关的重大错报风险的评估结果选择了适当的地点进行监盘，并记录了选择这些地点的原因。

（2）针对乙公司存货数量存在舞弊导致的重大错报风险，注册会计师林心顺计划扩大与存货相关的内部控制测试的样本规模予以应对。

（3）针对丙公司在产品存货金额较大并存在如何评估在产品完工程度问题，注册会计师林心顺要求丙公司将在产品的完工程度明确列出，同时根据丙公司存货生产过程的复杂程度确定是否利用专家的工作。

（4）由于恶劣天气，审计项目组无法按期抵达丁公司存货盘点现场对存货实施监盘，注册会计师林心顺实施了替代审计程序，获取了截至2021年12月31日的该存货数量和状况的审计证据。

（5）针对戊公司有大批产成品存放在其母公司的情况，注册会计师林心顺电话问询后确认了该批产成品存货的数量和状况。

（6）在对戊公司的存货监盘结束时，注册会计师林心顺将除作废的盘点表单以外的所有盘点表单的号码记录于监盘工作底稿。

要求：针对上述第（1）至（6）项，逐项指出注册会计师林心顺的做法是否恰当；如不恰当，简要说明理由。

第6章　筹资与投资循环审计案例

学习目标

通过本章的学习，能够了解筹资与投资业务的特点，掌握如何进行筹资与投资业务的重大错报风险评估，掌握如何结合实际业务进行筹资与投资业务的控制测试和实质性程序。

6.1　安兴公司负债筹资业务审计案例

6.1.1　项目背景资料

亚辛会计师事务所接受安兴公司的委托，于2022年1月5日至3月6日审计其2021年度财务报表及附注，其中的筹资与投资项目审计由注册会计师辛艳铎、杜娟珊负责。安兴公司主要经营饲料原料、饲料、饲料添加剂、生物制品、畜禽制品及其产品的加工、生产、销售，畜牧业生产资料的销售，本企业生产的产品及技术服务，本企业所需的原辅材料、仪器仪表、机械设备、零配件及技术的进口业务，以及与以上项目相关的技术、咨询、服务等。根据财务报表及附注的列报，该公司2021年年底注册资本为3.82亿元，公司以持续经营为基础，根据实际发生的交易和事项，按照企业会计准则、企业会计准则应用指南及其他相关规定的要求编制财务报表及附注。

近年来，在国家政策和行业内在发展需要的双重推动下，畜牧业规模化养殖比例不断提高，养殖方式已由散养主导向规模化养殖转变：中国生猪养殖的规模化程度约为53%（规模化定义为年出栏500头以上），肉鸡的规模化养殖比例为90%以上（规模化定义为存栏量2 000只以上）。

伴随国内畜牧业规模化和专业化程度的提升，终端用户需求不断变化，行业内的企业纷纷加紧布局新产品、新项目以迎接行业新变革。国内外大型养殖集团、科研单位和专家参股的企业纷纷布局国内动物保健品行业，市场竞争环境趋于复杂。与此同时，其下游兽药和饲料产业的市场竞争格局也随之发生变化。饲料行业在经历了高盈利、大幅扩张、恶性竞争、小厂淘汰四个阶段后，行业集中度不断提高。

然而，受经济增速放缓、国家对动物疫病的防控和监管政策趋严、动物疫病流行、食品安全和自然灾害、畜禽产品价格低位运行等因素的共同影响，国内养殖业整体延续近几年的低迷态势，部分子行业严重亏损。行业发展所需的原辅材料出现货源紧张、市场波动加大、价格激增的情况。为了改进工艺、研发新品、扩充研发和销售技术服务队伍，企业运营成本明显增加。另外，因畜禽养殖存在污染问题，国内部分省份养殖场加快了改造和搬迁进程，导致行业内的企业资本性支出、物流和仓储成本增加。

该公司2021年与筹资和投资有关的交易和事项如下：

1）负债筹资业务

（1）2021年2月1日，安兴公司向齐州市中国银行借入100 000元作为流动资金借款，期限6个月，年利率为6%，合同约定到期一次还本付息，有担保。另外，为建造一幢新的厂房，2021年1月1日，以设备抵押方式借入期限为2年的长期专门借款1 000 000元，款项已存入银行，年利率为6.8%，每年付息一次，期满后一次还清本金。2021年年初，以银行存款支付工程价款共计600 000元。该厂房预计2022年8月底完工，达到预定可使用状态。

（2）2021年12月31日，安兴公司经批准发行5年期一次还本、分期付息的公司债券10 000 000元，债券利息在每年12月31日支付，票面利率为年利率6%，而债券发行时的市场利率为5%。安兴公司2021年12月31日债券实际发行价格为：

10 000 000×0.7835+10 000 000×6%×4.3295=10 432 700（元）

2）权益筹资业务

（1）2021年5月6日，安兴公司按期收到丙公司投入的第二期投资款1 000 000元。丙公司共投资2 000 000元，平均分两次出资，第一次出资时间为2020年11月6日，第二次出资时间为2021年5月6日。

（2）2021年3月7日，安兴公司分配股票股利3 800 000元。

3）投资业务

（1）2021年4月15日，安兴公司支付1 000 000元从二级市场购入丁公司发行的股票100 000股，每股价格10.60元（含已宣告但尚未发放的现金股利0.60元），另支付交易费用1 000元。安兴公司将持有的丁公司股权划分为交易性金融资产，且持有丁公司股权后对其无重大影响。5月13日，收到丁公司发放的现金股利；6月30日，丁公司股票价格涨到每股13元；8月8日，安兴公司将持有的丁公司股票全部售出，每股售价15元。

（2）安兴公司于2021年2月10日自公开市场买入大兴公司20%的股份作为长期股权投资，实际支付价款1 600万元（含已宣告但尚未发放的现金股利50万元）。另外，在购买时支付手续费等相关费用40万元，已经计入财务费用。安兴公司取得该部分股权后能够对大兴公司的生产经营决策施加重大影响。2021年3月，安兴公司通过增发600万股本公司普通股（每股面值1元）取得晓兴公司20%的股权作为长期股权投资，按照增发前后的平均股价计算，该600万股的公允价值为1 040万元。为增发该部分股份向证券承销机构等支付的佣金和手续费为26万元，已经计入长期股权投资成本。取得该部分股权后，安兴公司能够对晓兴公司的生产经营决策施加重大影响。

安兴公司2021年12月31日财务报表的部分项目数据见表6-1。

表6-1 **安兴公司2021年12月31日财务报表的部分项目数据** 单位：元

报表项目	期初数	期末数
交易性金融资产	8 665.00	9 665.00
其他权益工具投资	1 277 376.95	2 277 376.95
债权投资	0	981 410.00

续表

报表项目	期初数	期末数
长期股权投资	161 570 246.72	187 335 246.72
投资性房地产	3 145 110.52	3 010 248.24
短期借款	163 000 000.00	162 997 000.00
应付票据	12 681 449.20	46 007 059.00
其他应付款	200 020.00	51 520.00
长期借款	0	1 000 000.00
应付债券	0	10 000 000.00
长期应付款	600 000.00	600 000.00
预计负债	2 000 000.00	2 000 000.00
递延所得税负债	1 730 151.80	1 730 151.80
股东权益：		
股本	382 000 000.00	383 000 000.00
资本公积	356 442 876.88	354 959 772.73

4）负债筹资业务的特点和审计目标

筹资交易（包括负债筹资和权益筹资）通常与企业的发展战略相关，且每笔交易金额较大，需要符合相关法律法规的规定，因此会对企业的长期经营活动或持续能力产生很大的影响。

负债筹资业务涉及的主要业务活动资料如下：

（1）公司债券，即公司依据法定程序发行、约定在一定期限内还本付息的有价证券。

（2）债券契约，即载明债券持有人与发行企业双方所拥有的权利与义务的法律性文件。其内容一般包括：债券发行的标准；债券的明确表述；利息或利息率；受托管理人证书；登记和背书；如为抵押债券，其所担保的财产；债券发生拖欠情况时的处理；对偿债基金、利息支付、本金返还等的处理。

（3）公司债券存根簿。记名债券应记载的内容一般包括：债券持有人的姓名或者名称及地址；债券持有人取得债券的日期及债券编号；债券总额、债券票面金额、债券利率、债券还本付息的期限和方式；债券发行日期。发行无记名债券的，应当在公司的债券存根簿上记载债券总额、利率、偿还期限和方式、发行日期和债券编号。

（4）承销或包销协议。公司向社会公开发行债券时，应当由依法设立的证券经营机构承销或包销，公司应与其签订承销或包销协议。

（5）借款合同或协议，即公司向银行或其他金融机构借入款项时与其签订的合同或协议。

负债筹资业务审计的主要内容包括短期借款、长期借款和应付债券。

负债筹资业务的审计目标包括：确定被审计单位在特定期间内发生的负债筹资业务是否均已记录完毕，有无遗漏；确认被审计单位所记录的负债筹资业务在特定的期间是否确实存在，是否为被审计单位所承担；确定所有负债筹资业务的借入、偿还及计息和付息的会计处理是否正确；确定各项负债筹资业务的发生是否符合有关法律法规的规定，被审计单位是否履行了有关债务契约的规定；确认被审计单位负债筹资业务的余额在财务报表中的反映是否恰当。

6.1.2 评估重大错报风险

在一般情况下，被审计单位不会高估负债，因为这样对自身不利。因此，负债项目的审计目标应主要是防止企业低估或漏列债务。负债的低估或漏列在夸大企业的财务实力和掩饰欺诈舞弊上，同高估资产一样有效，因为它经常伴随着低估成本费用，从而高估利润。

注册会计师应当在了解被审计单位的基础上考虑影响筹资交易的重大错报风险，并对被审计单位业务中可能出现的特别风险保持警惕。考虑到严格的监管环境和董事会针对筹资活动设计的严格控制，除非注册会计师对管理层的诚信产生疑虑，否则重大错报风险一般应当评估为低水平。

在企业会计准则以及监管法规对借款要求披露的情况下，可能存在完整性、计价和分摊、列报认定的潜在重大错报风险。尽管账户余额发生错报的可能性不大，但仍然可能存在权利和义务被忽略或发生错报的可能，例如一个集团公司用资产为另一个集团公司提供抵押或担保的情况。

如果被审计单位是国际资本市场上的大型公众公司，其股票在国内和国外同时上市，则其他国家的法律法规的复杂性可能影响到注册会计师对重大错报风险的评估。在这种情况下，企业可能从国外获得借款，从而应当在利润表中确认汇兑损益。此时，筹资交易和余额重大错报风险可能被评估为中到高水平，存在完整性和计价认定风险以及未记录负债和或有负债的风险。

1）负债筹资业务中可能存在的重大错报风险

（1）担保资格不符合法定要求。以厂房等资产作抵押时，该资产不为被审计单位所有。

（2）借款无计划，有关手续不齐全。借款无计划通常导致被审计单位不履行借款合同，使部分借款合同的条款难以落实。

（3）为取得借款而抵押的资产的所有权不属于被审计单位。

（4）债券发行不合法。债券的发行与董事会决议、有关部门批复、债券承销协议等文件不一致。

（5）债券发行的会计处理不合规。债券发行的会计处理与公司现有债券副本或登记簿、发行债券所收入现金的收据、汇款通知单、送款登记簿及相关的银行对账单不一致。

（6）债券利息费用计算不正确。

2）评估本案例中负债筹资业务存在的重大错报风险

在本案例中，安兴公司在负债筹资方面，对于2021年向中国银行借入的6个月短期借款100 000元，要考虑是否存在不能到期偿还的短期偿债风险；以抵押方式借入的建造厂房专门借款1 000 000元和发行的公司债券10 000 000元分别属于长期借款和公司债券（应付债券），应考虑该公司年末的付息能力以及债务到期的偿债风险。注册会计师通过询问、检查文件记录、观察控制程序等方法获得的信息，支持其将负债筹资业务重大错报风险评估为低水平。

6.1.3 安兴公司负债筹资业务控制测试

根据对负债筹资业务内部控制的了解和评价，注册会计师需要识别负债筹资业务内部控制的关键控制点，并根据具体审计计划拟定的针对评估的重大错报风险实施的程序，对拟信赖的设计有效并被执行的关键控制点进行控制测试。

1）负债筹资业务内部控制测试程序（见表6-2）

表6-2 **负债筹资业务内部控制测试程序表**

被审计单位名称：安兴公司　　编制：辛艳铎　日期：2022年1月16日　索引号：FZKZ-1

会计期间：2021年1月1日—12月31日　复核：杜娟珊　日期：2022年1月16日　页次：1/1

审计目标： 在评价负债筹资业务的内部控制设计有效并被执行的基础上，充分考虑成本效益原则和风险水平，从下列方面获取关于控制是否有效运行的审计证据： 1.控制在所审计期间的不同时点是如何运行的； 2.控制是否得到一贯执行； 3.控制由谁执行； 4.控制以何种方式运行（例如人工控制或自动化控制）。
审计程序： 1.询问被审计单位的人员，了解被审计单位负债筹资业务的主要控制制度是否被执行； 2.观察负债筹资业务的关键控制点及特定控制点的控制实践； 3.检查关键控制点生成的有关文件和记录； 4.必要时通过重新执行来证实控制执行的有效性； 5.通过追踪交易在财务报告信息系统中的处理过程（穿行测试），以提取对关键控制点控制有效支持的审计证据； 6.根据上述程序的实施，评估控制是否可信赖。

2）负债筹资业务内部控制问卷调查

为了提高控制测试的效率和效果，注册会计师辛艳铎、杜娟珊对安兴公司的内部控制进行调查，设计的调查问卷见表6-3。

表6-3

负债筹资业务内部控制调查问卷

被审计单位名称：安兴公司　　编制：辛艳铎　　日期：2022年1月16日　　索引号：FZKZ-2

会计期间：2021年1月1日—12月31日　　复核：杜娟珊　　日期：2022年1月16日　　页次：1/1

调查项目	是	否	不适合	备注
1.全部公司债务是否均经董事会授权的人员处理？	√			
2.对巨额的上述交易是否对被授权者规定一定的限额？超过限额是否须获得董事会的批准？	√			
3.是否由财务总监执行交易，但财务总监不负责会计记录？			√	无财务总监
4.负债筹资所得款项是否如数、及时存入银行？	√			
5.重大借款和筹资行为是否经董事会批准？	√			
6.筹资借款是否均已签订借款合同？	√			
7.抵押担保是否获得授权批准？			√	尚无抵押担保
8.利息支出是否按期入账，并划清资本性支出和收益性支出？	√			

结论：

1.经内部控制问卷和简易测试后，认为负债筹资业务内部控制的可信赖程度为：

高（　）　　中（√）　　低（　）

2.该循环是否需进一步进行控制测试：

是（√）　　否（　）

3）负债筹资业务内部控制检查（见表6-4）

表6-4

负债筹资业务内部控制检查表

被审计单位名称：安兴公司　　编制：辛艳铎　　日期：2022年1月16日　　索引号：FZKZ-3

会计期间：2021年1月1日—12月31日　　复核：杜娟珊　　日期：2022年1月16日　　页次：1/1

序号	检查过程记录	备注
1	取得债券发行的法律性文件，验明债券发行是否经董事会授权、有无审批手续？	√
2	取得债券契约，查明企业是否根据契约的规定支付利息？	√
3	抽查企业年内发行的债券收入凭证和银行对账单，企业是否将债券发行收入立即存入银行，债券入账的会计处理是否正确、合规？	√
4	抽查1—10月份的账簿记录，企业债券溢（折）价的会计处理是否正确？	√
5	索取借款的授权批准文件，检查权限是否恰当、手续是否齐全。索取借款合同或协议。	√
6	观察并描述债券发行业务的职责分工，了解债券持有人明细资料的保管制度，检查被审计单位是否与外部机构核对？	√
7	抽查借款业务的会计记录，从明细账中抽取部分会计记录按从原始凭证到明细账、总账的顺序核对有关数据和情况，判断其会计处理过程是否合理、完整？	√
8	观察职务是否分离？	√

结论：

负债筹资业务的内部控制健全，执行基本良好，可以适当简化实质性审计程序。

4）负债筹资业务内部控制执行有效性汇总评价（见表6-5）

表6-5 负债筹资业务内部控制执行有效性汇总评价表

被审计单位名称：安兴公司 编制：辛艳铎 日期：2022年1月16日 索引号：FZKZ-4

会计期间：2021年1月1日—12月31日 复核：杜娟珊 日期：2022年1月16日 页次：1/1

内部控制风险评价标准	
重要提示： 如出现下列情况，应将控制风险评估为高水平： 1.既定内部控制制度在不同的时间点或不同的业务单元和公司层面未被一贯执行； 2.例外事项的控制点未被一贯执行； 3.有证据表明存在管理层凌驾于内部控制之上的情况。	
对内部控制制度执行有效性的评价	
评价对象： 检查表（√）；询问记录（√）；观察记录（√）	
评价： 通过询问安兴公司的保管人员、会计人员和业务主管等，了解负债筹资业务的主要控制制度被执行得比较有效；检查负债筹资业务关键控制点生成的有关文件和记录，记录真实。	
评价结论类型	结论
内部控制可信赖	√
内部控制不可信赖	注：确定实质性测试方案或确定审计报告意见类型
部分内部控制可信赖	注：需要详细描述并确定实质性测试方案

6.1.4 安兴公司负债筹资业务实质性程序

根据控制测试的结果，注册会计师辛艳铎和杜娟珊分别对负债筹资业务的各个项目确定了相应的实质性程序，如通过银行借款的函证和余额调节表的编制，确定利息入账是否恰当、负债筹资的报表披露是否有问题，并就审计结果编制了相应的工作底稿。

1）短期借款实质性程序

（1）短期借款项目的实质性程序

根据被审计单位年末短期借款余额的多少、占负债总额的比重、以前年度审计发现问题的多少以及相关内部控制的强弱等，注册会计师确定的短期借款项目的实质性程序见表6-6。

（2）短期借款项目的细节测试

短期借款项目的细节测试见表6-7。

表6-6 **短期借款实质性程序表**

被审计单位名称：安兴公司　编制：辛艳铎　日期：2022年1月17日　索引号：DQJK

会计期间或截止日：2021年12月31日　复核：杜娟珊　日期：2022年1月17日　页次：1/1

针对认定实施的审计程序	财务报表的认定					执行人	工作底稿索引号
	存在	完整性	权利和义务	计价和分摊	列报		
1.获取或编制短期借款明细表，复核加计是否正确（并检查其分类是否正确），并与报表数、总账数和明细账合计数核对，核对期初余额与上期审定期末余额是否相符				√			DQJK-1
2.根据实际情况，选择以下方法对短期借款执行分析程序： (1) 计算借款平均实际利率并同以前年度及市场平均利率相比较。 (2) 根据借款平均余额、平均借款利率测算当期利息费用和利息，并与账面记录进行比较。 (3) 针对实施的分析程序： ①比较当年及以前年度的借款总额，并查明出现异常情况的原因； ②比较当年及以前年度的利息支出费用，并查明出现异常情况的原因； ③比较当年及以前年度利息支出占借款余额的比例，并查明出现异常情况的原因； ④比较当年及以前年度的借款平均实际利率，并查明出现异常情况的原因	√	√		√			
3.检查与短期借款有关的会计记录，以确定被审计单位是否按下列规定进行了相应的会计处理和披露： (1) 对本期增加的所有借款项目，应检查下列内容： ①查阅借款合同或协议、董事会纪要，以检查其合法性及是否遵守合同协议规定的条款； ②检查有关原始凭证，验证贷款资金是否全部到账、单据是否齐全、金额是否一致； (2) 对本期减少的所有借款，应检查相关的会计记录和原始凭证，核对还款的真实性。 (3) 检查借款利息计算的依据，编制利息测算表，确定应计利息的正确性，确认全部利息费用已被正确区分为资本性支出和收益性支出，并已正确入账	√	√	√	√	√		DQJK-2

续表

针对认定实施的审计程序	财务报表的认定					执行人	工作底稿索引号
	存在	完整性	权利和义务	计价和分摊	列报		
4.获取并复印企业的贷款证（贷款信息卡），检查企业各项贷款取得的合法性，并将贷款证的各项目与编制的明细表核对；若不一致，应查明原因	√	√	√	√	√		DQJK-3
5.对所有借款发询证函，内容包括借款性质、借款条件、利率、期限及余额等，若利息长期未按合同支付，应函证应付未付的利息金额；对收回的询证函，应与明细表的各项目核对；若有差异，应查明原因并进行适当调整	√	√	√	√	√		DQJK-4
6.检查未能按期偿还的借款是否已办理了续借/延期手续；若未办理，是否有抵押，应关注是否存在贷款人起诉情形以及抵押物的处理情况如何等				√	√		DQJK-5
7.记录贷款产生的关联交易和关联往来，对关联公司贷款和担保应予以记录，并检查关联交易的真实性、合法性					√		DQJK-6
8.验明短期借款的列报与披露是否恰当，检查是否在附注中披露了与短期借款有关的下列信息： （1）按借款条件（信用借款、抵押借款、保证借款、质押借款等）分期列示短期借款金额； （2）对已到期未偿还的短期借款，应单独列示贷款单位、贷款金额、贷款利率、贷款资金用途、未按期偿还的原因及预计还款期，并在期后事项中反映报表日后是否已偿还； （3）若已到期的短期借款获得延期，应说明延期条件、新的到期日					√		DQJK-7

表6-7 **短期借款细节测试表**

被审计单位名称：安兴公司　编制：辛艳铎　日期：2022年1月16日　索引号：DQJK-2

会计期间或截止日：2021年12月31日　复核：杜娟珊　日期：2022年1月16日　页次：1/1

项目	未审金额（元）	凭证号	检查核对记录				调整金额（元）	审定金额（元）
			1	2	3	4		
1.期初余额	163 000 000		√	√	√	√	0	163 000 000
2.本期借入	100 000	22	√	√	√	√	0	100 000
3.本期归还	103 000	31	√	√	√	√	−3 000	100 000

续表

项目	未审金额（元）	凭证号	检查核对记录				调整金额（元）	审定金额（元）
			1	2	3	4		
4.期末余额	162 997 000		√	√	√	√	+3 000	163 000 000
5.逾期情况	163 000 000		√	√	√	√	0	163 000 000
6.利息支付情况	3 000	31	√	√	√	√	0	3 000
7.担保、抵押情况	有担保		√	√	√	√		
检查、核对提示： 1.与借款合同核对相符； 2.与贷款信息核对相符； 3.与函证结果核对相符； 4.与银行入账、支出凭证核对相符。			审计说明及结论： 经核对借款合同、贷款信息等，除了企业将偿还的借款利息3 000元误记成偿还借款本金外，借款程序合法，手续完备。经调整利息处理后，余额可以确认。					

注册会计师辛艳铎、杜娟珊根据短期借款审计程序表和长期借款审计程序表的计划安排，对给予安兴公司贷款的齐州市中国银行发出了询证函，齐州市中国银行在规定的时间内给予了回复。询证函的内容见表6-8。

表6-8 **银行询证函**

银询函编号：01

日期：2022年1月16日

齐州市中国银行：

本公司聘任的亚辛会计师事务所正在对本公司财务报表进行审计，按照《中国注册会计师审计准则》的要求，应当函证本公司与贵行的存款、借款往来等事项。下列数据出自本公司账簿记录，如与贵行记录相符，请在本函下端"数据证明无误"处签章证明；如有不符，请在"数据不符"处列明不符金额。有关询证费用可直接从本公司存款账户中收取。回函请直接寄至亚辛会计师事务所。

地址：新兴市新华路111号　　　　邮政编码：123456

电话：略　　　　传真：略

截至2021年12月31日，本公司在贵行的银行存款（借款）账户余额列示如下：

1.银行存款

账户名称	账号	币种	利率	存款余额（元）	备注
安兴公司	809000123	人民币	0.5%	300 000	

2.银行借款

借款日	到期日	币种	借款本金（元）	利率	已还金额（元）	未还金额（元）	借款条件
2020年12月31日	2021年8月1日	人民币	163 000 000	6%	0	163 000 000	担保
2021年2月1日	2021年8月1日	人民币	100 000	6%	100 000	0	担保
2021年1月1日	2023年1月1日	人民币	1 000 000	6.8%	0	1 000 000	抵押

3. 为其他单位借款提供担保和抵押物

事项说明

公司签章：安兴公司

日期：2022年1月15日

结论：1. 数据证明无误。

银行签章：

日期：

2. 数据不符，请列明不符金额及需加说明事项。

2021年8月1日到期的163 000 000元尚未归还。其余数据证明无误。

银行签章：齐州市中国银行

日期：2022年1月20日

（3）短期借款项目的审计结论（见表6-9）

表6-9 **短期借款审定表**

被审计单位名称：安兴公司　　编制：辛艳铎　　日期：2022年1月17日　　索引号：DQJK-1

会计期间或截止日：2021年12月31日　　复核：杜娟珊　　日期：2022年1月17日　　页次：1/1

项目	贷款性质	借款期间	月利率	未审数（元）				调整数（元）		期末审定数（元）
				期初数	本期增加	本期减少	期末数	借方	贷方	
流动资金借款	担保	2021.1.1—2021.7.31	0.5%	0	100 000	103 000	-3 000		3 000	0

审计说明及调整说明：

企业支付利息时，误记成偿还“短期借款”账户本金，建议调整分录如下：

借：财务费用　　3 000

　　贷：短期借款　　3 000

审计结论：

经调整，余额可以确认。

2）长期借款实质性程序

（1）长期借款项目的实质性程序（见表6-10）

表6-10 **长期借款实质性程序表**

被审计单位名称：安兴公司　编制：辛艳铎　日期：2022年1月16日　索引号：CQJK

会计期间或截止日：2021年12月31日　复核：杜娟珊　日期：2022年1月16日　页次：1/1

针对认定实施的审计程序	财务报表的认定					执行人	工作底稿索引号
	存在	完整性	权利和义务	计价和分摊	列报		
1.获取或编制长期借款明细表，复核加计是否正确（并检查其分类是否正确），并与报表数、总账数和明细账合计数核对相符，核对期初余额与上期审定期末余额是否相符				√			CQJK-1
2.根据实际情况，选择以下方法对长期借款执行分析程序： （1）计算借款平均实际利率并同以前年度及市场平均利率相比较。 （2）根据借款平均余额、平均借款利率测算当期利息费用和利息，并与账面记录进行比较。 （3）针对实施的分析程序： ①比较当年及以前年度的借款总额，并查明出现异常情况的原因； ②比较当年及以前年度的利息支出费用，并查明出现异常情况的原因； ③比较当年及以前年度利息支出占借款余额的比例，并查明出现异常情况的原因； ④比较当年及以前年度的借款平均实际利率，并查明出现异常情况的原因	√	√		√			
3.检查与长期借款有关的会计记录，以确定被审计单位是否按下列规定进行了相应的会计处理和披露： （1）对本期增加的所有借款项目应检查下列内容： ①借款合同或协议、董事会纪要，以检查其合法性及是否遵守了合同协议规定的条款。 ②检查有关原始凭证，验证贷款资金是否全部到账，单据是否齐全，金额是否一致。借入长期借款是否按实际收到的金额，借记“银行存款”账户，贷记“长期借款（本金）”账户。如存在差额，还应借记“长期借款（利息调整）”账户。 （2）对本期减少的所有借款，应检查相关的会计记录和原始凭证，核对还款的真实性。 （3）检查借款利息计算的依据，编制利息测算表，确定应计利息的正确性，确认全部利息费用已被正确区分为资本性支出和收益性支出，并已正确入账	√	√	√	√	√		CQJK-2

续表

针对认定实施的审计程序	财务报表的认定					执行人	工作底稿索引号
	存在	完整性	权利和义务	计价和分摊	列报		
4.获取并复印企业的贷款证（贷款信息卡），检查企业的各项贷款取得的合法性，并将贷款证的各项目与编制的明细表核对；若不一致，应查明原因	√	√	√	√	√		CQJK-3
5.对所有借款发询证函，内容包括借款性质、借款条件、利率、期限及余额等；若利息长期未按合同支付，应函证应付未付的利息金额；对收回的询证函，应与明细表的各项目核对，若有差异，应查明原因并进行适当调整	√	√	√	√	√		DQJK-4
6.检查未能按期偿还的借款是否已办理了续借/延期手续；若未办理，是否有抵押；应关注是否有贷款人起诉、抵押物的处理情况如何等				√	√		
7.检查长期借款合同的以下内容： (1) 如果长期借款是以某项资产或某种收入作抵押/担保，那么该资产是否归属企业，其价值是否属实，充当担保的收入来源是否可靠，其价值和现实情况是否与抵押契约中的规定一致； (2) 如果是其他单位提供的担保，则应了解该单位与本企业的关系，对方提供担保是否以获得一定的利益为前提，并关注对方的担保条件是否具备； (3) 有无一年内到期的贷款，应进行重分类调整	√	√	√		√		CQJK-4
8.记录贷款产生的关联交易和关联往来，对关联公司贷款和担保应予以记录，并检查关联交易的真实性、合法性					√		CQJK-5
9.验明长期借款的列报与披露是否恰当，检查是否在附注中披露了与短期借款有关的下列信息： (1) 按币种、借款条件（信用借款、抵押借款、保证借款、质押借款等）、贷款单位分项列示长期借款金额； (2) 如果有一年内到期的非流动负债，也应按上述要求进行披露					√		CQJK-6

（2）长期借款项目的细节测试（见表6-11）

表6-11 **长期借款细节测试表**

被审计单位名称：安兴公司 编制：辛艳铎 日期：2022年1月17日 索引号：CQJK-2

会计期间或截止日：2021年12月31日 复核：杜娟珊 日期：2022年1月17日 页次：1/1

项目	未审金额（元）	凭证号	检查核对记录				调整金额（元）	审定金额（元）
			1	2	3	4		
1.期初余额	0		√	√	√	√	0	0
2.本期借入	1 068 000	32	√	√	√	√	-68 000	1 000 000
3.本期归还	68 000	12	√	√	√	√	-68 000	0
4.期末余额	1 000 000		√	√	√	√	0	1 000 000
5.逾期情况	无		√	√	√	√	0	无
6.利息支付情况	68 000	43	√	√	√	√	0	68 000
7.担保、抵押情况	用设备抵押		√	√	√	√		用设备抵押

检查、核对提示：

1.与借款合同核对相符；

2.与贷款信息核对相符；

3.与函证结果核对相符；

4.与银行入账、支出凭证核对相符。

审计说明及结论：

经核对借款合同、贷款信息等，除了企业将借款利息增加至“长期借款”账户的余额外，借款程序合法，手续完备。经调整利息处理后，余额可以确认。

（3）长期借款项目的审计结论（见表6-12）

表6-12 **长期借款审定表**

被审计单位名称：安兴公司 编制：辛艳铎 日期：2022年1月17日 索引号：CQJK-6

会计期间或截止日：2021年12月31日 复核：杜娟珊 日期：2022年1月17日 页次：1/1

贷款人	借款用途	借款时间	借款条件	年利率	期初余额（元）		本期增加（元）		本期减少（元）		期末数（元）		调整数（元）		审定数（元）	
					本金	利息	本金	利息	本金	利息	本金	利息	借方	贷方	本金	利息
安兴公司	建造厂房	2021年1月1日	抵押	6.8%	0		1 000 000	68 000	0	68 000	1 000 000	0	-68 000	-68 000	1 000 000	0

审计情况及调整说明：

公司的借款程序合法，手续完备，借款的利息计算正确，但是，借款利息的会计处理不合规，没有通过“应付利息”账户核算借款的利息，而是将利息记入了“长期借款”账户。因为当期已经归还，不影响“长期借款”项目期末余额，不影响报表列示，可不予调整。

审计结论：

余额可以确认。

3）应付债券实质性程序

（1）应付债券项目的实质性程序（见表6-13）

表6-13 应付债券实质性程序表

被审计单位名称：安兴公司　编制：辛艳铎　日期：2022年1月18日　索引号：YFZQ

会计期间或截止日：2021年12月31日　复核：杜娟珊　日期：2022年1月18日　页次：1/1

针对认定实施的审计程序	财务报表的认定					执行人	工作底稿索引号
	存在	完整性	权利和义务	计价和分摊	列报		
1.获取或编制应付债券明细表，复核加计是否正确（并检查其分类是否正确），并与报表数、总账数和明细账合计数核对相符，核对期初余额与上期审定期末余额是否相符				√			YFZQ-1
2.根据实际情况，对应付债券执行分析程序：复核债券面值和应计利息之间的关系	√	√		√			
3.检查与应付债券有关的会计记录，以确定被审计单位是否按下列规定进行了相应的会计处理和披露： （1）检查债券发行是否合法、真实，会计处理是否正确； （2）检查应计利息的计算是否准确，会计处理及利息资本化是否正确； （3）检查到期债券偿还的会计处理是否正确	√	√	√	√	√		YFZQ-2
4.函证应付债券账户期末余额，注意以下事项： （1）向债权人及债券承销人或包销人进行函证； （2）函证内容包括：应付债券名称、发行日、到期日、利率、已付利息期间，一年内偿还的债券，资产负债表日未偿还的债券以及其他应包括的重要事项； （3）根据函证结果进行核对；若有差异，应查明原因并进行适当调整	√	√	√	√	√		YFZQ-3
5.验明应付债券的列报与披露是否恰当，检查是否在附注中披露了与交易性金融负债有关的下列信息： （1）分期列示应付债券的种类、期限、发行日期、面值总额、利息调整、应计利息总额、期末余额，说明可转换公司债券的转股条件、转股时间； （2）检查一年内到期的应付债券是否列入流动负债					√		YFZQ-4

（2）应付债券项目的细节测试（见表6-14）

表6-14　**应付债券细节测试表**

被审计单位名称：安兴公司　编制：辛艳铎　日期：2022年1月18日　索引号：YFZQ-2

会计期间或截止日：2021年12月31日　复核：杜娟珊　日期：2022年1月18日　页次：1/1

项目	未审金额（元）	凭证号	检查核对记录				调整金额（元）	审定金额（元）
			1	2	3	4		
1.期初余额（包括面值、利息调整、应计利息）	0							0
2.本期减少（包括面值、利息调整、应计利息）	0							0
3.本期增加（包括面值、利息调整、应计利息）	10 000 000	42	√				432 700	10 432 700
4.期末余额（包括面值、利息调整、应计利息）	10 000 000		√				432 700	10 432 700
5.本期应计利息	0		√					0
6.本期结转利息调整	0		√					0
7.累计结转利息调整	0		√					0
检查、核对提示： 1.与相关债券发行文件等核对相符； 2.债券入账金额与银行凭证相符； 3.利息调整结转正确； 4.应计利息计算正确。		审计说明及结论： 经与相关债券发行文件核对相符，但利息调整计算不正确，应该采用实际利率法和摊余成本计算确定的利息费用。						

利息调整的具体计算见表6-15。

表6-15　**利息费用一览表**

付息日期	支付利息（元）	利息费用（元）	摊销的利息调整（元）	应付债券摊余成本（元）
2021年12月31日				10 432 700.00
2022年12月31日	600 000	521 635.00	78 365.00	10 354 335.00
2023年12月31日	600 000	517 716.75	82 283.25	10 272 051.75
2024年12月31日	600 000	513 602.59	86 397.41	10 185 654.34
2025年12月31日	600 000	509 282.72	90 717.28	10 094 937.06
2026年12月31日	600 000	505 062.94	94 937.06	10 000 000.00

（3）应付债券项目的审计结论（见表6-16）

表6-16 应付债券审定表

被审计单位名称：安兴公司 编制：辛艳铎 日期：2022年1月18日 索引号：YFZQ-4
会计期间或截止日：2021年12月31日 复核：杜娟珊 日期：2022年1月18日 页次：1/1

项目	发行日期	面值（元）	票面利率	市场利率	利息调整（元）	调整数（元）		期末余额（元）
						借方	贷方	
5年期债券	2021年12月31日	10 000 000	6%	5%	432 700	0	432 700	10 432 700

审计说明及调整建议：

债券发行合法，但是没有计算利息调整，调整分录如下：

借：银行存款 432 700

贷：应付债券——利息调整 432 700

审计结论：

经调整后，余额可以确认。

6.2 安兴公司权益筹资业务审计案例

6.2.1 项目背景资料

1）案例介绍

参见6.1节相关内容。

2）企业权益筹资业务特点及审计目标

权益筹资业务是企业为满足生存和发展的需要，通过改变资本规模而融通资金的活动。权益筹资涉及的主要业务活动如下：

（1）审批授权。企业发行股票必须按国家有关法规和企业章程的规定，由企业董事会批准和中国证券监督管理委员会核准。

（2）签订合同或协议。向社会募集股本要与证券机构签订承销协议。

（3）获得资金。签订合同或协议后，企业可以在规定的期限内或按照规定的程序实际取得股票的融入资金，用于企业的生产经营。

（4）计算应付股利。企业应根据董事会批准、股东大会通过的股利分配方案，按有关合同或协议的规定计算应付股东的股利，这有利于企业对资金获得成本进行计量与控制。

（5）发放股利。对于融入的股本，企业应根据股东大会的决定及时发放股利。

权益筹资通常表现为实收资本或股本，主要是企业按照章程、合同和投资协议的规定向所有者募集的资本。与其他业务相比，权益筹资业务不常发生变化，只有在公司设立、增资扩股和减资时发生变化。

权益筹资业务的审计目标主要包括：确定权益筹资的形成是否合法；确定权益筹资的增减变动是否真实；确定权益筹资业务的会计记录是否完整；确定权益筹资在财务报表中的披露是否恰当。

6.2.2 评估重大错报风险

1）权益筹资业务可能存在的重大错报风险

（1）抽逃资本金。

（2）不按规定时间出资。

（3）出资与合同或协议、公司章程等文件记录不一致。

（4）股东缴付出资额应该验资而未经验资。

2）评估本案例中权益筹资业务存在的重大错报风险

在本案例中，安兴公司收到丙公司的投资款是否及时足额入账、是否进行了适当的账务处理，以及分配的股票股利是否进行了适当的账务处理都存在风险。注册会计师通过询问、检查文件记录、观察控制程序等方法获得的信息支持将权益筹资业务存在的重大错报风险评估为低水平。

6.2.3 安兴公司权益筹资业务控制测试

1）权益筹资业务内部控制测试程序（见表6-17）

表6-17 权益筹资业务内部控制测试程序表

被审计单位名称：安兴公司　　编制：辛艳铎　　日期：2022年1月19日　　索引号：QYNK

会计期间：2021年1月1日—12月31日　　复核：杜娟珊　　日期：2022年1月19日　　页次：1/1

审计目标： 在评价权益筹资业务内部控制设计有效并被执行的基础上，充分考虑成本效益原则和风险水平，从下列方面获取关于控制是否有效运行的审计证据： 1.控制在所审计期间的不同时点是如何运行的？ 2.控制是否得到一贯执行？ 3.控制由谁执行？ 4.控制以何种方式运行（例如人工控制或自动化控制）？
审计程序： 1.询问被审计单位的人员，了解被审计单位权益筹资业务的主要控制制度是否被执行； 2.检查关键控制点生成的有关文件和记录； 3.通过追踪交易在财务报告信息系统中的处理过程（穿行测试），以提取对关键控制点控制有效支持的审计证据； 4.根据上述程序的实施，评估控制是否可信赖。

2）权益筹资业务内部控制检查（见表6-18）

表6-18 **权益筹资业务内部控制检查表**

被审计单位名称：安兴公司　　编制：辛艳铎　日期：2022年1月19日　索引号：QYNK-1

会计期间：2021年1月1日—12月31日　复核：杜娟珊　日期：2022年1月19日　页次：1/1

序号	检查过程记录	备注
1	取得公司章程、股东（大）会、董事会会议记录，收集有关的董事会会议纪要、合同、协议、公司章程及营业执照，公司设立批文、验资报告等法律性文件，查明股本（实收资本）的构成是否合规、金额是否正确	√
2	取得股东大会纪要、董事会会议记录等，查明企业是否根据契约的规定合法支付股利	√
3	检查企业年内发行股票的收款凭证和银行对账单，查明企业是否立即将股票发行收入存入银行，股票入账的会计处理是否正确、合规	√
4	检查1—10月份账簿记录，确定企业股票股利的会计处理是否正确	√
5	索取股利分配的法律性文件，验明股利的计算及分配是否合法、正确	√
6	检查权益筹资业务的会计记录，按原始凭证到明细账、总账的顺序核对有关数据和情况，判断其会计处理过程是否合规、完整	√
结论： 权益筹资业务的内部控制健全、执行基本良好，继续实施实质性审计程序。		

3）权益筹资业务内部控制执行有效性汇总评价（见表6-19）

表6-19 **权益筹资业务内部控制执行有效性汇总评价表**

被审计单位名称：安兴公司　　编制：辛艳铎　日期：2022年1月19日　索引号：QYNK-2

会计期间：2021年1月1日—12月31日　复核：杜娟珊　日期：2022年1月19日　页次：1/1

内部控制风险评价标准	
重要提示： 如出现下列情况，应将控制风险评估为高水平： 1.既定内部控制制度在不同的时间点或不同的业务单元和公司层面未被一贯执行； 2.例外事项的控制点未被一贯执行； 3.有证据表明存在管理层凌驾于内部控制之上的情况。	
对内部控制制度执行有效性的评价	
评价对象： 检查表（√）；询问记录（√）；观察记录（ ）	
评价： 通过询问被审计单位负责权益筹资业务的有关人员，了解到被审计单位权益筹资业务的主要控制制度执行得基本有效；检查权益筹资业务关键控制点生成的有关文件和记录，记录真实。	
评价结论类型	结论
内部控制可信赖	√
内部控制不可信赖	注：确定实质性测试方案或确定审计报告意见类型
部分内部控制可信赖	注：需要详细描述并确定实质性测试方案

6.2.4 安兴公司权益筹资业务实质性程序

1）股本（实收资本）项目的实质性程序（见表6-20）

表6-20 股本（实收资本）实质性程序表

被审计单位名称：安兴公司　编制：辛艳铎　日期：2022年1月20日　索引号：SSZB

会计期间或截止日：2021年12月31日　复核：杜娟珊　日期：2022年1月20日　页次：1/1

针对认定实施的审计程序	财务报表的认定					执行人	工作底稿索引号
	存在	完整性	权利和义务	计价和分摊	列报		
1.获取或编制股本（实收资本）明细表，复核加计是否正确（并检查其分类是否正确），并与报表数、总账数和明细账合计数核对相符，核对期初余额与上期审定期末余额是否相符				√			SSZB-1
2.根据实际情况，选择以下方法对股本（实收资本）执行分析程序： （1）将本年股本（实收资本）与上一年度进行比较，判断其变动的合理性； （2）检查股本（实收资本）出现增减变动情况的原因，查阅其是否与董事会纪要、补充合同、协议及其他有关法律性文件的规定一致，查明会计处理是否正确，注意有无抽资或变相抽资的情况，如有，应取证核实，进行恰当处理	√	√		√			SSZB-2
3.检查与股本（实收资本）有关的会计记录，以确定被审计单位是否按下列规定进行了相应的会计处理和披露： （1）审阅公司章程、股东（大）会、董事会会议记录中有关规定，收集有关的董事会会议纪要、合同、协议、公司章程及营业执照、公司设立批文、验资报告等法律性文件，确定股本（实收资本）的构成与金额； （2）审核股东按合同协议、章程约定时间缴付出资的情况，出资额是否经过中国注册会计师审验，如已验资，查阅验资报告； （3）根据证券登记公司提供的股东名录，检查委托人及其子公司、合营企业与联营企业是否违反规定持有或相互持有原发行在外的股票； （4）检查股票发行费用的会计处理是否正确； （5）审查认股权证及有关交易，确定委托人及认股人是否遵守了认股合约或认股权证中的有关规定	√	√	√	√	√		SSZB-3
4.验明股本（实收资本）的列报与披露是否恰当					√		SSZB-4

2）股本（实收资本）项目的细节测试（见表6-21和表6-22）

表6-21 股本（实收资本）细节测试表

被审计单位名称：安兴公司　　编制：辛艳铎　　日期：2022年1月20日　　索引号：SSZB-1

会计期间或截止日：2021年12月31日　　复核：杜娟珊　　日期：2022年1月20日　　页次：1/1

投资方	规定投资情况			期初实际入资				本期变动				期末余额		验资情况	备注
	投入资金（元）	占实收资本的比例	出资方式	日期	原币	汇率	本币（元）	日期	原币	汇率	本币（元）	原币	本币（元）		
丙公司	2 000 000	0.52%	货币资金	2020年11月6日			1 000 000	2021年5月6日			1 000 000		2 000 000	已验资	

章程中重要条款：	期间变更情况：	审计结论：
丙公司共投资200万元，平均分两次出资，第一次出资时间为2020年11月6日，第二次出资时间为2021年5月6日。	无。	丙公司投资额可以确认。

表6-22 股本（实收资本）项目检查表

被审计单位名称：安兴公司　　编制：辛艳铎　　日期：2022年1月20日　　索引号：SSZB-2

会计期间或截止日：2021年12月31日　　复核：杜娟珊　　日期：2022年1月20日　　页次：1/1

序号	明细账资料				凭证审核内容					
	日期	凭证号	业务内容	金额（元）	日期	金额（元）	对应科目	有无授权	账务处理是否正确	审核情况的说明
1	2021年5月6日	14	收到丙公司投入资本	1 000 000	2021年5月6日	1 000 000	银行存款	有	是	合法、合规
2	2021年3月7日	23	分配股票股利	3 800 000	2021年3月7日	3 800 000	利润分配	有	是	合法、合规

审计说明及调整建议：

分配的股票股利已经取得相关部门批准的增资文件、股东大会决议等资料，但尚未入账，建议股票股利入账，在报表中反映。

审计结论：

股票股利入账后，各项目的余额可以确认。

说明：根据风险评估及内部控制测试所确定的关键控制点，选择股本（实收资本）变动的业务，检查股本（实收资本）的会计处理是否正确、完整。

3）股本（实收资本）项目的审计结论（见表6-23）

表6-23 股本（实收资本）审定表

被审计单位名称：安兴公司　　编制：辛艳铎　　日期：2022年1月20日　　索引号：SSZB-4

会计期间或截止日：2021年12月31日　　复核：杜娟珊　　日期：2022年1月20日　　页次：1/1

项目	期初数（元）				本期增减数（元）				期末记账本位币（元）		
	注册资本		已验资数		注册资本		已验资数		未审数	调整数	审定数
	币种	金额	原币	记账本位币	币种	金额	原币	记账本位币			
	人民币	382 000 000	人民币	382 000 000	人民币	0	人民币	1 000 000	383 000 000		383 000 000
							人民币	3 800 000		3 800 000	3 800 000
合计	人民币	382 000 000	人民币	382 000 000	人民币	0		0	383 000 000	3 800 000	386 800 000

审计说明及调整建议：

未入账的股票股利建议调整分录为：

借：未分配利润　　3 800 000

贷：股本　　3 800 000

审计结论：

调整后，确认的股本余额为386 800 000元。

6.3 安兴公司投资业务审计项目

6.3.1 项目背景资料

1）案例介绍

参见6.1节相关内容。

2）企业投资业务特点及审计目标

投资活动是企业为享有被投资单位分配的利润，或为了谋求其他利益，将资产让渡给其他单位而获得另一项资产的活动。投资项目分为长期股权投资、交易性金融资产（以公允价值计量且其变动计入当期损益的金融资产）、债权投资（以摊余成本计量的长期债权投资）、其他债权投资（以公允价值计量且其变动计入其他综合收益的长期债权投资）、其他权益工具投资（以公允价值计量且其变动计入其他综合收益的非交易性权益工具投资）等。投资业务的发生必须符合国家法律法规的规定，并取得相关法律性文件。

投资涉及的主要业务活动包括：

（1）审批授权。企业发行股票必须依据国家有关法规或企业章程的规定，报经企业董事会及国家有关主管部门批准。

（2）取得证券或其他投资证明。投资的方式有多种，企业可以通过购买股票或债券进行投资，对外投资时，应取得有关证明。

（3）获取投资收益。企业可以取得股权投资的股利收入或分回的利润、债券投资的利息收入、证券买卖差价等，以实现取得投资收益的目的。

（4）转让证券或收回其他投资。对于购买证券形成的投资，企业可以通过转让证券实现投资的收回，一般不得抽回投资。

投资业务的审计目标包括：确定资产负债表中列示的相关投资项目是否存在；所有应当列示的投资项目是否均已列示；确定列示的投资项目是否由被审计单位拥有或控制，并以恰当的金额包括在财务报表中；确定各项投资是否已经按照企业会计准则的规定在财务报表中进行了恰当列报。

6.3.2 评估重大错报风险

注册会计师应当考虑重大错报风险对投资活动的影响，并对被审计单位可能发生的特定风险保持警惕。

1）投资业务可能存在的重大错报风险

（1）管理层错误表述投资业务或衍生金融工具业务的偏见和动机，包括为了满足预算、提高绩效奖金、提高财务报表中的报告收益、确保从银行获得额外资金、吸引潜在投资购买者或影响股价而误导投资者。

（2）所取得资产的性质和复杂程度可能导致确认和计量的错误，例如不正确的会计分配。

（3）金融资产分类不正确。

（4）交易记录不完整。

（5）金融资产增减业务不合规。

（6）金融资产的初始计量不正确。

（7）长期股权投资初始投资成本的计量不正确。

（8）所持有投资的公允价值可能难以计量。

（9）确定公允价值的困难性可能最终影响资产负债表中投资和衍生金融工具的账面计量。

（10）管理层凌驾于内部控制之上，可能导致投资交易未经授权。

（11）如果对有价证券的控制不充分，权益性有价证券的舞弊和盗窃风险可能很高，从而影响投资的存在性。

（12）关于资产的所有权以及相关权利与义务的审计证据可能难以获得，获取的权益可能很复杂。例如，在企业集团中包含跨国公司的情形以及公司处理大量衍生金融工具交易的情形。

（13）如果负责记录投资处置业务的人员没有意识到投资已经卖出，则投资处置业务可能未经记录。这种处置业务只能通过在期末进行实物检查来发现。

2）评估本案例中投资业务存在的重大错报风险

在本案例中，安兴公司将购入的丁公司股票划分为交易性金融资产，将买入的大兴公司股票作为长期股权投资，应考虑这些投资的持有目的是否支持这种划分，还要关注对大兴公司和晓兴公司的长期股权投资是否能够对其生产经营施加实质性的重大影响。另外，应注意安兴公司的这些投资交易的初始计量、后续计量和处置是否合理，相关的费用和股利的会计处理是否正确。注册会计师通过实施询问、检查文件记录或观察控制程序的执行情况等程序获取的信息支持将安兴公司投资业务的重大错报风险评估为低水平。

6.3.3 安兴公司投资业务控制测试

1）投资业务内部控制测试的程序

在了解投资业务的控制目标、关键控制点的基础上，注册会计师辛艳铎和杜娟珊编制了安兴公司内部控制测试程序表（见表6-24）。

表6-24 投资活动内部控制测试程序表

被审计单位名称：安兴公司　编制：辛艳铎　日期：2022年1月21日　索引号：TZNK

会计期间：2021年1月1日—12月31日　复核：杜娟珊　日期：2022年1月21日　页次：1/1

审计目标： 在评价投资活动的内部控制设计有效并被执行的基础上，充分考虑成本效益原则和风险水平，从下列方面获取关于控制是否被有效执行的审计证据： 1.控制在所审计期间的不同时点是如何运行的； 2.控制是否得到一贯执行； 3.控制由谁执行； 4.控制以何种方式运行（例如人工控制或自动化控制）。
审计程序： 1.询问被审计单位的人员； 2.观察关键控制点的运行； 3.检查关键控制点的有关文件和记录； 4.根据上述程序的实施，评估控制运行是否可信赖。

2）投资业务内部控制问卷调查（见表6-25）

表6-25 内部控制问卷调查表

被审计单位名称：安兴公司　编制：辛艳铎　日期：2022年1月21日　索引号：TZNK-1

会计期间：2021年1月1日—12月31日　复核：杜娟珊　日期：2022年1月21日　页次：1/1

被调查人：董撰

调查项目	是	否	不适合	备注
1.购买证券是否经董事会、高层管理机构和财务部门的核准？	√			
2.公司股票是否均经董事会授权的人员处理？	√			
3.所有投资凭证是否放入保险箱内？	√			
4.保险箱是否由两人以上同时开启？		√		由出纳一人负责
5.是否定期盘点投资凭证并与会计记录核对？	√			
6.有价证券是否以被审计单位的名义登记？	√			
7.证券保管人员与处理会计记录的人员是否分离？	√			

续表

调查项目	是	否	不适合	备注
8.是否对每一种证券设立明细分类账并逐笔登记交易情况、记录盈亏？	√			
9.股本（实收资本）是否经过注册会计师验证并进行了会计处理？	√			
10.与被投资单位签订的投资合同协议，是否获得了被投资单位出具的投资证明？		√		有验资报告，无投资证明
11.是否按年编制资本预算并经董事会批准？	√			
12.长期投资的核算是否符合有关财会制度的规定，相关投资收益的会计处理是否正确？	√			
结论： 1.经内部控制问卷和简易测试后，认为权益筹资业务内部控制的可信赖程度为： 高（ ） 中（√） 低（ ） 2.该循环是否需进一步进行控制测试： 是（√） 否（ ）				

3）投资业务内部控制执行有效性汇总评价（见表6-26）

表6-26 投资活动内部控制执行有效性汇总评价表

被审计单位名称：安兴公司 编制：辛艳铎 日期：2022年1月21日 索引号：TZNK-2

会计期间：2021年1月1日—12月31日 复核：杜娟珊 日期：2022年1月21日 页次：1/1

内部控制风险评价标准	
重要提示： 如出现下列情况，应将控制风险评估为高水平： 1.相关内部控制执行存在偏差，不能防止、发现和纠正重大错报或漏报； 2.难以对内部控制执行的有效性进行评价； 3.有证据表明存在管理层凌驾于内部控制之上的情况。	
对内部控制制度执行有效性的评价	
评价对象： 检查表（√）；询问记录（√）；观察记录（√）	
评价： 注册会计师通过检查有关投资活动的会计记录和法律性文件，询问债券的管理人员和买卖债券的执行人，查阅董事会会议纪要等，没有发现问题。	
评价结论类型	结论
内部控制可信赖	√
内部控制不可信赖	注：确定实质性测试方案或确定审计报告意见类型
部分内部控制可信赖	注：需要详细描述并确定实质性测试方案

6.3.4　安兴公司投资业务实质性程序

投资业务审计的实质性程序重点是股票投资入账处理是否符合会计制度的相关规定，股票投资收益的处理是否恰当，减值准备的提取是否合适，有无利润操纵行为，报表披露是否充分，分类是否正确等。

1）交易性金融资产实质性程序和细节测试

（1）交易性金融资产项目的实质性程序（见表6-27）

表6-27　**交易性金融资产实质性程序表**

被审计单位名称：安兴公司　编制：辛艳铎　日期：2022年1月21日　索引号：JYXJRZC

会计期间或截止日：2021年12月31日　复核：杜娟珊　日期：2022年1月21日　页次：1/1

针对认定实施的审计程序	财务报表的认定					执行人	工作底稿索引号
	存在	完整性	权利和义务	计价和分摊	列报		
1.获取或编制交易性金融资产明细表，复核加计是否正确，并与报表数、总账数和明细账合计数核对相符，核对期初余额与上期审定期末余额是否相符				√			JYXJRZC-1
2.获取股票、债券及基金、期货（如有）账户账单，与明细余额核对，需要时，向证券公司等发函询证，注意期末资金账户余额会计处理是否正确	√						JYXJRZC-2
3.监盘库存有价证券并与相关账户余额进行核对，如有差异，应查明原因并进行记录或进行适当调整	√						JYXJRZC-3
4.检查对交易性金融资产的分类是否正确，是否符合《企业会计准则第22号——金融工具确认和计量》第十九条的有关要求	√			√			JYXJRZC-4
5.查阅有关交易性金融资产的协议、合同、董事会决议及有关出资的凭证和记录，检查交易性金融资产购入、售出或兑现的原始凭证是否完整。取得证券交易账户流水单，对照检查账面记录是否完整，检查购入证券是否有本企业控股公司的股票	√	√	√	√			JYXJRZC-5
6.检查交易性金融资产的持有期间收到被投资单位宣告发放的现金股利或债券利息的会计处理是否正确；检查资产负债表日交易性金融资产的公允价值与其账面余额的差额的会计处理是否正确	√		√	√			JYXJRZC-6
7.抽查交易性金融资产增加及减少项目的记账凭证，检查其原始凭证是否完整、合法，会计处理是否正确	√	√		√	√		JYXJRZC-7

续表

针对认定实施的审计程序	财务报表的认定					执行人	工作底稿索引号
	存在	完整性	权利和义务	计价和分摊	列报		
8.验明交易性金融资产的列报与披露是否恰当，检查附注中是否披露了与交易性金融资产有关的下列信息： （1）对于指定为以公允价值计量且变动计入当期损益的金融资产，应当披露下列信息：指定的依据；指定的金融资产的性质；指定后如何消除或明显减少由于该金融资产的计量基础不同所导致的相关利得或损失在确认或计量方面不一致的情况，以及是否符合企业正式书面文件载明的风险管理或投资策略的说明。 （2）对交易性金融资产区分交易性债券投资、交易性权益工具投资、指定为以公允价值计量且其变动计入本期损益的金融资产等类别披露其期初公允价值和期末公允价值。 （3）说明交易性金融资产投资变现是否存在重大限制，以及相应原因					√		JYXJRZC-8

（2）交易性金融资产项目的细节测试（见表6-28）

表6-28　**交易性金融资产细节测试表**

被审计单位名称：安兴公司　　编制：辛艳铎　日期：2022年1月21日　索引号：JYXJRZC-2

会计期间或截止日：2021年12月31日　复核：杜娟珊　日期：2022年1月21日　页次：1/1

项目	年初余额（元）			借方发生数（元）	贷方发生数（元）	年末余额（元）			备注
	调整前	审计调整	调整后			调整前	审计调整	调整后	
			8 665			9 665	-1 000	8 665	
购入丁公司股票				1 301 000	1 300 000	1 000	-1 000	0	

审计说明及调整说明：

购入丁公司发行的股票支付的手续费1 000元，不应记入“交易性金融资产”账户的成本，调整分录如下：

借：投资收益　1 000

　贷：交易性金融资产——成本　1 000

审计结论：

经调整后，余额可以确认。

2）长期股权投资实质性程序和细节测试

（1）长期股权投资项目的实质性程序（见表6-29）

表6-29 长期股权投资实质性程序表

被审计单位名称：安兴公司 编制：辛艳铎 日期：2022年1月22日 索引号：CQGQTZ

会计期间或截止日：2021年12月31日 复核：杜娟珊 日期：2022年1月22日 页次：1/1

针对认定实施的审计程序	财务报表的认定					执行人	工作底稿索引号
	存在	完整性	权利和义务	计价和分摊	列报		
1.获取或编制长期股权投资明细表，复核加计是否正确，并与报表数、总账数和明细账合计数核对相符，核对期初余额与上期审定期末余额是否相符				√			CQGQTZ-1
2.根据实际情况，选择以下方法对长期股权投资执行分析程序： （1）比较当年及以前年度投资余额、收购及转让投资的增减变动情况，并对出现的异常情况进行解释； （2）比较当年及以前年度股利收入及按持股比例计算的投资收益的增减变动情况，并对出现的异常情况进行解释； （3）比较被审计单位当年和以前年度的市场平均投资收益率	√		√	√			CQGQTZ-2
3.检查被审计单位对长期股权投资的分类是否正确，是否符合《企业会计准则第2号——长期股权投资》及其应用指南的有关要求	√		√	√			CQGQTZ-3
4.检查股票权证等凭据，核对其所有权及金额。必要时，应向被投资单位函证投资单位的投资额、持股比例及被审计单位发放股利的情况。若股票权证等为已提供质押或受到其他约束的，应取证（或函证），提请被审计单位进行适当披露	√		√	√	√		CQGQTZ-4
5.检查长期股权投资是否符合国家的限制性规定，并根据账实、账账相符的情况判断其投出和收回金额计算的正确性	√			√			CQGQTZ-5

续表

针对认定实施的审计程序	财务报表的认定					执行人	工作底稿索引号
	存在	完整性	权利和义务	计价和分摊	列报		
6.检查长期股权投资的核算是否按规定采用了权益法或成本法，取得被投资单位已经审计的年度财务报表，必要时可向审计被投资单位财务报表的会计师事务所发出调查问卷。如果未经审计，则应考虑是否对被投资单位的财务报表实施适当的审计或审阅程序			√	√			CQGQTZ-6
7.检查年度内长期股权投资增减变动及投资收益的原始凭证，对于增加的项目，要核实其入账基础是否符合有关规定，会计处理是否正确；对于减少的项目，要核实其变动原因及授权批准手续，检查入账基础是否符合投资合同、协议的规定以及董事会有关决议，确定被审计单位是否按规定进行了相应的会计处理和披露							CQGQTZ-7
8.验明长期股权投资的列报与披露是否恰当，检查是否在附注中披露了与长期股权投资有关的下列信息： (1) 子公司、合营企业和联营企业清单，包括企业名称、注册地址、业务性质、投资企业的持股比例和表决权比例； (2) 合营企业和联营企业当期的主要财务信息，包括资产、负债、收入、费用等合计金额； (3) 被投资单位向投资企业转移资金的能力受到严格限制的情况； (4) 当期及累计未确认的投资损失金额； (5) 与对子公司、合营企业及联营企业投资相关的或有负债				√			CQGQTZ-8

（2）长期股权投资项目的细节测试（见表6-30）

表6-30 **长期股权投资细节测试表**

被审计单位名称：安兴公司　　编制：辛艳铎　　日期：2022年1月22日　　索引号：CQGQTZ-6

会计期间或截止日：2021年12月31日　　复核：杜娟珊　　日期：2022年1月22日　　页次：1/1

类别	被投资单位	股权比例	核算方法	成本（元）	成本调整（元）	其他权益变动（元）	账面余额（元）	市价（元）	减值准备（元）
股票投资	大兴公司	20%	权益法	15 500 000	400 000		15 900 000	15 780 000	120 000
股票投资	晓兴公司	20%	权益法	10 660 000		-260 000	10 400 000	10 385 000	15 000

审计说明：

1.买入大兴公司20%的股份支付的40万元手续费等相关费用，不应当记入“财务费用”账户，而应当记入“长期股权投资”的成本账户，调整分录为：

借：长期股权投资——成本　　400 000

　贷：财务费用　　400 000

2.通过增发股票取得晓兴公司20%的股份支付的26万元佣金和手续费，不应当记入“长期股权投资”的成本账户，而应当记入“资本公积——股本溢价”账户的借方，调整分录为：

借：资本公积——股本溢价　　260 000

　贷：长期股权投资——成本　　260 000

审计结论：

经调整后，余额可以确认。

关键概念

筹资业务控制测试　筹资业务实质性程序　投资业务控制测试　投资业务实质性程序

本章小结

本章首先从筹资与投资业务的特点出发，评估筹资和投资业务的重大错报风险。从安兴公司所在的行业来看，行业竞争加剧、监管趋严、产成品价格低而原材料价格波动大、企业运营成本增加，因此经营活动存在一定风险。从安兴公司自身来看，注册会计师评估其筹资和投资业务存在较低的重大错报风险。依据评估的重大错报风险，设计控制测试和实质性程序。其中，控制测试从找到内部控制的关键控制点出发，实施具体的控制测试，包括编制内部控制测试程序表、内部控制问卷调查表、内部控制检查表、内部控制执行有效性汇总评价表等。内部控制测试结果表明，负债筹资和权益筹资业务、投资业务的内部控制可信赖。

之后，根据控制测试的结果，确定相应的实质性程序。这些实质性测试在筹资和投资业务涉及的短期借款和长期借款、公司债券、交易性金融资产、长期股权投资各账户和交易余额中实施，包括实质性程序表、具体账户的细节测试表、具体账户的审定表等。发现的问题主要包括短期借款的利息误记成偿还借款本金，将长期借款的利息错记为增加“长期借款”账户余额，债券利息调整未采用实际利率法和摊余成本，分配的股票股利未进行账务处理，交易性金融资产的手续费不应计入其成本，购入股份支付的手续费不应计入财务费用，增发股票涉及的佣金和手续费不应计入长期股权投资成本。

课程思政

对企业整个筹资与投资循环进行分析，发现企业在筹资、投资和生产经营活动各环节中的风险所引发的思考。

思政目标：基于企业在筹资与投资循环中忽视风险而引发的严重后果分析，延伸至确保国家经济金融大局稳定的重要意义，提出做好经济金融领域风险处置工作的基本思路，就是要进一步强化风险意识，提高风险化解能力，完善风险防控机制，努力将矛盾消解于未然、将风险化解于无形，从而使学生树立正确的风险观，有利于未来在工作岗位上应对重大风险。

练习题

1.三通会计师事务所接受委托，对金家公司2021年度财务报表进行审计。注册会计师于2021年12月12日对该公司的内部控制进行了解和测试，并在审计工作底稿中记录了解和测试的事项。部分内容如下：

（1）该公司股东大会批准董事会的投资权限为1亿元以下，董事会决定由总经理负责实施。总经理决定由证券部负责总额在1亿元以下的股票买卖。公司营业部的款项由证券部申请，由会计部审核，总经理批准后划转入公司在营业部开立的资金账户。经总经理批准，证券部从某营业部资金账户支取款项。证券买卖、资金存取的会计记录由会计部处理。注册会计师在了解和测试投资的内部控制后发现：证券部在某营业部开户的有关协议及补充协议未经会计部或其他部门审核。根据总经理的批示，会计部已将8 000万元汇入该账户。证券部处理证券买卖的会计记录，月底将证券买卖清单交给会计部，会计部据以汇总登记。

（2）该公司控股股东的法定代表人兼任该公司的法定代表人，总经理是聘任的。在公司章程及相关协议中未具体载明股东大会、董事会、经营班子的融资权限和批准程序。经了解，该公司由财务部负责融资，2021年根据总经理的批示向中国工商银行借入了1亿元贷款。

要求：

（1）根据上述内容，假定未描述的其他内部控制不存在缺陷，请指出该公司内部控制在设计和运行方面的缺陷，并提出改进建议。

（2）根据对该公司内部控制的了解和测试，请分别指出上述内部控制缺陷与哪些财务报表项目和科目的何种认定相关。

2.春和会计师事务所接受委托，委派注册会计师郭明和李顺负责对大普股份有限公司（以下简称大普公司）2021年度财务报表进行审计。在对大普公司的审计过程中，郭明和李顺注意到以下事项：

大普公司于2021年1月1日从证券市场上购入利策公司于2019年1月1日发行的5年期债券，票面年利率为5%，每年1月5日支付上年度利息，到期日为2024年1月1日，到期日一次归还本金和最后一次利息。大普公司购入债券的面值为1 000万元，实际支付价款为955.35万元，另支付相关费用10万元。大普公司购入债券后将其划分为以摊余成本计量的金融资产。购入债券的实际利率为6%，按年计提利息。2021年12月31日，该债券的预计未来现金流量现值为900万元（不属于暂时性的公允价值变动）。相关资料显示，大普公司对此笔业务进行了如下账务处理：

2021年1月1日购入债券时：

借：债权投资——成本	10 000 000	
应收利息	500 000	
贷：银行存款		9 653 500
债权投资——利息调整		846 500

2021年1月5日收到上年度利息时：

借：银行存款	500 000	
贷：应收利息		500 000

2021年12月31日，大普公司确认的投资收益为54.92万元（（1 000−84.65）×6%），应收利息为50万元（1 000×5%），“债权投资——利息调整”账户为4.92万元（54.92−50）。

借：应收利息	500 000	
债权投资——利息调整	49 200	
贷：投资收益		549 200

要求：如果不考虑审计重要性水平，针对资料中的事项，注册会计师是否需要提出审计处理建议？若需提出审计处理建议，请直接列示审计调整分录（审计调整分录均不考虑对大普公司2021年度的税费、递延所得税资产和负债、期末结转损益及利润分配的影响）。

3. 山峰会计师事务所接受委托，对水浪股份有限公司（以下简称水浪公司）2021年度财务报表进行审计。在对水浪公司的审计过程中，注册会计师发现：

2021年1月1日，水浪公司支付1 000万元购入火炬公司同日发行的5年期公司债券12 500份，债券票面价值为1 250万元，票面年利率为4.72%，于年末支付本年度债券利息（即每年利息为59万元），本金在债券到期时一次性偿还。合同约定，该债券的发行方在遇到特定情况时可以将债券赎回，且不需要为提前赎回支付额外款项。水浪公司在购买该债券时预计发行方不会提前赎回。水浪公司根据其管理该债券的业务模式和该债券的合同现金流量特征，将该债券分类为以公允价值计量且其变动计入其他综合收益的金融资产。

经过计算，该债券的实际利率为10%。2021年12月31日，火炬公司债券的公允价值为1 200万元（不含利息）。

2021年1月1日水浪公司购入债券时的账务处理为：

借：其他债权投资——成本	12 500 000	

贷：银行存款 10 000 000

其他债权投资——利息调整 2 500 000

2021年12月31日水浪公司收到火炬公司债券的利息收入、公允价值变动的账务处理为：

借：应收利息 590 000

贷：投资收益 590 000

借：银行存款 590 000

贷：应收利息 590 000

借：其他债权投资——公允价值变动 1 590 000

贷：公允价值变动损益 1 590 000

要求：如果不考虑审计重要性水平，针对资料中的事项，注册会计师是否需要提出审计处理建议？若需提出审计处理建议，请直接列示审计调整分录（审计调整分录均不考虑对水浪公司2021年度的税费、递延所得税资产和负债、期末结转损益及利润分配的影响）。

4. 大桥公司为了建造生产线发行公司债券。2019年12月31日，大桥公司委托证券公司以7 755万元的价格发行3年期分期付息公司债券。该债券面值为8 000万元，票面年利率为4.5%，实际年利率为5.64%，每年付息一次，到期后按面值偿还。不考虑发行费用。

大桥公司以出包方式建造生产线。大桥公司从2020年1月1日开始建造生产线，发行债券所得款项当日全部支付给建造承包商。2021年12月31日，所建造的生产线达到预定可使用状态。

利息实际支付日期为下一年度的1月10日。大桥公司将该债券划分为以摊余成本计量的金融负债。

大桥公司的账务处理如下：

2019年12月31日，发行债券：

借：银行存款 77 550 000

应计债券——利息调整 2 450 000

贷：应付债券——面值 80 000 000

2020年12月31日，计提利息：

借：在建工程 3 600 000

贷：应付利息 3 600 000

2021年1月10日，支付利息：

借：应付利息 3 600 000

贷：银行存款 3 600 000

2021年12月31日，计提利息和在建工程转为固定资产：

借：在建工程 3 600 000

贷：应付利息 3 600 000

借：固定资产　　7 200 000

　贷：在建工程　　7 200 000

要求：如果不考虑审计重要性水平，针对资料中的债券利息费用的会计处理，注册会计师是否需要提出审计处理建议？若需提出审计处理建议，请直接列示审计调整分录（审计调整分录均不考虑对大桥公司2021年度的税费、递延所得税资产和负债、期末结转损益及利润分配的影响）。

第7章　货币资金审计案例

学习目标

通过本章的学习，掌握库存现金审计的基本技能，包括对库存现金控制制度的测试与执行实质性程序；掌握银行存款审计的基本技能，包括对银行存款控制制度的测试与执行实质性程序。

7.1　思易公司库存现金审计案例

7.1.1　项目背景资料

宇知会计师事务所接受思易公司的委托，对思易公司2021年度财务报表进行审计。双方已经就年度报表审计签订了审计业务约定书，宇知会计师事务所选派冯立为项目经理，于2022年1月6日至2月26日对思易公司2021年度财务报表进行审计。冯立和组员林顺、李平负责货币资金项目的审计。

思易公司是一家商品流通企业，主营建材批零销售业务，兼营装修业务。公司对零售业务部分采取售价金额核算法，毛利率的计算结转采用分类毛利率法，定期对库存商品进行盘点。

近年来，我国家居建材行业销售额整体呈现波动下滑的趋势。2020年受新冠肺炎疫情影响，2019年销售额同比下降24.19%。2021年3月份全国建材家居景气指数（BHI）为103.00点，环比上涨23.03点，同比上涨31.08点。

在疫情和行业转型升级的双重压力下，2020年该行业的企业呈两极分化趋势。行业中竞争力不强、商业模式老套的建材家居卖场在疫情中产值下降甚至被淘汰出局，而主动变革、降低经营风险的企业在逆境中更加稳健，行业整体呈现“两头大、中间小”的发展态势。

经历过2020年疫情带来的巨大考验后，2021年上半年，我国国内生产总值（GDP）达到532 167亿元，同比增长12.7%。在国民经济呈现稳中加固、稳中向好态势下，2021年上半年全国建材家居消费出现恢复性增长，全国建材家居市场焕发新的生机。受原材料价格持续上扬以及国内多地区实施“能耗双控”限电、停产的影响，陶瓷、涂料、防水、照明、定制家居等建材家居企业也迎来新一轮涨价潮。

2021年1—11月建材行业运行情况表现为以下三个方面：①

一是行业运行稳中有进，增加值增速达七年最高。建材行业营业收入5.9万亿元，同比增长14.1%，利润总额5 150亿元，同比增长15.5%。工业增加值同比增长8.9%，

① 工信部原材料工业司．2021年1-11月建材行业运行情况［EB/OL］．［2021-01-05］.https：//www.miit.gov.cn/jgsj/ycls/jzcl/art/2022/art_aa29f061be4b46b0a257bdbf2ac546a2.html.

较上年同期大幅提升6.6个百分点，为7年来最高增速。

二是固定资产投资大幅提升，非金属矿制品投资增幅重回上升轨道。非金属矿采选业固定资产投资同比增长27.2%，增幅比上年同期提升22.3个百分点。非金属矿物制品业固定资产投资增速在2019年和2020年连续两年下滑后，重新出现上升势头，同比增长13.8%，增幅比上年同期提升18个百分点。

三是产业结构持续优化，头部企业结构调整加速。加工制品业营业收入占比57.0%，比上年增加1.2个百分点，基础材料产业营业收入占比36.0%，比上年减少1.3个百分点。头部企业结构调整力度更为明显，以中国建材集团为例，预计全年新材料营业收入、净利润同比分别增长23%和77%。

审计项目经理冯立曾多次参与建材批零企业的审计业务，经验丰富。由于企业零售部分现金流量均较大，因此将货币资金审计作为重点项目来安排，由冯立亲自负责货币资金审计工作。冯立确定的库存现金的审计目标是：确定被审计单位资产负债表中反映的现金在财务报表日是否确实存在，是否为被审计单位所拥有；确定被审计单位在特定期间发生的现金收支业务是否合法、合规并已经全部记入账簿；确定库存现金日记账的余额是否正确；确定货币资金在财务报表中的披露是否恰当。

7.1.2 评估重大错报风险

1）现金业务中经常出现的错弊行为

（1）坐支现金，指行为人违反现金管理制度，将应交存银行的收入或应由银行结算的支出，不通过银行办理，而直接以收入的现金进行支出并不通报开户银行的行为。

（2）套取现金，指行为人将银行存款和非现金结算凭证非法转换为现金或现金支票的行为。

（3）白条抵库，指行为人违反财会制度和处理手续，用便条、收据、临时凭证等来抵充现金或实物的行为。

（4）挪用现金，指国家工作人员、集体经济组织工作人员或其他经手、管理公共资金的人员，利用职务上的便利，擅自将自己主管、管理、经手的公款私自使用，为个人谋取私利，一段时间以后归还的违法行为。

（5）贪污或侵占现金，指国家工作人员、集体经济组织工作人员或其他经手、管理公共资金的人员，利用职务上的便利，擅自将自己主管、管理、经手的公款私自使用不予归还的违法行为。

（6）私设小金库，指行为人在规定资金或基金之外，私自筹集或转移资金，账外私自存储以供本单位自由支配的行为。

2）应对现金错弊风险应注意的细节

（1）现金是极易被贪污或挪用的对象，所以在现金业务的相关内部控制制度中一定要充分注意不相容职务的分离，并严格贯彻核对制度。但是，任何内部控制制度都是有其固有局限性的，即使是设计十分完善的内部控制制度也会因为执行人员的原因而失效，所以审计时不要完全依赖被审计单位的内部控制制度。

（2）编制库存现金监盘表时，要注意盘点日与财务报表截止日的不一致性，在编制监盘表时要注意调整，关注盘点日与财务报表日之间的收支是否真实。

（3）对现金收支业务的凭证进行抽查时应结合其他业务综合分析，深入分析业务的内容及其合理性。

3）思易公司库存现金风险评估结果

作为商品流通企业的思易公司，批零兼营，企业现金流量比较大，客观存在的错弊风险比较大。审计项目经理冯立通过对思易公司的全面了解，结合以前年度审计情况评估，认为思易公司库存现金重大错报风险处于中等水平，可以通过采取有效的审计程序予以应对。

7.1.3 思易公司库存现金项目控制测试

1）库存现金内部控制

库存现金内部控制制度是企业内部控制制度的一个重要组成部分。库存现金的内部控制制度包括以下基本内容：指定专人负责收支现金；核定库存现金限额；不得坐支现金收入；从开户银行提取现金，应当写明用途，由本单位财务部门负责人签字盖章，经开户银行审核后，予以支付现金；对现金收支应定期或者不定期进行清查，以做到账实相符；不得“白条抵库”；不得谎报用途套取现金；不准用银行账户代其他单位和个人存入与支取现金；不准用单位收入的现金以个人名义存入储蓄（公款私存）；不准保留账外公款（小金库）；库存现金要有监督检查制度，包括定期检查现金业务相关岗位及人员的设置情况，定期检查现金支付审批制度的执行情况，定期检查印章保管情况，定期检查现金盘点情况等。

审计项目组综合货币资金内部控制制度，总结思易公司货币资金内部控制制度的关键控制点，并把这些关键控制点作为控制测试时应关注的要点。

2）库存现金内部控制测试

在确定库存现金内部控制关键控制点以后，需要实施恰当的审计程序，用以评价库存现金内部控制在设计有效的基础上是否能够在不同业务单元按照既定设计被一贯执行。根据不同关键控制点的特性，李平选择实施的审计程序包括：第一，询问思易公司的收款员、售货员，编制库存现金内部控制问卷调查表，了解库存现金的关键控制点是否被执行；第二，检查关键控制点生成的有关文件和记录，如收付款凭证等，编制库存现金内部控制关键点检查工作底稿；第三，观察售货、收款业务过程中现金业务关键控制点的控制实践；第四，通过追踪交易在财务报告信息系统中的处理过程（穿行测试），提取支持关键控制点控制有效的审计证据；第五，根据上述程序的实施，评估库存现金内部控制的执行是否有效。

（1）内部控制问卷调查。

注册会计师对库存现金内部控制的调查通常与银行存款、其他货币资金内部控制的调查同时进行，并编制相关的内部控制调查表。

宇知会计师事务所注册会计师冯立对思易公司货币资金内部控制设计的调查问卷及结果见表7-1。

表7-1 **货币资金内部控制问卷调查表**

被审计单位名称：思易公司　　编制：冯立　　日期：2022年1月7日　　索引号：XJKZ-1

调查内容：货币资金内部控制　　复核：李平　　日期：2022年1月27日　　页次：1/1

被调查人：宋安　　被调查人岗位：主管会计　　被调查日期：2022年1月7日

调查问题	调查结果				备注
	是	否		不适用	
		较轻	较重		
1.年度资金预算					
(1) 贵单位是否具有年度、季度、月度资金预算或计划?	√				如有，需获取相应资料
(2) 财务部门是否为参与资金预算编制的主要部门?	√				
(3) 是否制定了超预算资金管理权限，超预算的资金支出是否需要具有管理权限的负责人签批?			√		重要缺陷
(4) 贵单位实际资金使用是否与年度资金预算或年度计划基本相符?	√				
(5) 是否按月编制“资金差异报告表”? 分析实际与预算的差异原因，报送预算管理部门，修改相应的资金预算方案。	√				如有，需获取资金差异报告表，预算执行报告
2.岗位分工和授权批准					
(1) 不相容岗位是否分离:					
①货币资金支付的审批与执行是否分离?	√				
②货币资金的保管与盘点清查是否分离?	√				
③货币资金的会计记录与审计监督是否分离?	√				
④出纳人员是否不得兼任稽核、会计档案保管和收入、支出、费用、债权、债务账目的登记工作?	√				
(2) 公司是否定期对财务人员进行培训?		√			一般缺陷
(3) 公司是否定期进行岗位轮换?		√			一般缺陷
(4) 现有财务人员是否胜任本职工作?	√				
(5) 经办人是否在职责范围内按照审批人的批准意见办理货币资金业务?	√				
(6) 对于审批人超越授权范围审批的货币资金业务，经办人员是否及时向审批人的上级授权部门报告?	√				
(7) 出纳人员是否检查付款凭证/付款申请的合理性，复核后进行相应记录?	√				

续表

调查问题	调查结果				备注
	是	否		不适用	
		较轻	较重		
3.印鉴、票据的管理控制					
(1) 是否有对银行预留印鉴的管理制度:					
① 财务专用章是否由专人保管?	√				
② 个人名章是否由本人或其授权人员保管?	√				
③ 空白支票与银行预留印鉴是否分别保管、分人保管?	√				
④ 空白支票是否存入保险柜或其他安全设施?	√				
⑤ 按规定需要有关负责人签字或盖章的经济业务，是否严格履行了签字或盖章手续?	√				
(2) 是否明确各种票据的购买、保管、领用、背书转让、注销等环节的职责权限和程序?	√				
(3) 是否设立了专门的票据登记簿进行记录，防止空白票据的遗失和被盗用?	√				
(4) 是否有对现金支票的管理制度:					
① 现金支票是否由出纳一人保管?	√				
② 现金支票付款是否有相关人员签字及授权?	√				
③ 现金支票付款后，是否由出纳人员统一编制凭证号，按规定登记日记账?	√				
④ 财务人员收到客户交来的空额（空白）支票，是否检查支票上有无相关手续和签发单位的印鉴?				√	
⑤ 公司其他业务人员、技术人员收到支票后是否及时传递到财务部?	√				
(5) 是否有对转账支票的管理制度:					
①领用转账支票是否填写“借款单”，并注明用途、金额，依照有关审批权限履行审批手续?	√				
②签出的支票是否填写收款单位名称、时间、用途、金额（或限额）?	√				
③签出支票未使用是否在规定日期内交回财务部?		√			一般缺陷
④需要报账的支票，是否由经办人填写“支出凭单”，经审批后办理报账手续?	√				
⑤如签发支票有误被退回，是否与支票存根一同加盖“作废”戳记，与正确支票附在一起入账，以备检查?	√				
⑥公司之间的资金拆借业务是否履行转款手续?				√	

续表

<table>
<tr><td rowspan="3">调查问题</td><td colspan="4">调查结果</td><td rowspan="3">备注</td></tr>
<tr><td rowspan="2">是</td><td colspan="2">否</td><td rowspan="2">不适用</td></tr>
<tr><td>较轻</td><td>较重</td></tr>
<tr><td colspan="6">4.管理货币资金</td></tr>
<tr><td>(1) 所有银行账的开立是否经批准?</td><td>√</td><td></td><td></td><td></td><td></td></tr>
<tr><td>(2) 应由政府有关部门批准开设的账户是否办理了相关手续?</td><td>√</td><td></td><td></td><td></td><td></td></tr>
<tr><td>(3) 开立信用卡是否经公司主管批准?</td><td>√</td><td></td><td></td><td></td><td></td></tr>
<tr><td>(4) 对大额资金的划转是否严格审批并及时记录?</td><td>√</td><td></td><td></td><td></td><td></td></tr>
<tr><td>(5) 现金使用的范围是否严格按照国务院颁发的《现金管理暂行条例》的规定执行?</td><td></td><td>√</td><td></td><td></td><td>一般缺陷</td></tr>
<tr><td>(6) 经办人员办理有关现金业务是否得到批准?</td><td>√</td><td></td><td></td><td></td><td></td></tr>
<tr><td>(7) 超过库存现金限额的企业现金是否于当日送存?</td><td></td><td>√</td><td></td><td></td><td>一般缺陷</td></tr>
<tr><td>(8) 是否存在从企业的现金收入中直接支付的现象?</td><td></td><td>√</td><td></td><td></td><td>一般缺陷</td></tr>
<tr><td>(9) 直接支付时是否事先报经开户银行审查批准?</td><td></td><td>√</td><td></td><td></td><td>一般缺陷</td></tr>
<tr><td>(10) 现金是否存入保险柜等安全设施?</td><td>√</td><td></td><td></td><td></td><td></td></tr>
<tr><td>(11) 款项存入信用卡后是否如实在其他货币资金反映?</td><td>√</td><td></td><td></td><td></td><td></td></tr>
<tr><td>(12) 是否对各银行账户按月编制银行存款调节表，未达账项是否得到检查?</td><td>√</td><td></td><td></td><td></td><td></td></tr>
<tr><td>(13) 月末是否由指定人员核对现金并对现金进行不定期盘点、核对库存现金日记账及有关总账、明细账?</td><td>√</td><td></td><td></td><td></td><td></td></tr>
<tr><td>(14) 管理者是否定期审查企业现金流量，及时了解和解决资金短缺和溢余?</td><td></td><td>√</td><td></td><td></td><td>一般缺陷</td></tr>
<tr><td>(15) 账务误差是否报经财务负责人调整处理?</td><td>√</td><td></td><td></td><td></td><td></td></tr>
<tr><td>(16) 现金清点、清查余额是否报经上级领导审批处理?</td><td>√</td><td></td><td></td><td></td><td></td></tr>
<tr><td>(17) 信用卡的用途是否明确，报账是否及时?</td><td>√</td><td></td><td></td><td></td><td></td></tr>
<tr><td>(18) 每月月末，财务部是否指定现金出纳以外的人员对现金进行盘点，制作现金盘点表?</td><td>√</td><td></td><td></td><td></td><td></td></tr>
<tr><td>(19) 主管人员是否定期或不定期对库存现金进行核对和抽查?</td><td></td><td>√</td><td></td><td></td><td>一般缺陷</td></tr>
</table>

续表

调查问题	调查结果				备注
	是	否		不适用	
		较轻	较重		
5.收入货币资金					
(1) 收款凭证是否由复核人员和记录人员核对?	√				
(2) 收到现金或支票后是否当日或次日存入银行?	√				
(3) 收到支票后是否立即送给出纳入账?	√				
(4) 收款凭证是否在收款后加盖“收讫”章表明已收?	√				
(5) 作废的收款收据是否加盖“作废”戳记?	√				
(6) 公司取得的货币资金是否及时入账?	√				
(7) 出纳人员是否每天清点库存现金,登记库存现金日记账,做到日清月结?	√				
6.支付货币资金					
(1) 款项支出是否按照“支付申请—支付审批—支付复核—办理支付”的程序进行?	√				
(2) 对于不同种类的付款,是否规定了不同的授权人、权限和付款方式?	√				
(3) 公司对于重要的货币资金支付业务,是否实行集体决策和审批制度?	√				
(4) 职工借款是否经过主管负责人或授权人批准?	√				
(5) 关联企业借款是否经过企业权力机构批准?	√				
(6) 付款凭证是否在付款后加盖“付讫”章表明已付?	√				
(7) 现金支出是否有用途和限额控制?	√				
(8) 支票是否由出纳和有关主管人员共同签发?	√				
(9) 是否禁止签发空白支票?	√				
(10) 作废支票及其他银行票据是否加盖“作废”戳记,并与存根联保存在一起?	√				
(11) 支票的购买和领用是否按顺序编号并详细记录于支票登记簿?	√				

续表

调查问题	调查结果				备注
	是	否		不适用	
		较轻	较重		
(12) 对已丢失的支票是否已在支票登记簿中记录并采取了补救措施?	√				
(13) 开具汇票、本票和信用证时是否有严格的审批程序?	√				
(14) 所有空白支票是否预先连续编号并存放在安全的地方?	√				
(15) 相关报销、借款手续是否齐全，是否有相关人员签字?	√				
(16) 支付给个人的临时工工资、顾问费等，出纳人员是否根据相关手续办理?	√				
7.记录货币资金					
(1) 库存现金日记账和银行存款日记账是否逐笔序时登记?	√				
(2) 库存现金日记账和银行存款日记账与总账是否每月月末核对相符?	√				
(3) 货币资金收付的出纳、审核是否与会计记录适当分离?	√				
(4) 出纳工作是否定期轮换?		√			一般缺陷
(5) 编制银行存款余额调节表的人是否不兼管现金保管和记录库存现金日记账、银行存款日记账?	√				
(6) 货币资金收付记账是否根据审核后的收付款凭证登记入账?	√				
(7) 所有收付的货币资金是否均及时、完整地记录在会计账内?	√				
8.监督检查					
(1) 是否设置了内部稽核人员?	√				
(2) 是否建立了对货币资金业务的监督检查制度?	√				如有，需获取相关资料
(3) 是否明确了监督检查机构或人员的职责权限?	√				

续表

调 查 问 题	调查结果				备 注
	是	否		不适用	
		较轻	较重		
(4) 是否定期或不定期进行了检查?	√				
(5) 是否重视现金管理:					
①财务负责人是否不定期对库存现金进行实地盘点?	√				
②盘点结束后是否及时填制“库存现金盘点报告表”?	√				
③“库存现金盘点报告表”是否由检查人员和出纳人员签名或盖章?	√				
④盘点结束后对长款、短款情况是否进行分析,明确其经济责任?	√				
(6) 是否重视银行存款管理:					
①财务负责人是否指定专人定期核对银行账户(每月至少核对一次)?	√				
②财务负责人是否指定专人定期编制银行存款余额调节表,使银行存款账面余额与银行对账单调节相符?	√				
③如银行存款账面余额与银行对账单调节不符,是否指定专人查明原因,及时进行处理?	√				
(7) 是否重视其他货币资金的管理:					
①其他货币资金是否指定专人定期核对?		√			一般缺陷
②其他货币资金核对不符时,是否有相应的处理制度?	√				

被调查人签字:宋安　　　　签字日期:2022年1月7日

(2) 审查现金收付款凭证,并将库存现金日记账与总账核对。

按照现金收款凭证的分类,李平抽取适当的样本,以审查库存现金日记账的收入金额是否正确,审查现金收款凭证与应收账款明细账的有关记录是否相符,审查现金实收金额与销货发票是否一致等。抽取适当的现金付款凭证,审查现金付款的授权、批准手续是否符合有关规定;审查库存现金日记账的支出金额是否无误;审查现金付款凭证与应付账款明细账的记录是否相符;审查现金的支出金额与购货发票是否一致等。抽取一定期间的库存现金日记账和总账,审查其有无计算错误,加总是否正确无误,库存现金日记账与总账的记账方向、余额是否一致等。

(3) 观察售货、收款业务过程。

李平经过观察后发现,该公司内设9个收款台,收款员每天下午4点后统一到财务部交款，并填制内部交款单，责任明确，由出纳将销货款送存银行，根据当天由银行退回交款单的回单联，及时登记银行存款日记账和销售明细账。通过观察售货、收款业务过程，李平发现该公司现金业务关键控制点岗位划分明确，出纳与记账由两个以上的人负责，日记账与总账定期进行核对，并且能够按月及时编制银行存款余额调节表，库存现金内部控制制度是有效的。

（4）穿行测试。

通过追踪交易在财务报告信息系统中的处理过程，冯立、李平认为关键控制点控制是有效的。

（5）评价库存现金内部控制。

根据上述程序的实施，冯立、李平认为库存现金内部控制制度的执行情况总体上是有效的（见表7-2）。

表7-2 库存现金内部控制执行有效性汇总评价表

被审计单位名称：思易公司　编制：李平　日期：2022年1月7日　索引号：XJKZ-2

会计期间：2021年1月1日—12月31日　复核：冯立　日期：2022年1月27日　页次：1/1

内部控制风险评价标准	
重要提示： 如出现下列情况，应将控制风险评估为高水平： 1.既定内部控制制度在不同的时间点或不同的业务单元和公司层面未被一贯执行； 2.例外事项的控制点未被一贯执行； 3.有证据表明存在管理层凌驾于内部控制之上的情况。	
对内部控制制度执行有效性的评价	
评价对象： 检查表（√）；询问记录（√）；观察记录（√）	
评价： 1.询问思易公司的收款员、售货员，没有发现异常情况； 2.检查关键控制点生成的有关文件和记录，除了财务部门较少组织对各收款台现金进行突击盘点外，其他方面均无异常情况； 3.观察售货、收款业务过程，没有发现异常情况； 4.通过追踪交易在财务报告信息系统中的处理过程（穿行测试），没有发现异常情况。	
评价结论类型	结论
内部控制可信赖	√
内部控制不可信赖	注：确定实质性测试方案或确定审计报告意见类型
部分内部控制可信赖	注：需要详细描述并确定实质性测试方案

7.1.4 思易公司库存现金项目实质性程序

根据库存现金内部控制的评价结果，冯立确定了库存现金实质性程序（见表7-3）。

表7-3 **库存现金实质性程序表**

被审计单位名称：思易公司　　编制：冯立　　日期：2022年1月7日　　索引号：XJ

会计期间或截止日：2021年12月31日　　复核：李平　　日期：2022年1月27日　　页次：1/1

针对认定实施的审计程序	相关认定					执行人	工作底稿索引号
	存在	完整性	权利和义务	计价和分摊	列报		
1.核对库存现金日记账期末余额与总账数是否相符，核对期初余额与上期审定期末余额是否相符				√		林顺	XJ-1
2.监盘库存现金： （1）制订监盘计划，确定监盘时间； （2）将盘点金额与库存现金日记账余额进行核对，如有差异，应要求被审计单位查明原因并作适当调整，如无法查明原因，应要求被审计单位按管理权限批准后作出调整； （3）在非资产负债表日进行盘点时，应调整至资产负债表日的金额； （4）若有充抵库存现金的借条、未提现支票、未作报销的原始凭证，需在盘点表中注明，如有必要应作调整。 （5）在账面库存现金为零的情况下，仍然需要检查保险柜，查看是否有白条、员工的工资卡及其他异常文件	√	√	√	√		冯立 李平	XJ-2
3.抽取大额库存现金收支凭证进行测试，检查原始凭证是否齐全、记账凭证与原始凭证是否相符、账务处理是否正确、是否记录于恰当的会计期间等项内容；检查内容是否完整、有无授权批准，并核对相关账户的进账情况，如有与被审计单位生产经营业务无关的收支事项，应查明原因，并进行相应的记录	√	√		√		冯立	XJ-3
4.被审计单位的现金交易比例较高，需要了解和评估现金交易比例较高的合理性，是否与其业务性质相匹配，是否采取了适当措施保证现金收支完整、准确、安全。 （1）了解和评价被审计单位与现金交易相关的内部控制，针对现金收支相关控制运行的有效性，获取充分、适当的审计证据。针对被审计单位使用收银设备管理现金收款业务，且相关收银系统与被审计单位财务系统相关联，要考虑针对信息系统一般控制和应用控制执行审计工作。 （2）结合对生产、采购、销售、工薪等业务循环相关报表项目的审计结果，分析评价现金交易的合理性，关注现金使用范围是否符合相关规定。 （3）计算月现金销售收款、现金采购付款的占比，识别现金收付款比例是否存在异常波动，并追查异常波动原因。 （4）了解现金交易对方的情况，向主要的现金交易对方函证被审计期间发生的交易金额。在必要时，可以选取现金结算量较大的交易对方进行实地观察或询问，关注交易对方经营业务的性质、规模与收付款项的性质、规模是否一致，关注使用现金结算的合理性。如果交易对方为个人，必要时，可以考虑与其联系以核实交易的真实性。 （5）对现金采购、销售交易过程实施观察程序	√	√		√	√	冯立	XJ-4
5.抽查资产负债表日前后的现金收支凭证进行截止测试，如有跨期收支事项，应进行适当调整	√	√		√		冯立	XJ-5
6.验明现金的列报与披露是否恰当					√	冯立	XJ-6

1）核对库存现金日记账与总账

林顺负责测试现金余额，在将库存现金日记账与总账的余额进行核对后发现账账相符，不存在需要调整的事项。

2）监盘库存现金

监盘库存现金是库存现金审计的重要环节。思易公司库存现金的监盘由注册会计师冯立、李平负责，监盘范围包括已收到但未存入银行的现金、零用金以及企业各部门经管的现金等。监盘时，思易公司的出纳人员和会计主管人员都参加了。为了保证库存现金监盘工作的顺利进行，不影响思易公司正常的现金收付业务，冯立、李平确定的监盘时间是2022年1月9日上午8时。按照事先制定的库存现金监盘程序，思易公司的出纳人员和会计主管人员是在1月9日上午7时才知道这一信息的。

在正式监盘之前，冯立、李平要求思易公司有关人员将所有现金存入保险柜内，把已经办妥现金收付手续但尚未入账的收付款凭证登入库存现金日记账，并根据库存现金日记账加计累计数结出当日库存现金日记账结余额，登记后发现库存现金日记账结余额为4 365元。随后，冯立、李平要求出纳人员朱丹将保险柜中的现金取出，进行分类整理清点。库存现金实有数为3 800元，保险柜中另有职工张希2021年12月5日预借差旅费500元，已经领导批准；职工陈楠借据一张，金额500元，未经批准，也未说明其用途；还有已收款但未入账的凭证6张，金额435元。冯立、李平监督清点，并对清点的全过程进行记录。清点结束后，冯立、李平审阅了库存现金日记账，同时与库存现金收付款凭证的内容、金额与日期进行核对，没有发现异常情况；银行核定思易公司的库存现金限额为5 000元。2022年1月1日至2022年1月8日现金支出总额为23 000元、现金收入总额为22 300元。监盘组编制的库存现金监盘表见表7-4。

表7-4 库存现金监盘表

被审计单位名称：思易公司　　编制：冯立、李平　　日期：2022年1月9日　　索引号：XJ-2

会计期间或截止日：2021年12月31日　　复核：林顺　　日期：2022年1月26日　　页次：1/1

监盘日期：2022年1月9日上午8时

盘点人：朱丹　　会计主管：马一　　监盘人：冯立、李平

检查核对记录					实有现金盘点记录						
项目	项次	人民币(元)	美元	港元	面额	人民币(元)		美元		港元	
						张(枚)	金额	张(枚)	金额	张(枚)	金额
上一日账面库存余额	1	4 365			1 000元						
盘点日未记账凭证收入金额	2	435			500元						
盘点日未记账凭证付出金额	3	500			100元	26	2 600				
盘点日账面应存余额	4=1+2-3	4 300			50元	19	950				
盘点日实存现金数额	5	3 800			20元	6	120				
盘点日应存数与实际金额差异	6=4-5	500			10元	13	130				

续表

检查核对记录						实有现金盘点记录						
项目		项次	人民币（元）	美元	港元	面额	人民币(元)		美元		港元	
							张(枚)	金额	张(枚)	金额	张(枚)	金额
差异原因分析	白条抵库	7	500			5元						
	现金盈亏	8				2元						
		9				1元						
追溯至报表日账面结存额	报表日至查账日现金付出总额(+)	10	23 000			0.5元						
	报表日至查账日现金收入总额(−)	11	22 300			0.1元						
	报表日库存现金应存余额	12=4+10−11	5 000			合计		3 800				
	报表日账面汇率											
	报表日余额折合本位币金额											
本位币合计												

审计说明：

通过监盘库存现金，注册会计师发现，思易公司的库存现金实有数与账面应存数不相符，形成短缺差异500元，为职工陈楠500元的借据，未经批准，也未说明其用途，属于白条抵库。职工张希2021年12月5日预借差旅费500元和已收款但未入账的6张凭证金额共435元都属于合法凭证，已经据以收付现金，只是没有入账。注册会计师冯立、李平将报表日库存现金应存额与2021年度财务报表中的数据核对相符，由此得出结论：第一，思易公司2022年1月9日的库存现金账实不符，短缺现金500元的原因为白条抵库问题；第二，思易公司出纳人员现金收支业务入账不及时；第三，思易公司2021年度财务报表中的库存现金披露恰当。

3）审查现金收支业务的真实性、合法性

注册会计师冯立在审查库存现金存在性的基础上，进一步审查了现金收支业务的合法合规性。鉴于思易公司的现金收支业务频繁，收支凭证数量较多，在被审计单位库存现金内部控制健全有效的情况下，冯立抽查了部分现金收支业务。

（1）审查现金收入业务

现金收入业务的载体表现为现金收款凭证。现金收款原始凭证审查包括自制收款原始凭证审查和外来收款原始凭证审查两种。对自制收款原始凭证进行审查时，冯立主要审查了凭证上填列的内容是否齐全；凭证和存根号码是否连续，有无缺号的情况；发票或收据存根上的日期是否与入账日期相符；凭证上的字迹是否清晰、有无涂改痕迹；未使用的发票或收据是否妥善保管，对作废的票证是否加盖了“作废”戳记。对外来收款原始凭证进行审查时，冯立主要审查了凭证上所列单位名称是否为思易公司；凭证上记录的经济事项是否与思易公司经济业务有关；记录的经济事项与反映的相关金额是否正常，具体见表7-5。

表7-5 **现金收入检查表**

被审计单位名称：思易公司　　编制：冯立　　日期：2022年1月9日　　索引号：XJ-3-1

会计期间或截止日：2021年12月31日　　复核：李平　　日期：2022年1月26日　　页次：1/1

月	日	凭证号	摘　要	金额（元）	核对内容					备注
					1	2	3	4	5	
2	9	13	销售商品	3 500	√	√	√	√	√	
4	19	11	销售商品	3 400	√	√	√	√	√	
9	23	23	销售商品	1 200	√	√	√	√	√	
12	22	31	销售商品	2 478	√	√	√	√	√	

核对说明：

1.收款凭证与销售发票或收据核对相符；

2.收款凭证的对应科目明细与付款单位的户名一致；

3.收款凭证账务处理正确；

4.收款凭证与对应科目（如应收账款）明细账记录一致；

5.所收款项与经营活动相关。

审计结论：

未见异常情况，可以确认。

（2）审查现金支出业务

思易公司现金支出业务涉及的付款凭证包括自制付款原始凭证和外来付款原始凭证两种。注册会计师冯立在审查自制付款原始凭证时，主要审查了自制的原始凭证是否符合会计法规的要求；审批手续是否齐全；记载的经济事项是否符合规定范围和规定标准。冯立在审查外来付款原始凭证时，主要审查了是否符合会计准则和政府有关部门规定的条件及格式，印章是否清晰，日期、单价、金额等是否正常；凭证上的抬头是否与思易公司相符，业务发生日期与实际付款日期是否相近，同一单位开出的票证近期有无多次在思易公司出现的情况等，具体见表7-6。

表7-6 **现金支出检查表**

被审计单位名称：思易公司　　编制：冯立　　日期：2022年1月9日　　索引号：XJ-3-2

会计期间或截止日：2021年12月31日　　复核：李平　　日期：2022年1月26日　　页次：1/1

月	日	凭证号	摘　要	金额（元）	核对内容					备注
					1	2	3	4	5	
3	7	4	购买办公用品	6 800	√	√	√	√	√	
6	12	7	购买办公用品	3 900	√	√	√	√	√	
7	23	24	购买办公用品	8 770	√	√	√	√	√	
11	27	13	职工张新预借差旅费	15 000	√	√	√	√	√	

续表

核对说明： 1.付款的授权审批手续齐全、签单完整； 2.原始凭证是合法的发票或依据； 3.原始凭证的内容和金额与付款凭证摘要核对一致； 4.付款凭证与对应科目（如应付账款）明细账记录一致； 5.付款凭证账务处理正确。
审计结论： 未见异常情况，可以确认。

(3) 审查现金收支的截止日期

注册会计师冯立对思易公司结账日前后一段时期内的现金收支凭证进行了审计，用以确定是否存在跨期事项，具体见表7-7。

表7-7 现金收支截止测试表

被审计单位名称：思易公司　编制：冯立　日期：2022年1月9日　索引号：XJ-4

会计期间或截止日：2021年12月31日　复核：李平　日期：2022年1月26日　页次：1/1

测试凭证内容					收支归属期间	
日期	凭证号	摘要	借方金额（元）	贷方金额（元）	审计年度	以后年度
2021年12月31日	35	购货		9 650	√	
2021年12月31日	36	购货		25 000	√	
2021年12月31日	37	销售	8 760		√	
2021年12月31日	38	销售	21 000		√	
2021年12月31日	39	销售	3 690		√	
合计			—	—		
2022年1月1日	1	销售	13 890			√
2022年1月1日	2	销售	3 800			√
2022年1月1日	3	购货		22 000		√
2022年1月1日	4	购货		31 020		√
2022年1月1日	5	销售	2 980			√
合计			—	—		
审计说明： 1.本表上半部分记录审计年度最后几张凭证的测试情况； 2.本表下半部分记录下年度最初几张凭证的测试情况。						
审计结论： 经测试可以确认，不存在跨期事项。						

4）审查库存现金在资产负债表中的披露

根据有关会计准则的规定，库存现金在资产负债表中的“货币资金”项目下反映，注册会计师冯立在实施上述审计步骤后，确认思易公司“库存现金”账户的期末余额是恰当的，在资产负债表中的披露也是恰当的。

7.2 思易公司银行存款审计案例

7.2.1 项目背景资料

仍然以思易公司为例，由于思易公司从事建材批发和零售业务，其银行存款的流入量和流出量均比较大，因此，注册会计师冯立将银行存款作为审计重点。

银行存款是指企业存放在银行或者其他金融机构的货币资金。按照国家有关规定，凡是独立核算的企业都必须在当地银行开设账户。企业在银行开设账户后，除了按照核定的限额保留库存现金外，超过限额的现金必须存入银行；除了在规定的范围内可以用现金直接支付的款项外，在经营过程中所发生的一切货币资金收支业务都必须通过银行存款账户进行结算。银行存款收支业务具有收支比较频繁、每次结算的金额比较大等特点。

银行存款的审计目标如下：确定被审计单位资产负债表的银行存款在财务报表日是否确实存在，是否为被审计单位所拥有；确定被审计单位在特定期间内发生的银行存款收支业务是否均已记录完毕，有无遗漏；确定银行存款的余额是否正确；确定银行存款在财务报表中的披露是否恰当。

7.2.2 评估重大错报风险

1）银行存款业务中常见的错弊行为

（1）不开发票，指利用职务之便，收取款项，不开发票，挪用或占有收入，同时偷漏税款。

（2）阴阳发票，指行为人在开具发票等凭证时，根据需要在存根联、记账联、收款联和报销联上各填写不同的数量和金额。

（3）出借账户，指将本单位银行账户非法借给他方使用。

（4）多头开户，指在不同银行中分别开设账户，根据需要将不同资金在不同账户中结算，以隐匿资金或逃避银行监督。

（5）空头支票，指行为人在银行存款不足的情况下，签发票面金额大于银行存款金额的支票，以欺骗客户的作弊手段。如某企业资金困难，又急需购买一批材料，即签发空头支票交付对方，骗取该批材料。

（6）挪用或贪污银行存款，指国家工作人员、集体经济组织工作人员或其他经手、管理公共资金的人员，利用职务上的便利，擅自将自己主管、管理、经手的公有银行存款私自使用或占为己有的违法行为。

（7）私设小金库，指行为人在规定资金或基金之外，私自筹集或转移资金，账外私自存储以供本单位自由支配的行为。

2）审计时应注意的细节

（1）银行存款是极易被贪污或挪用的对象，所以在银行存款业务的相关内部控制制度中一定要充分注意不相容职务的分离，并坚决贯彻核对制度。但是，任何内部控制制度都是有其固有局限性的，即使是设计十分完善的内部控制制度也会因为执行人员的原因而失效，所以审计时不要完全依赖被审计单位的内部控制制度。

（2）编制银行存款余额调节表时，要注意未达账项，尤其是要对长期未达账项进行分析，以发现可能存在的错报，对于处理不正确的未达账项要提请被审计单位进行调整。

（3）对银行存款收支业务的凭证进行抽查时应结合其他业务综合分析，深入分析业务的内容及其合理性。

（4）要合理利用银行存款函证程序，发现被审计单位可能存在的账外资金或贷款。

3）思易公司银行存款风险评估结果

审计项目经理冯立通过对思易公司的全面了解，结合以前年度银行存款审计情况进行了评估，认为思易公司2021年度银行存款重大错报风险较低。

7.2.3 思易公司银行存款项目控制测试

1）银行存款的内部控制制度

一般而言，良好的银行存款内部控制制度应达到以下几点：①银行存款收支与记账的岗位分离；②银行存款收支要有合理、合法的凭据；③全部收支及时准确入账，并且支出要有核准手续；④按月编制银行存款余额调节表，以做到账实相符；⑤加强对银行存款收支业务的内部审计。

按照我国现金管理的有关规定，超过规定限额的现金支出一律使用支票。因此，企业应建立相应的支票申领制度，明确申领范围、申领批准及支票签发、支票报销等的规定。对于支票报销和现金报销，企业应建立报销制度。报销人员报销时应当有正常的报批手续、适当的付款凭据，有关采购支出还应具有验收手续。会计部门应对报销单据加以审核，现金出纳见到加盖核准戳记的支出凭据后方可付款。付款记录应及时登记入账，相关凭证应按顺序或内容编制会计记录的附件。

2）银行存款的内部控制测试

在确定银行存款内部控制关键控制点以后，需要实施恰当的审计程序，用以评价银行存款内部控制在设计有效的基础上是否能够在不同业务单元及不同时间按照既定设计被一贯执行。根据不同关键控制点的特性，注册会计师冯立选择实施的审计程序包括：第一，询问思易公司的相关人员，编制银行存款内部控制问卷调查表，了解银行存款的关键控制点是否被执行；第二，检查关键控制点生成的有关文件和记录，如收付款凭证等，编制银行存款内部控制点检查工作底稿；第三，核对银行存款日记账和总账；第四，审查银行存款余额调节表；第五，根据上述程序的实施，评估银行存款内部控制的执行是否有效。

（1）银行存款内部控制问卷调查。

宇知会计师事务所注册会计师冯立对思易公司银行存款内部控制的调查问卷及结果见表7-1。

（2）审查银行存款收付款凭证。

从银行存款收款凭证中抽取适当的样本，审查收款凭证与银行存款日记账的收入日期、金额是否相符；审查收款凭证与银行对账单是否相符；审查收款凭证与应收账款明细账的有关记录是否相符；审查银行存款实收金额与销货发票是否一致等，未发现问题。

从银行存款付款凭证中抽取适当的样本，审查银行存款付款的授权、批准手续是否符合有关规定，审查银行存款日记账的支出金额是否无误，审查付款凭证与银行对账单是否相符，审查付款凭证与应付账款明细账的记录是否相符，审查银行存款的实际支出金额与购货发票是否一致等，发现银行存款支出业务中存在审批人员权限不清晰的问题，但未造成严重后果。

（3）核对银行存款日记账与总账。

冯立抽取了一定期间的银行存款日记账和总账，审查其有无计算错误，加总是否正确无误，银行存款日记账与总账的记账方向、余额是否一致等，未发现问题。

（4）审查银行存款余额调节表。

冯立抽取了一定期间的银行存款余额调节表，将其同银行对账单、银行存款日记账和总账进行核对，确认思易公司能够按月正确编制银行存款余额调节表。

（5）评价测试结果。

内部控制评价结果分为三种类型：内部控制可信赖；内部控制不可信赖；部分内部控制可信赖。根据上述测试内容，冯立对思易公司的银行存款内部控制的可信赖程度评价为内部控制可信赖（见表7-8）。

表7-8　银行存款内部控制执行有效性汇总评价表

被审计单位名称：思易公司　　编制：冯立　　日期：2022年1月7日　　索引号：YHCKKZ

会计期间：2021年1月1日—12月31日　　复核：李平　　日期：2022年1月26日　　页次：1/1

内部控制风险评价标准	
重要提示： 如出现下列情况，应将控制风险评估为高水平： 1.既定内部控制制度在不同的时间点或不同的业务单元和公司层面未被一贯执行； 2.例外事项的控制点未被一贯执行； 3.有证据表明存在管理层凌驾于内部控制之上的情况。	
对内部控制制度执行有效性的评价	
评价对象： 检查表（√）；询问记录（√）；观察记录（√）	
评价： 1.进行银行存款内部控制问卷调查，没有发现异常情况； 2.审查银行存款收付款凭证，发现支出业务审批人员权限不清晰，但未造成严重后果； 3.核对银行存款日记账与总账，没有发现异常情况； 4.审查银行存款余额调节表，没有发现异常情况。	
评价结论类型	结论
内部控制可信赖	√
内部控制不可信赖	注：确定实质性测试方案或确定审计报告意见类型
部分内部控制可信赖	注：需要详细描述并确定实质性测试方案

7.2.4 思易公司银行存款项目实质性程序

根据银行存款内部控制的评价结果，冯立确定在银行存款实质性测试中，可以相应减少审计程序；对于银行存款支出业务中存在的审批人员权限不清晰问题，决定增加相应的审计程序作为审计重点。冯立编制的银行存款实质性程序见表7-9。

表7-9 银行存款实质性程序表

被审计单位名称：思易公司　　编制：冯立　　日期：2022年1月9日　　索引号：YHCK

会计期间或截止日：2021年12月31日　　复核：李平　　日期：2022年1月26日　　页次：1/1

针对认定实施的审计程序	相关认定					执行人	工作底稿索引号
	存在	完整性	权利和义务	计价和分摊	列报		
1.获取或编制银行存款明细表，复核加计是否正确，并与总账数和银行存款日记账余额核对是否相符，核对期初余额与上期审定期末余额是否相符				√			YHCK-1
2.检查银行账户的完整性，实施以下审计程序： (1) 了解报告期内被审计单位开立账户的数量及分布，与被审计单位实际经营的需要进行比较，判断其合理性，关注是否存在越权开立账户等异常情形。 (2) 询问负责货币资金业务的相关人员(如出纳)，了解账户的开立、使用、注销等情况。必要时，获取被审计单位已将全部银行账户信息提供给注册会计师的书面声明。如发现银行存款账户户名为个人，但记录在被审计单位账户清单或账簿中，考虑该个人与被审计单位的关系，并获取书面声明。 (3) 注册会计师在企业人员陪同下到中国人民银行或基本存款账户开户行查询并打印《已开立银行结算账户清单》，观察银行办事人员的查询、打印过程，并检查被审计单位账面记录的银行人民币结算账户是否完整。 (4) 结合其他相关细节测试，关注交易相关单据中被审计单位的收（付）款银行账户是否均包含在注册会计师已获取的开立银行账户清单内		√					YHCK-2

续表

针对认定实施的审计程序	相关认定					执行人	工作底稿索引号
	存在	完整性	权利和义务	计价和分摊	列报		
3.根据实际情况，选择以下方法对银行存款执行分析程序： (1) 比较期初、期末银行存款余额，了解被审计单位融资政策等，分析其变动原因。 (2) 计算银行存款占资产总额、定期存款占银行存款的比例；若二者比例偏高，或二者比例偏高的同时负债比例偏高或金额偏大，则应进一步了解产生银行存款或定期存款比例偏高的原因，并取得相应支持文件。 (3) 比较银行存款年度借贷方发生额与经营活动、筹资活动、投资活动的现金流量是否匹配，若银行存款的发生额与经营活动产生的现金流量不匹配，应进一步查明原因，并获取相关支持文件。 (4) 计算银行存款累计余额应收利息收入，分析比较被审计单位银行存款应收利息收入与实际利息收入的差异是否恰当，评估利息收入的合理性，检查是否存在高息资金拆借，确认银行存款余额是否存在，利息收入是否已经完整记录。 (5) 计算定期存款及存放于非银行金融机构的存款占银行存款的比例，分析这些资金的安全性，注意被审计单位是否存在高息资金拆借	√	√		√			YHCK-3
4.获取资产负债表日所有银行账户的对账单、银行存款余额调节表，并与日记账逐一核对。若是定期存款，则应实地盘点存单原件，并应获取其他相关支持文件，比如开户证明、银行代保管证明。 (1) 核对银行对账单（定期存单）的存款人、账号、期间、截止日、计算，是否与客户的记录相符。 (2) 利用数据分析等技术，对比银行对账单上的收付款流水与被审计单位银行存款日记账的收付款信息是否一致，对银行对账单及被审计单位银行存款日记账记录进行双向核对，验算银行存款余额调节表。	√		√	√			YHCK-4

续表

针对认定实施的审计程序	相关认定					执行人	工作底稿索引号
	存在	完整性	权利和义务	计价和分摊	列报		
(3) 经调节后的银行存款余额若有差异，应查明原因，进行记录。 (4) 检查未达账项的真实性以及资产负债表日后的入账情况，应于资产负债表日前入账的重大事项需进行相应调整。 (5) 实地盘点定期存单时，应特别关注是否已被质押，比如背面是否加盖了银行的已质押章。 (6) 如果对被审计单位提供的银行对账单的真实性存有疑虑，可以采取的审计程序有： ①注册会计师可以在被审计单位协助下亲自到银行获取银行对账单。在获取银行对账单时，注册会计师要全程关注银行对账单的打印过程。 ②核对网银中显示和下载的信息与提供给注册会计师的信息在内容、格式及金额上的一致性	√		√	√			YHCK-4
5.向被审计单位所有银行存款账户发函询证，包括零余额账户和在本期内注销的账户。询证函应包括对银行存款是否存在受限的函证内容。确定被审计单位账面余额与银行函证结果的差异，对不符事项作出适当处理	√		√	√			YHCK-5
6.抽查大额银行存款收支的原始凭证，检查原始凭证是否齐全、记账凭证与原始凭证是否相符、账务处理是否正确、是否记录于恰当的会计期间等项内容。检查是否存在非营业目的的大额货币资金转移，并核对相关账户的进账情况；如有与被审计单位生产经营无关的收支事项，应查明原因并作相应的记录	√	√		√			YHCK-6
7.抽取银行存款收支原始凭证进行测试，检查内容是否完整、有无授权批准，并核对相关账户的进账情况	√			√			YHCK-7

续表

针对认定实施的审计程序	相关认定					执行人	工作底稿索引号
	存在	完整性	权利和义务	计价和分摊	列报		
8.复核上年工作底稿并询问，以确定银行存款账户是否完整，关注是否存在出租账户或与他人共用同一账户的现象		√					YHCK-8
9.抽查资产负债表日前后15天的单笔金额为1 000元以上的银行存款收支凭证进行截止测试，如有重大跨期收支事项，应进行适当调整			√	√			YHCK-9
10.针对识别的舞弊风险等特别风险，需实施的审计程序如下： (1) 检查银行存款各账户日记账，并针对每个账户抽取50张大额的或有疑问的银行存款收支原始凭证进行测试，同时应对收支款项所对应交易的真实性、合理性、频繁度予以关注，以识别潜在的错弊； (2) 直接向被审计单位客户询问或函证付款日或退货情况； (3) 调查已注销银行账户的恢复使用情况	√	√	√				YHCK-10
11.验明银行存款的列报与披露是否恰当					√		YHCK-11

1）取得并审查银行存款余额调节表

审查银行存款余额调节表是证实资产负债表中的银行存款是否存在的重要程序。企业的银行存款余额应当与银行对账单核对相符，但是往往由于双方存在未达账项或者记账错误，需要由会计人员编制调节表进行调整才能核对相符。冯立向会计人员李兴索取最近月份的银行存款余额调节表，分币种、分户头逐户逐笔核对，重点审查银行对账单的每笔收付金额是否与银行存款日记账相等，是否有收付同时增加或同时遗漏等情况，调整后余额是否相符，计算有无错误；同时，审查了调节表中未达账项的真实性，以及资产负债表日后的进账情况，并认真进行了记录。最近一期的银行存款增减业务与银行对账单的核对内容如下：

注册会计师冯立于2022年1月9日检查了思易公司2021年12月份银行存款日记账的收支业务并与银行对账单进行了核对。

列举中国银行红南分理处账户的情况如下：

2021年12月31日中国银行红南分理处账户银行对账单余额为224 577元，当日该账户银行存款日记账余额为220 320元，核对后发现有下列不符情况：

（1）2021年12月8日，银行对账单上收到外地汇款10 000元（查系外地某企业），但日记账上无此记录。

（2）2021年12月22日，银行对账单上有存款利息3 600元，日记账上为3 800元（查系记账凭证写错）。

（3）2021年12月25日，银行对账单上付出10 000元（查系转账支票），但日记账无此记录。

（4）2021年12月26日，银行存款日记账上付出40元，对账单上无此记录（查系记账员误记）。

（5）2021年12月27日，银行存款日记账上存入转账支票4 000元，但对账单无此记录。

（6）2021年12月28日，银行存款日记账上付出转账支票2 000元，但对账单无此记录。

（7）2021年12月28日，银行对账单上收到托收款6 417元，但日记账无此记录。

根据上述事项编制的中国银行红南分理处银行存款余额调节表见表7-10。

表7-10 **中国银行红南分理处银行存款余额调节表**

被审计单位名称：思易公司 编制：冯立 日期：2022年1月9日 索引号：YHCK-4-1

会计期间：2021年12月 复核：李平 日期：2022年1月26日 页次：1/1

银行对账单余额（元）	224 577	银行存款日记账余额（元）	220 320
加：企业已收、银行未收金额（元）	4 000	加：银行已收、企业未收金额（元）	10 000 6 417
减：企业已付、银行未付金额（元）	2 000	减：银行已付、企业未付金额（元）	10 000
		错账调整（元）	−200 +40
调整后余额（元）	226 577	调整后余额（元）	226 577
经办会计：李至		会计主管：马腾	
审计说明： 银行存款余额调节表经调整未达账项及记账差错后，企业账面余额与银行对账单余额相符。未达账项中的第（1）、（3）笔经济业务有出租、出借银行账户的可能性；银行存款日记账存在错记、漏记情况。有关未达账项的进一步审查详见“银行存款未达账项审查表”。			
审计结论： 经调整后，余额相等，可以确认。			

注册会计师冯立针对被审计单位中国银行红南分理处账户未达账项的具体情况进一步核实，情况如下：2021年12月8日，银行对账单上收到外地汇款10 000元（查系外地某企业），但日记账上无此记录，已经查明款项的来源和性质，并与合同进行了核对，与12月25日付出10 000元对应，确认属于出借银行账户行为；2021年12月27日，银行存款日记账上存入转账支票4 000元，属于正常交易行为；2021年12月28日，银行存款日记账上付出转账支票2 000元，属于正常交易行为；2021年12月28日，银行

对账单上收到托收款6 417元，属于正常交易行为。具体情况见表7-11。

表7-11 中国银行红南分理处银行存款未达账项审查表

被审计单位名称：思易公司 编制：冯立 日期：2022年1月9日 索引号：YHCK-4-2

会计期间：2021年12月 复核：李平 日期：2022年1月26日 页次：1/1

序号	开户银行或其他金融机构	开户银行账号	记账凭证号	银行对账单未达（元）		银行存款账未达（元）		款项归属当期	款项归属下期	截止日后已进账	截止日后未进账
				收入	支出	收入	支出				
1	中国银行红南分理处	890000002	12			10 000		√			
2	中国银行红南分理处	890000002	35				10 000	√			
3	中国银行红南分理处	890000002	37	4 000				√		√	
4	中国银行红南分理处	890000002	40		2 000			√		√	
5	中国银行红南分理处	890000002	43			6 417		√		√	
	合计			4 000	2 000	16 417	10 000				

审计说明：

经过对未达账项进行进一步审查证实：12月8日收入与12月25日付出的10 000元相对应，属于出借银行账户的行为，违反了《人民币银行结算账户管理办法》，不属于正常业务；其他业务属于正常业务。对于资产负债表日之前进账的事项，被审计单位已经进行了相应的调整。

审计结论：

经调整后，未达账项可以确认。

2）函证银行存款账户的余额

根据《中国注册会计师审计准则第1312号——函证》的规定，注册会计师应当对银行存款、借款（包括零余额账户和在本期内注销的账户）及与金融机构往来的其他重要信息实施函证。

（1）函证范围的确定。

通过向所有开过户的银行函证，注册会计师不仅可以了解企业资产的存在，还可以了解所欠银行的债务，发现企业未登记的银行借款。注册会计师冯立确定的函证范围包括：思易公司在本年存过款（含外埠存款、银行汇票存款、银行本票存款、信用证存款）的所有银行，其中包括存款账户已结清的银行；同时要考虑账户余额的大小，交易的性质、数量和金额，相关内部控制的可信赖程度，重要性与审计风险。至2021年12月31日，思易公司银行存款账户余额为2 716万元，共有9个账户，其中3个账户余额为0。冯立将这9个账户均纳入函证范围。

（2）询证函的编制与寄发。

考虑函证的目的、对审计证据质量的要求及回函的可能性，注册会计师冯立采用了积极的函证方式，要求确认银行对所函证的账户余额或其他信息，无论是否相符，均予以回函。在征得思易公司同意后，以思易公司的名义向确认银行寄发询证函，并依据财政部、中国银保监会联合发布的《关于进一步规范银行函证及回函工作的通知》(财会〔2020〕12号)，要求确认银行直接向中国注册会计师行业管理信息系统中登记的宇知会计师事务所银行函证回函地址回函。

(3) 函证内容的确定。

注册会计师冯立根据函证的目的及思易公司会计信息系统等情况确定的函证内容主要包括：①思易公司与确认银行之间的存款、贷款和同业往来等账户的余额及到期日、利息条款、未使用的授信额度、抵销权、抵押权和质押权等详细情况，询证函还载明了账户摘要、账号和币种等有关信息；②思易公司与确认银行之间因担保、承诺和承兑等资产负债表表外业务产生的或有负债，询证函还载明了或有负债的性质、币种和金额等有关信息；③确认银行代为保管的有价证券等项目，询证函还载明了项目摘要和权属等有关信息。

(4) 对回函的评价。

注册会计师冯立在收到银行询证函的回函后，首先，对回函进行了整理，详细记录了每一笔询证函的发出时间、询证内容、回函时间、回函内容；其次，评价通过函证程序获取审计证据的充分性，即函证程序的可靠性、不符事项的性质和金额；再次，对于未收到回函的询证业务，冯立决定实施替代审计程序，包括审查相关凭证和核对账目等；最后，将函证的过程和评价结果形成审计记录，后附所有回函作为附件。其中一封询证函的格式见表7-12。

表7-12 **银行往来询证函**

索引号：YHCK-5 页次：1/1

致：中国银行红东分理处

本公司委托的宇知会计师事务所正在对本公司2021年度财务报表进行审计，按照《中国注册会计师审计准则》的要求，应当询证本公司与贵行的存款、贷款往来，下列信息出自本公司的记录：

(1) 如与贵行记录相符，请在本函“结论”部分签字签章；

(2) 如有不符，请在“结论”部分列明不符项目及具体内容，并签字签章。

回函务请直接寄至宇知会计师事务所审计一部思易公司项目组。

地址及联系方式如下：

回函地址：华西省新兴市11号信箱　　联系人：冯立

电话及传真：019-2323345　　电子邮箱：678900@126.com

本公司谨授权贵行可从本公司××××账户支取办理本询证函回函服务的费用。

截至2021年12月31日，本公司与贵行相关的信息列示如下：

1. 银行存款

账户名称	银行账号	币种	利率	账户类型	余额(元)	起止日期	是否存在冻结、担保或其他使用限制	备注
思易公司	622890000001	人民币		基本户	560 000	活期	否	
思易公司	622890000005	人民币		一般户	320 000	活期	否	
思易公司	622890000009	人民币		专用户	0	活期	否	

除上述列示的银行存款外，本公司并无在贵行的其他存款。

2. 银行借款

借款人名称	银行账号	币种	余额（元）	借款日期	到期日期	利率	抵（质）押品/担保人	备注
无								

除上述列示的银行借款外，本公司并无自贵行的其他借款。

3. 本公司为其他单位提供的、以贵行为担保受益人的担保

被担保人	担保方式	币种	担保余额（元）	担保到期日	担保合同编号	备注
无						

除上述列示的担保外，本公司并无其他以贵行为担保受益人的担保。

4. 本公司为出票人且由贵行承兑而尚未支付的银行承兑汇票

银行承兑汇票号码	承兑银行名称	结算账户账号	币种	票面金额	出票日	到期日	抵（质）押品
无							

除上述列示的银行承兑汇票外，本公司并无由贵行承兑而尚未支付的其他银行承兑汇票。

5. 本公司向贵行已贴现而尚未到期的商业汇票

商业汇票号码	付款人名称	承兑人名称	币种	票面金额	出票日	到期日	贴现日	贴现率	贴现净额
无									

除上述列示的商业汇票外，本公司并无向贵行已贴现而尚未到期的其他商业汇票。

6. 其他

说明：此项应填列对上述1至5项内容进行的补充和说明。

（预留印鉴）

年　月　日

经办人：

职　务：

电　话：

——————以下由被询证银行填列——————

结论：

经本行核对，所函证项目与本行记载信息相符。特此函复。 年　月　日　经办人：　职务：　电话： 复核人：　职务：　电话： （银行盖章）
经本行核对，存在以下不符之处。 年　月　日　经办人：　职务：　电话： 复核人：　职务：　电话： （银行盖章）

3）审查银行存款收支业务的合法性、合规性

注册会计师林顺负责审查银行存款收支业务的合法性、合规性。林顺从全部银行存款收支凭证中抽出一部分作为样本进行审查，编制银行存款收入检查情况表和银行存款支出检查情况表，审查结果汇总见表7-13和表7-14。

表7-13　　银行存款收入检查情况表

被审计单位名称：思易公司　　编制：林顺　　日期：2022年1月9日　　索引号：YHCK-6-1

会计期间或截止日：2021年12月31日　　复核：李平　　日期：2022年1月26日　　页次：1/1

月	日	凭证号	摘　要	金额（元）	核对内容						备注
					1	2	3	4	5	6	
2	3	32	销售货物	120 000	√	√	√	√	√	√	
4	13	12	销售货物	398 900	√	√	√	√	√	√	
9	4	10	销售货物	869 720	√	√	√	√	√	√	
12	6	19	销售货物	239 980	√	√	√	√	√	√	

核对说明：

1.收款凭证与银行对账单核对相符；
2.收款凭证与销售发票、收据核对相符；
3.收款凭证的对应科目与付款单位的户名一致；
4.收款凭证账务处理正确；
5.收款凭证与对应科目（如应收账款）明细账记录一致；
6.所收款项与经营活动相关。

审计结论：

经审查，未见异常，余额可以确认。

表7-14　　银行存款支出检查情况表

被审计单位名称：思易公司　　编制：林顺　　日期：2022年1月9日　　索引号：YHCK-6-2

会计期间或截止日：2021年12月31日　　复核：李平　　日期：2022年1月26日　　页次：1/1

月	日	凭证号	摘　要	金额（元）	核对内容						备注
					1	2	3	4	5	6	
2	13	32	购进货物	260 000	√	√	√	√	√	√	
4	3	18	购进货物	198 900	√	√	√	√	√	√	
9	24	20	购进货物	278 720	√	√	√	√	√	√	
12	26	29	购进货物	783 980	√	√	√	√	√	√	

核对说明：

1.付款的授权审批手续齐全、签单完整；
2.原始凭证具有合法的发票或依据；
3.原始凭证的内容和金额与付款凭证摘要核对一致；
4.付款凭证与银行对账单核对相符；
5.付款凭证与对应科目（如应付账款）明细账记录一致；
6.付款凭证账务处理正确。

审计结论：

经审查，未见异常，余额可以确认。

4）审查银行存款收支的正确截止

注册会计师林顺对思易公司2021年12月31日前后一段时期内的收支凭证进行了审计，以确定是否存在跨期事项。为了确保银行存款收付业务的正确截止，林顺在清点支票及支票存根时，首先确定了各银行账户最后一张支票的号码，同时查实了该号码之前的所有支票均已开出。具体情况见表7-15。

表7-15 **银行存款收支截止测试表**

被审计单位名称：思易公司　　编制：林顺　　日期：2022年1月9日　　索引号：YHCK-9

会计期间或截止日：2021年12月31日　　复核：李平　　日期：2022年1月26日　　页次：1/1

测试凭证内容					收支归属期间	
日期	凭证号	摘要	借方金额（元）	贷方金额（元）	审计年度	以后年度
2021年12月31日	33	购进货物		639 000	√	
2021年12月31日	34	购进货物		723 800	√	
2021年12月31日	35	购进货物		446 790	√	
2021年12月31日	36	销售货物	231 000		√	
2021年12月31日	37	销售货物	222 980		√	
2022年1月1日	1	销售货物	436 000			√
2022年1月1日	2	销售货物	453 400			√
2022年1月1日	3	购进货物		531 000		√
2022年1月1日	4	销售货物	518 000			√
2022年1月1日	5	购进货物		254 785		√
合计			—	—		

审计说明：

1.本表上半部分记录审计年度最后几张凭证的测试情况；

2.本表下半部分记录下年度最初几张凭证的测试情况。

审计结论：

经测试可以确认，不存在跨期事项。

5）审查银行存款在资产负债表中的披露

根据有关会计准则的规定，银行存款在资产负债表中的“货币资金”项目下反映，林顺、李平在实施上述审计步骤后，确定思易公司银行存款账户的期末余额是恰当的，在资产负债表中的披露也是恰当的。

关键概念

库存现金内部控制　库存现金监盘　银行存款函证　银行存款余额调节表

本章小结

本章以宇知会计师事务所审计思易公司2021年度财务报表中的货币资金这一重要报表项目为案例进行分析，分析的基本步骤是先进行重大错报风险评估，再根据实际情况进行控制测试，在这两步的基础上执行实质性程序，最终得出审计结论。进行重大错报风险评估时的重点在于了解货币资金错弊行为的常见形式，从细节上予以注意；控制测试的基本思路是运用调查、观察、检查、穿行测试等方法了解内部控制制度的执行情况，对其可信赖程度进行评价，并在此基础上设计货币资金实质性程序，综合运用检查、观察、函证、监盘等方法获取关于货币资金项目相关认定的充分、适当的审计证据，得出货币资金项目的审计结论。

课程思政

对企业整个货币资金活动进行分析，发现企业在货币资金活动中的各种舞弊行为如小金库、贪污、挪用等所引发的思考。

思政目标：基于企业在货币资金活动中忽视风险而引发的严重后果分析，对学生进行心理健康教育，使其树立正确的人生观和金钱观，认识到金钱是价值交换的手段，是供人们满足自身需要的东西，钱要靠劳动、经营和投资来赚取，在金钱的诱惑面前要时刻提高警惕。要做到君子爱财，取之有道，用之有度，用之有益，量入为出，适度消费，避免盲从，理性消费，勤俭节约，艰苦奋斗。

练习题

1.在对当发公司2021年度财务报表进行审计时，注册会计师王利索负责审计货币资金项目。当发公司在总部和营业部均设有出纳部门。为顺利监盘库存现金，王利索在监盘前一天通知当发公司会计主管人员做好监盘准备。考虑到出纳日常工作安排，对总部和营业部库存现金的监盘时间分别定在上午上班前和下午下班时。监盘时，出纳把现金放入保险柜，并将已办妥现金收付手续的交易登入库存现金日记账，结出库存现金日记账余额；然后，注册会计师王利索当场盘点现金，在与库存现金日记账核对后填写了“库存现金监盘表”，并在签字后形成审计工作底稿。

要求：请指出上述库存现金监盘工作中有哪些不当之处，并提出改进建议。

2.注册会计师王莉萝在对当俊公司2021年度财务报表进行审计时，对当俊公司的银行存款实施的部分审计程序为：（1）取得2021年12月31日银行存款余额调节表；（2）向开户银行寄发银行询证函，并告知银行将询证函回函直接寄至当俊公司；（3）取得开户银行2022年1月31日的银行对账单。

要求：

（1）请问注册会计师王莉萝向开户银行询证的作用有哪些？

（2）请问注册会计师王莉萝向银行函证的方式是否正确？请阐明理由。

（3）当俊公司某银行账户的银行对账单余额为1 585 000元，在检查该账户银行存款余额调节表时，注册会计师王莉萝注意到以下事项：在途存款100 000元；未提现支票50 000元；未入账的银行存款利息收入35 000元；未入账的银行代扣水电费25 000元。假定不考虑其他因素，注册会计师王莉萝审计后确认的该银行存款账户余额应是多少？

3.注册会计师王舒心确定清平公司2021年度财务报表整体的重要性为200万元，明显微小错报的临界值为10万元。注册会计师王舒心实施了银行函证程序，相关审计工作底稿的部分内容摘录见表7-16。

表7-16 **相关审计工作底稿的部分内容** 单位：万元

询证函编号	是否回函（是/否）	账面余额	回函金额	差异	审计说明
银行询证函：					（1）
Y1	是	3 500	3 500	0	（2）
Y2	是	235	232	3	（3）
（略）	（略）	（略）	（略）	（略）	（略）

审计说明：

（1）对清平公司2021年12月31日有往来余额的银行账户实施函证程序。

（2）清平公司为该银行重要客户，有业务专员上门办理各类业务。2022年2月18日，注册会计师王舒心在清平公司财务经理的陪同下将函证交予上门办理业务的银行业务专员。银行业务专员当场盖章回函。注册会计师王舒心对函证结果满意。

（3）差异金额为3万元，小于明显微小错报的临界值，无须实施进一步审计程序。

要求：针对上述审计说明第（1）至（3）项，逐项指出注册会计师王舒心的做法是否恰当；如不恰当，简要说明理由。

4.林峰会计师事务所负责审计晴云公司2021年度财务报表，审计项目组确定财务报表整体的重要性为200万元，明显微小错报的临界值为10万元，审计工作底稿中与函证程序相关的部分内容摘录如下：

（1）审计项目组要求晴云公司提供其所有开户银行的明细清单，审计项目组对银行账户明细清单中的每一开户银行实施函证。

（2）审计项目组成员跟随晴云公司出纳到其开户银行实施函证，出纳到柜台办理相关事宜，审计项目组成员在等候区等候。

（3）审计项目组在寄发询证函前，将部分被询证方的名称、地址与晴云公司的应收账款明细账进行了核对。

（4）针对应收账款，审计项目组对应收账款明细账余额中高于实际执行的重要性的项目采取消极函证方式设计函证样本，并以邮寄方式发函。晴云公司业务员负责填写询证函信封，审计项目组将被询证者的名称、地址与晴云公司有关记录核对后，取得加盖晴云公司公章的询证函及业务员填写的信封后，注册会计师亲自到邮局将询证函寄出。

(5) 审计项目组收到的一份银行询证函回函中标注“本行只能说明晴云公司投资款已经到账，本行不保证投资款是否合法，投资项目是否真实，未来投资是否具有预期投资回报”。审计项目组致电该银行，银行工作人员表示这是银行业标准条款。审计项目组据此认为该回函可靠，并在工作底稿中记录了与银行的电话沟通内容。

(6) 针对晴云公司客户丙公司的电子形式回函，审计项目组查出邮件发送者为丙公司公共邮箱，确认电子回函信息过程是安全可靠的。

要求：针对上述第 (1) 至 (6) 项，逐项指出审计项目组的做法是否恰当；如果不恰当，简要说明理由。

第 8 章　损益形成及利润分配审计案例

学习目标

通过本章的学习，了解损益形成环节重大错报风险评估的内容和方法，掌握各损益类指标审计的实质性程序，掌握盈余公积和未分配利润账户审计的实质性程序，熟悉损益形成和利润分配过程中存在问题的审计调整方法。

8.1　新星公司损益形成审计案例

在损益形成的审计中，审查的核心指标是利润。利润是企业在一定会计期间的经营成果，通常是评价企业经营业绩和管理层业绩的一项重要指标，也是投资者、债权人等作出投资决策的重要参考指标。利润总额包括收益类项目合计减去各项费用后的净额、直接计入当期利润的利得和损失等。因此，损益形成审计是综合性审计，涉及与企业损益形成相关的各个账户。对企业损益形成的审计应分别通过营业收入、营业成本、税金及附加、财务费用、销售费用、管理费用、资产减值损失、投资收益、公允价值变动损益、营业外收入、营业外支出、所得税费用等多个账户进行。

8.1.1　新星公司背景资料

新星家化有限责任公司（以下简称新星公司）是业内知名的新星集团旗下的全资子公司，资产总额为120 000万元。新星公司以生产和销售儿童护肤品为主，其业务涉及开发和生产化妆品、化妆用品及饰品、日用化学制品及原辅材料、包装容器、香精香料、清凉油、清洁制品、卫生制品、消毒制品、洗涤用品、口腔卫生用品、纸制品及湿纸巾、蜡制品、驱杀昆虫制品和驱杀昆虫用电器装置、美容美发用品及服务、日用化学品及化妆品技术服务、药品研究开发和技术转让，销售公司自产产品，从事货物及技术的进出口业务。其中，主营产品是杀虫剂、儿童护肤霜、儿童用驱蚊花露水、化妆用品等。

中鑫会计师事务所接受新星公司的委托，对新星公司2021年度财务报表进行审计。双方已经就年度财务报表审计签订了审计业务约定书，中鑫会计师事务所选派王宇顺为项目经理，于2022年3月1日至3月25日，对该公司2021年度财务报表进行审计。王宇顺和审计项目组成员文美悦负责财务报表中损益形成与利润分配部分的审计。

近年来，随着国家“二孩”“三孩”政策的出台，儿童化妆品开始成为化妆品厂商越来越重视的领域。“85后”和“90后”父母是当今儿童化妆品消费的主力军，他们有着新潮的消费观念，非常舍得在孩子身上花钱，尽量给孩子使用更好的产品。在儿童化妆品行业中，除了一些老牌儿童护肤品牌如“郁美净”“好孩子”“青蛙王子”等，一些新的国产儿童品牌如雨后春笋般涌现出来，还有越来越多的进口儿童护肤品品牌已经或正在想方设法进入中国市场，儿童化妆品市场的竞争越来越激烈。同时，随着原材料价格的不断提升，家化行业的企业成本控制压力也在逐渐增加。在这种态势下，新星公司采取了加强目标成本控制、加大市场开发力度、调整营销渠道、加大产品宣传力度和营销投入、大力发展电子商务等一系列措施来应对行业竞争压力，取得了较好的成绩。从其提供的原始数据看，2021年新星公司在激烈竞争的市场格局中实现了营业收入6.39%的增长，而营业成本的增长率仅有3.75%，毛利率达到30.1%，大大高于23.5%的同行业平均水平，可以看出其在成本控制和市场开拓方面都取得了比较理想的成绩。

新星公司2021年未经审计的利润表见表8-1。

表8-1 新星公司2021年利润表 单位：元

项　目	本期金额	上期金额	备注
一、营业收入	630 393 940	592 548 390	
减：营业成本	440 934 090	424 982 040	
税金及附加	10 315 310	10 656 643	
销售费用	29 885 880	16 356 880	
管理费用	99 306 440	90 232 410	
研发费用	31 132 500	29 835 278	
财务费用	10 130 530	10 704 880	
其中：利息费用	10 030 530	10 903 760	
利息收入		204 880	
加：其他收益			
投资收益（损失以“-”号填列）	46 677 060	179 955 430	
其中：对联营和合营企业的投资收益	5 022 070	75 821 490	
以摊余成本计量的金融资产终止确认收益（损失以“-”号填列）			
公允价值变动收益（损失以“-”号填列）	3 349 430	-15 425 309	
信用减值损失（损失以“-”号填列）	-1 300 320	-22 516 840	
资产减值损失（损失以“-”号填列）	-886 370	-12 464 150	
资产处置收益（损失以“-”号填列）			
二、营业利润（亏损以“-”号填列）	56 528 990	139 329 390	
加：营业外收入	1 685 590	459 750	
减：营业外支出	366 210	428 000	

续表

项　目	本期金额	上期金额	备注
三、利润总额（亏损总额以“-”号填列）	57 848 370	139 361 140	
减：所得税费用	13 915 420	43 585 533	
四、净利润（净亏损以“-”号填列）	43 932 950	95 775 607	
（一）持续经营净利润（净亏损以“-”号填列）	43 932 950	95 775 607	
（二）终止经营净利润（净亏损以“-”号填列）			
五、其他综合收益的税后净额	0	0	
（一）不能重分类进损益的其他综合收益	0	0	
（二）将重分类进损益的其他综合收益	0	0	
六、综合收益总额	43 932 950	95 775 607	
七、每股收益			
（一）基本每股收益			
（二）稀释每股收益			

8.1.2 评估重大错报风险和控制测试

由于损益形成审计是对企业经营活动整体的综合性审计，涉及企业损益构成的各项目，包括营业收入、营业成本、税金及附加等，而其中部分项目在本书前几章其他循环的审计中已有涉及，因此，本章主要讲解前几章中未具体分析的项目的审计程序及方法。

1）损益形成环节可能存在的重大错报风险

（1）收入或期间费用跨期入账。为了达到调节利润的目的，企业可能对收入或费用提前或延后入账。

（2）虚构收入入账或隐瞒收入。企业可能虚构销售交易从而虚构收入入账，也可能隐瞒某些收入从而达到隐瞒利润的目的。

（3）少结转成本。企业可能在确认产品销售收入、劳务收入等时，未将已销售产品、已提供劳务的成本等计入损益。

（4）虚列费用或虚减费用列支。为隐瞒或提高账面利润，企业可能采取虚列或虚减费用的形式，比如虚列或虚减销售费用、管理费用、研发费用等。

（5）财务费用核算不正确。财务费用的核算中可能存在计算不准确以及混淆资本化和费用化的问题。

（6）混淆营业外收入与营业收入。

（7）营业外支出的记录不符合要求。这可能表现为混淆营业外支出和营业成本、期间费用的界限，也可能表现为相关支出的核算依据不足、确认金额不正确等。

（8）信用减值损失和资产减值损失的计提缺乏依据。这方面的风险表现为企业在是否计提信用减值损失和资产减值损失以及计提比例的确定方面随意性较强，缺乏相应的可靠依据。

2）评估本案例中损益形成存在的重大错报风险

注册会计师应当考虑影响损益的重大错报风险，并对被审计单位经营活动中可能引发重大错报风险的情形保持警觉。本案例中，2021年，疫情对经济发展造成了一定的冲击，尽管我国很快控制住了疫情，但部分消费者的消费能力还是受到了影响。同时，国外家化行业的知名企业继续进入国内市场，国内家化企业尤其是行业领先企业的新产品不断推出，这使得我国家化行业的竞争态势进一步加剧。新星公司的新产品开发并未获得实质性进展，在激烈的竞争中，只能通过扩大营销攻势来维持市场占有率。

通过分析新星公司部分财务数据可以看出，本年度企业营业收入与上年度相比提高了6.39%，营业成本仅提高了3.75%。但是，本年度的销售费用和管理费用却比上年度有了较大幅度上升（上升幅度分别为82.71%和10.06%），所以注册会计师将损益形成业务中存在的重大错报风险评估为较高水平。

3）控制测试

考虑到本书前几章已经对企业各业务循环控制测试进行了详细讲解，故本章不再具体列示控制测试的内容，而是主要列示损益构成各项目审计的实质性程序。

8.1.3　新星公司损益形成的实质性程序

要审查利润总额的构成是否真实、正确，首先应根据“本年利润”账户及各有关明细账查明其计算是否正确，然后根据有关账簿记录和凭证，查明其内容的真实性、合法性及其所记录账户的正确性。对企业的利润总额进行审计，需要分别对其涉及的相关会计账户进行审计。

需要说明的是，由于“主营业务收入”账户的审计程序已在第3章“销售与收款循环审计案例”中具体解析，而“主营业务收入”项目是“营业收入”项目的主要构成部分，故本章对“营业收入”项目的审计不再详述，主要对除“营业收入”项目外的其他利润表构成项目的审计进行分析。

1）营业成本实质性程序

“营业成本”项目反映的是企业经营主要业务和其他业务发生的实际成本总额，即“主营业务成本”和“其他业务成本”账户发生额的合计数。

（1）营业成本实质性程序表

注册会计师王宇顺确定的新星公司营业成本实质性程序见表8-2。

表8-2　**营业成本实质性程序表**

被审计单位名称：新星公司　编制：王宇顺　日期：2022年3月2日　索引号：YYCB

会计期间或截止日：2021年度　复核：文美悦　日期：2022年3月2日　页次：1/1

审计目标		财务报表认定					
		发生	完整性	准确性	截止	分类	列报
A	利润表中记录的营业成本已发生，且与被审计单位有关	√					
B	所有应当记录的营业成本均已记录		√				

续表

审计目标		财务报表认定					
		发生	完整性	准确性	截止	分类	列报
C	与营业成本有关的金额及其他数据已恰当记录			√			
D	营业成本已记录于正确的会计期间				√		
E	营业成本已记录于恰当的账户					√	
F	营业成本已按照企业会计准则的规定在财务报表中作出恰当的列报						√

审计目标	序号	计划实施的实质性程序（此处仅列示主营业务成本实质性程序，其他业务成本实质性程序略）	是否执行	索引号	发生	完整性	准确性	截止	分类	列报
C	1	获取或编制主营业务成本明细表，复核加计是否正确，并与报表数、总账数和明细账合计数核对是否相符，核对期初余额与上期审定期末余额是否相符		YYCB-1			√			
ABC	2	根据实际情况，选择以下方法对主营业务成本执行分析程序： (1) 比较当年及以前年度不同品种产品主营业务成本和毛利率，并查明出现异常情况的原因； (2) 比较当年各月主营业务成本的波动趋势，并查明出现异常情况的原因； (3) 比较被审计单位与同行业统计资料的毛利率，并查明出现异常情况的原因； (4) 比较当年及以前年度截止日前后两个月的毛利率，并查明出现异常情况的原因； (5) 比较当年及以前年度的存货周转率，并查明出现异常情况的原因； (6) 比较当年及以前年度主要产品的单位成本，并查明出现异常情况的原因； (7) 比较当年及以前年度各月主要产品的单位成本，并查明出现异常情况的原因		YYCB-2	√	√	√			

续表

审计目标	序号	计划实施的实质性程序（此处仅列示主营业务成本实质性程序，其他业务成本实质性程序略）	是否执行	索引号	发生	完整性	准确性	截止	分类	列报
ABC	3	检查主营业务成本的内容和计算方法是否符合规定，前后各期是否一致		YYCB-1	√	√	√			
ABC	4	复核主营业务成本明细汇总表的正确性，与库存商品等账项的结转额核对一致，并编制生产成本与销售成本倒轧表		YYCB-3	√	√	√			
AB	5	抽查主营业务成本结转明细清单，比较主营业务成本的品种、规格、数量与主营业务收入的口径是否一致，是否符合配比原则		YYCB-3	√	√				
D	6	检查主营业务成本中重大调整事项（如销售退回）的会计处理是否正确			√	√	√	√	√	
ABC DEF	7	检查与主营业务成本有关的会计记录，以确定被审计单位是否按规定进行了相应的会计处理和披露		YYCB-3	√	√	√	√	√	√
ABC DEF	8	比照上述主营业务成本审计的实质性程序，执行其他业务成本的实质性程序			√	√	√	√	√	√
F	9	确定营业成本的列报与披露是否恰当		YYCB-3						√

（2）营业成本细节测试

主营业务成本是营业成本的主要构成部分。在本案例中，通过实质性分析程序，注册会计师发现12月份的销售成本与其他月份相比，金额相差悬殊，经审计发现，12月份有两笔销售业务不成立，对应的主营业务收入25 600 000元不能确认，相应的主营业务成本也不应结转，建议新星公司进行相应调整。相关检查分析过程列入营业成本明细表（见表8-3）和主营业务成本分品种检查表（见表8-4）。

表8-3 **营业成本明细表**

被审计单位名称：新星公司　　编制：王宇顺　　日期：2022年3月2日　　索引号：YYCB-1
会计期间或截止日：2021年度　　复核：文美悦　　日期：2022年3月2日　　页次：1/1

项目	上年数（元）			本年数（元）			备注
	调整前	审计调整	调整后	调整前	审计调整	调整后	
1月	54 000 000		54 000 000	55 000 000		55 000 000	
2月	30 300 000		30 300 000	31 300 000		31 300 000	
3月	29 000 000		29 000 000	30 000 000		30 000 000	
4月	28 900 000		28 900 000	29 900 000		29 900 000	
5月	31 000 000		31 000 000	33 000 000		33 000 000	
6月	31 110 000		31 110 000	32 110 000		32 110 000	
7月	29 812 000		29 812 000	30 812 000		30 812 000	
8月	28 700 040		28 700 040	29 700 040		29 700 040	
9月	34 000 000		34 000 000	33 000 000		33 000 000	
10月	38 160 000		38 160 000	37 160 000		37 160 000	
11月	33 000 000		33 000 000	30 000 000		30 000 000	
12月	57 000 000		57 000 000	68 952 050	-20 000 000	48 952 050	不符合销售收入确认的条件
合计	424 982 040		424 982 040	440 934 090		420 934 090	

审计说明：

经审计，12月份有2笔销售业务（非消费税应税业务）不成立，不符合销售收入确认的条件，因此，其对应的主营业务收入25 600 000元不能确认，相对应的主营业务成本20 000 000元也不能结转。建议调整分录为：

借：主营业务收入　　25 600 000
　　应交税费——应交增值税（销项税额）　　3 328 000
　贷：应收账款　　28 928 000
借：库存商品　　20 000 000
　贷：主营业务成本　　20 000 000

审计结论：

经调整后，余额可以确认。

表8-4

主营业务成本分品种检查表

被审计单位名称：新星公司　　编制：王宇顺　　日期：2022年3月2日　　索引号：YYCB-2

会计期间或截止日：2021年度　　复核：文美悦　　日期：2022年3月2日　　页次：1/1

产品名称	期初产成品余额（元）	本期入库产成品（元）	本期销售数量	本期结转销售成本（元）	期末产成品余额（元）	本期单位销售成本（元）	上期销售数量	上期销售成本（元）	上期单位销售成本（元）	本期与上期单位成本变动比例（%）	备注
	①	②	③	④	⑤=①+②-④	⑥=④÷③	⑦	⑧	⑨=⑧÷⑦	⑩=（⑥-⑨）÷⑨	
杀虫剂	17 600 000	78 000 000	395 000	63 200 000	32 400 000	160	346 000	54 668 000	158	1.27	
儿童护肤霜	18 000 000	83 000 000	388 800	35 769 600	65 230 400	92	295 000	26 491 000	89.8	2.45	
儿童驱蚊花露水	10 200 000	85 600 000	590 000	57 820 000	37 980 000	98	625 000	61 250 000	98	0	
化妆用品	15 500 000	51 000 000	150 000	35 250 000	31 250 000	235	88 000	20 240 000	230	2.17	
清凉油	13 000 000	43 000 000	399 800	22 388 800	33 611 200	56	425 000	23 375 000	55	1.82	
洗衣皂	20 800 000	82 990 000	2 300 000	52 900 000	50 890 000	23	2 800 000	67 200 000	24	-4.17	
洗衣液	19 000 000	65 000 000	580 000	51 620 000	32 380 000	89	530 000	46 640 000	88	1.14	
消毒液	7 500 000	52 000 000	400 000	48 800 000	10 700 000	122	364 000	44 408 000	122	0	
湿纸巾	5 900 000	45 000 000	135 200	7 841 600	43 058 400	58	236 600	13 722 800	58	0	
合计	127 500 000	585 590 000	—	375 590 000	337 500 000	—	—	357 994 800	—	—	

审计说明：

各种产品成本的变动不大，只有洗衣皂的单位销售成本下降了4.17%。

审计结论：

对洗衣皂的单位销售成本进行进一步审计。进一步审计发现，洗衣皂的本期原材料成本下降了2.1%，由于工艺改进，制造费用降低了1.5%，洗衣皂的成本变动在合理范围内，未发现异常。

（3）营业成本审计结论

生产成本与销售成本倒轧表见表8-5。

表8-5 生产成本与销售成本倒轧表

被审计单位名称：新星公司　编制：王宇顺　日期：2022年3月2日　索引号：YYCB-3

会计期间或截止日：2021年度　复核：文美悦　日期：2022年3月2日　页次：1/1

项　目	未审数（元）	调整数	审定数（元）	计算说明	数据来源	企业账面金额（元）	差异
原材料年初余额	20 450 000		20 450 000	1	总账“原材料”账户年初余额	20 450 000	
加：本期购进	636 300 000	+300 000①	636 600 000	2	“原材料”借方发生额扣减退货折让金额	636 300 000	
加：其他增加额				3	根据有关科目分析填列		
减：原材料期末余额	156 300 000		156 300 000	4	总账“原材料”账户年末余额	156 300 000	
减：其他发出额	36 000 000		36 000 000	5	根据有关科目分析填列	36 000 000	
其中：销售材料	19 500 000		19 500 000	6	其他业务成本	19 500 000	
办公用品	1 000 000		1 000 000	7	根据管理费用明细账分析填列	1 000 000	
计入制造费用	1 600 000		1 600 000	8	低值易耗品\修理费\工装费\机物料	1 600 000	
委托加工发出	12 000 000		12 000 000	9	委托加工账户借方发生额——加工费用	12 000 000	
其他	1 900 000		1 900 000	11		1 900 000	
直接材料成本	464 450 000	+300 000	464 750 000	12=1+2+3-4-5	生产成本明细表	464 450 000	
加：材料成本差异	560 000	-300 000②	260 000	13	生产成本明细表	560 000	
加：直接人工成本	100 980 000		100 980 000	14	生产成本明细表	100 980 000	
加：制造费用	6 600 000		6 600 000	15	生产成本明细表	6 600 000	
其中：材料费用	1 600 000		1 600 000	16	“原材料”账户转入“制造费用”账户借方金额	1 600 000	
外部加工费	5 000 000		5 000 000	17	生产成本明细表	5 000 000	
生产成本	572 590 000		572 590 000	18=12+13+14+15	“生产成本”账户借方发生额	572 590 000	
加：在产品年初余额	18 650 000		18 650 000	19	“生产成本”账户年初余额	18 650 000	

续表

项 目	未审数（元）	调整数	审定数（元）	计算说明	数据来源	企业账面金额（元）	差异
减：在产品年末余额	5 650 000		5 650 000	20	“生产成本”账户年末余额	5 650 000	
产品生产成本	585 590 000		585 590 000	21=18+19−20	“生产成本”账户转入“库存商品”账户借方金额	585 590 000	
加：产成品年初余额	127 500 000		127 500 000	22	“库存商品”账户年初余额	127 500 000	
加：产成品盘盈金额				23	“库存商品”账户盘盈会计记录		
加：退货收回产成品成本				24	客户退货会计记录		
减：产成品年末余额	317 500 000	20 000 000③	337 500 000	25	“库存商品”账户年末余额	317 500 000	20 000 000
减：自制自用产品成本				26	“库存商品”账户转入“生产成本”账户借方金额		
减：内部领用产品成本				27	根据“在建工程”“销售费用”“管理费用”“营业外支出”等账户借方发生额进行分析		
减：产成品折价盘亏报损				28	存货（产成品）折价、盘亏、报废会计记录		
加：其他销售成本	45 344 090		45 344 090	29	外购贷方资料		
产品销售成本	440 934 090	−20 000 000	420 934 090	30=21+22+23+24−25−26−27−28+29			

审计说明：

①由于12月份销售费用中有两笔共300 000元的运费属于原材料采购发生的运费，应调增本期原材料采购成本300 000元。调整分录见表8-16中的分录1。

②审查中发现本期材料成本差异多结转300 000元。由于“材料成本差异”账户属于产品成本核算过程，不属于损益形成过程中涉及的账户，故其审查过程及调整分录此处省略。

③库存商品期末余额账面数比实存数少计20 000 000元，是由于本期多结转产品成本20 000 000元造成的，应调增期末库存商品成本，调减主营业务成本20 000 000元，调整分录见表8-3。

审计结论：

经调整后，销售成本420 934 090元可以确认。

2）税金及附加实质性程序

“税金及附加”科目核算企业经营活动发生的消费税、城市维护建设税、资源税、教育费附加、房产税、城镇土地使用税、车船税、印花税等相关税费。

(1) 税金及附加实质性程序表（见表8-6）

表8-6 **税金及附加实质性程序表**

被审计单位名称：新星公司　编制：王宇顺　日期：2022年3月2日　索引号：YYSJ

会计期间或截止日：2021年度　复核：文美悦　日期：2022年3月2日　页次：1/1

审计目标		财务报表认定					
		发生	完整性	准确性	截止	分类	列报
A	利润表中记录的税金及附加已发生，且与被审计单位有关	√					
B	所有应当记录的税金及附加均已记录		√				
C	与税金及附加有关的金额及其他数据已恰当记录			√			
D	税金及附加已记录于正确的会计期间				√		
E	税金及附加已记录于恰当的账户					√	
F	税金及附加已按照企业会计准则的规定在财务报表中作出恰当的列报						√

审计目标	序号	计划实施的实质性程序	是否执行	索引号	发生	完整性	准确性	截止	分类	列报
C	1	获取或编制税金及附加明细表，复核加计是否正确，并与报表数、总账数和明细账合计数核对是否相符		YYSJ-1-1 YYSJ-1-2			√			
ABCDE	2	根据审定的本期应纳税的收入和其他纳税事项，按规定的适用税率，分项计算、复核本期应纳税额，检查会计处理是否正确		YYSJ-1-2	√	√	√	√	√	
ABCDE	3	根据审定的本期应税消费品销售额（或数量），按规定的适用税率，分项计算、复核本期应纳消费税税额，检查会计处理是否正确		YYSJ-2	√	√	√	√	√	
ABCDE	4	检查房产税、城镇土地使用税、车船税、印花税等项目的计算依据是否符合税法规定，并按各税种不同税目规定的适用税率计算、复核本期应纳房产税、城镇土地使用税、车船税、印花税等，检查会计处理是否正确		YYSJ-3	√	√	√	√	√	

续表

审计目标	序号	计划实施的实质性程序	是否执行	索引号	发生	完整性	准确性	截止	分类	列报
ABCDE	5	检查城市维护建设税、教育费附加等项目的计算依据是否和本期应纳增值税、消费税合计数一致，并按规定的适用税率或费率计算、复核本期应纳城市维护建设税、教育费附加等，检查会计处理是否正确		YYSJ-3	√	√	√	√	√	
ABC	6	与应交税费有关明细科目的贷方发生额交叉复核，并作出相应记录		YYSJ-4	√	√	√			
ABC	7	结合应交税费科目的审计，复核其勾稽关系		YYSJ-4	√	√	√			
	8	根据评估的舞弊风险等因素增加的审计程序								
F	9	检查税金及附加是否已按照企业会计准则的规定在财务报表中作出恰当列报		YYSJ-5						√

（2）税金及附加细节测试（见表8-7、表8-8和表8-9）

表8-7　**税金及附加明细表（1）**

被审计单位名称：新星公司　　编制：王宇顺　　日期：2022年3月2日　　索引号：YYSJ-1-1

会计期间或截止日：2021年度　　复核：文美悦　　日期：2022年3月2日　　页次：1/1

项目	上年数（元）			本年数（元）			备注
	调整前	审计调整	调整后	调整前	审计调整	调整后	
1月	1 018 150		1 018 150	1 025 308		1 025 308	
2月	961 240		961 240	983 420		983 420	
3月	929 623		929 623	979 623		979 623	
4月	763 201		763 201	815 878		815 878	
5月	834 213		834 213	915 890		915 890	
6月	792 362		792 362	853 427		853 427	
7月	783 246		783 246	807 938		807 938	
8月	765 498		765 498	807 650		807 650	

续表

项 目	上年数（元）			本年数（元）			备注
	调整前	审计调整	调整后	调整前	审计调整	调整后	
9月	883 250		883 250	868 660		868 660	
10月	833 524		833 524	833 524		833 524	
11月	785 420		785 420	799 742		799 742	
12月	965 583		965 583	965 583		965 583	
合 计	10 315 310		10 315 310	10 656 643		10 656 643	

表8-8　**税金及附加明细表（2）**

被审计单位名称：新星公司　编制：王宇顺　日期：2022年3月3日　索引号：YYSJ-1-2

会计期间或截止日：2021年度　复核：文美悦　日期：2022年3月3日　页次：1/1

序号	种类	本年数（元）	结构比（%）	上年数（元）	结构比（%）	分析原因
1	消费税	2 707 500	26.25	2 538 900	23.82	
2	城市维护建设税	3 696 000	35.83	3 343 745	31.38	
3	教育费附加	2 640 000	25.59	2 388 388	22.41	
4	房产税	137 230	1.33	1 137 230	10.67	
5	城镇土地使用税	308 580	2.99	308 580	2.90	
6	车船税	500 160	4.85	620 000	5.82	
7	印花税	325 840	3.16	319 800	3.00	
	合　计	10 315 310	100	10 656 643	100	

审计说明：

由于公司2021年享受了部分房产税优惠，房产税税负降低。其他税种没有明显异常。

表8-9　**税金及附加凭证抽查表**

被审计单位名称：新星公司　编制：王宇顺　日期：2022年3月3日　索引号：YYSJ-3

会计期间或截止日：2021年度　复核：文美悦　日期：2022年3月3日　页次：1/1

日期		凭证编号	业务内容	借方科目	贷方科目	金额（元）	附件	核对内容						备注
月	日							1	2	3	4	5	6	
2	28	39	2月份应交消费税	税金及附加	应交税费——应交消费税	289 000	2月份消费税申报表复印件	√	√	√	√	√	√	
3	31	48	3月份应交城市维护建设税	税金及附加	应交税费——应交城市维护建设税	283 400	3月份城市维护建设税申报表复印件	√	√	√	√	√	√	

续表

日期		凭证编号	业务内容	借方科目	贷方科目	金额（元）	附件	核对内容						备注
月	日							1	2	3	4	5	6	
5	31	39	4月份应交房产税	税金及附加	应交税费——应交房产税	17 280	4月份房产税申报表复印件	√	√	√	√	√	√	
8	31	39	8月份应交城市维护建设税	税金及附加	应交税费——应交城市维护建设税	250 500	8月份城市维护建设税申报表复印件	√	√	√	√	√	√	
10	31	39	10月份应交教育费附加	税金及附加	应交税费——应交教育费附加	243 800	10月份教育费附加申报表复印件	√	√	√	√	√	√	
11	30	39	11月份应交车船税	税金及附加	应交税费——应交车船税	213 500	11月份车船税完税凭证复印件	√	√	√	√	√	√	
12	31	39	12月份应交消费税	税金及附加	应交税费—应交消费税	270 800	12月份消费税申报表复印件	√	√	√	√	√	√	

核对内容说明：

1.原始凭证内容齐全；

2.记账凭证与原始凭证相符；

3.账务处理正确；

4.记录于恰当的会计期间；

5.计提数正确；

6.与应交税费核对相符。

审计说明：

经抽查，未见异常。

（3）税金及附加审定表（见表8-10）

表8-10 **税金及附加审定表**

被审计单位名称：新星公司　编制：王宇顺　日期：2022年3月3日　索引号：YYSJ-5

会计期间或截止日：2021年度　复核：文美悦　日期：2022年3月3日　页次：1/1

序号	费用项目	未审数（元）	调整数（元）		审定数（元）	调整原因
			借方	贷方		
1	消费税	2 707 500			2 707 500	
2	城市维护建设税	3 696 000			3 696 000	

续表

序号	费用项目	未审数（元）	调整数（元）		审定数（元）	调整原因
			借方	贷方		
3	教育费附加	2 640 000			2 640 000	
4	房产税	137 230			137 230	
5	城镇土地使用税	308 580			308 580	
6	车船税	500 160			500 160	
7	印花税	325 840			325 840	
合　计		10 315 310			10 315 310	
审计结论： 经审计，未见异常，本期发生额可以确认。						

3）销售费用实质性程序

销售费用是指企业销售商品和材料、提供劳务的过程中发生的各种费用，包括保险费、包装费、展览费和广告费、商品维修费、预计产品质量保证损失、运输费、装卸费等，以及为销售本企业商品而专设的销售机构（含销售网点、售后服务网点等）的职工薪酬、业务费、折旧费等经营费用。

（1）销售费用实质性程序表（见表8-11）

表8-11　**销售费用实质性程序表**

被审计单位名称：新星公司　编制：王宇顺　日期：2022年3月4日　索引号：XSFY

会计期间或截止日：2021年度　复核：文美悦　日期：2022年3月4日　页次：1/1

审计目标		财务报表认定					
		发生	完整性	准确性	截止	分类	列报
A	利润表中记录的销售费用已发生，且与被审计单位有关	√					
B	所有应当记录的销售费用均已记录		√				
C	与销售费用有关的金额及其他数据已恰当记录			√			
D	销售费用已记录于正确的会计期间				√		
E	销售费用已记录于恰当的账户					√	
F	销售费用已按照企业会计准则的规定在财务报表中作出恰当的列报						√

续表

审计目标	序号	计划实施的实质性程序	是否执行	索引号	发生	完整性	准确性	截止	分类	列报
C	1	获取或编制销售费用明细表： (1) 复核其加计数是否正确，并与报表数、总账数和明细账合计数核对是否相符； (2) 将销售费用中的工资、折旧等与相关的资产、负债科目核对，检查其勾稽关系的合理性		XSFY-1			√			
ABC	2	对销售费用进行分析： (1) 计算分析各个月份销售费用总额及主要项目金额占主营业务收入的比率，并与上一年度进行比较，判断变动的合理性； (2) 计算分析各个月份销售费用中主要项目发生额及其占销售费用总额的比率，并与上一年度进行比较，判断其变动的合理性		XSFY-2-1 XSFY-2-2	√	√	√			
E	3	检查各明细项目是否与被审计单位销售商品和材料、提供劳务以及专设的销售机构发生的各种费用有关		XSFY-3					√	
ABC	4	检查销售佣金支出是否符合规定，审批手续是否健全，是否取得有效的原始凭证；如超过规定，是否按规定进行了纳税调整			√	√	√			

续表

审计目标	序号	计划实施的实质性程序	是否执行	索引号	发生	完整性	准确性	截止	分类	列报
ABC	5	检查广告费、宣传费、业务招待费的支出是否合理，审批手续是否健全，是否取得有效的原始凭证；如超过规定限额，应在计算应纳税所得额时予以调整		XSFY-3	√	√	√			
C	6	检查由产品质量保证产生的预计负债是否按确定的金额进行会计处理					√			
ABC	7	选择重要或异常的销售费用，检查销售费用各项目开支标准是否符合有关规定，开支内容是否与被审计单位的产品销售或专设销售机构的经费有关，计算是否正确，原始凭证是否合法，会计处理是否正确		XSFY-3	√	√	√			
D	8	实施截止测试，若存在异常迹象，应考虑是否有必要追加审计程序，对于重大跨期项目应作必要调整		XSFY-4				√		
	9	根据评估的舞弊风险等因素增加相应的审计程序								
F	10	检查销售费用是否已按照企业会计准则的规定在财务报表中作出恰当列报		XSFY-5						√

（2）销售费用明细表（见表8-12）

表8-12

销售费用明细表

被审计单位名称：新星公司　　编制：王宇顺　　日期：2022年3月4日　　索引号：XSFY-1

会计期间或截止日：2021年度　　复核：文美悦　　日期：2022年3月4日　　页次：1/1

时间 费用项目	1月	2月	3月	4月	5月	6月	7月	8月	9月	10月	11月	12月	合计	与相关科目的勾稽关系
保险费（元）	100 000	140 000	160 000	100 000	110 000	100 000	170 000	110 000	130 000	100 000	120 000	180 000	1 520 000	√
包装费（元）	170 000	130 000	160 000	130 000	170 000	170 000	170 000	140 000	1700 00	170 000	170 000	270 000	2 020 000	√
展览费和广告费（元）	900 000	600 000	780 000	700 000	860 000	500 000	560 000	800 000	1 000 000	800 000	800 000	1 200 000	9 500 000	√
运输费（元）	190 000	200 000	150 000	200 000	160 000	200 000	160 000	170 000	120 000	200 000	110 000	300 000	2 160 000	√
装卸费（元）	460 000	270 000	260 000	300 000	180 000	100 000	270 000	250 000	280 000	300 000	160 000	380 000	3 210 000	√
专设销售机构的职工薪酬（元）	1 600 000	800 000	800 000	800 000	800 000	800 000	800 000	800 000	800 000	800 000	800 000	1 600 000	11 200 000	√
专设销售机构的折旧费（元）	22 990	22 990	22 990	22 990	22 990	22 990	22 990	22 990	22 990	22 990	22 990	22 990	275 880	√
合计（元）	3 442 990	2 162 990	2 332 990	2 252 990	2 302 990	1 892 990	2 152 990	2 292 990	2 522 990	2 392 990	2 182 990	3 952 990	29 885 880	
上年同期（元）	2 087 880	1 591 000	1 090 000	1 400 000	1 298 000	1 400 000	1 310 000	1 300 000	1 444 000	1 019 000	1 287 000	1 130 000	16 356 880	
增减比例	64.90%	35.95%	114.04%	60.93%	77.43%	35.21%	64.35%	76.38%	74.72%	134.84%	69.62%	249.82%	82.71%	

审计说明：

与上年同期相比，12月份的费用增加了249.82%，3月份、5月份、10月份的费用增加也较多，应重点抽查3月份、5月份、10月份、12月份的销售费用凭证。

（3）销售费用实质性分析（见表8-13和表8-14）

表8-13 **销售费用分析表（1）**

被审计单位名称：新星公司 编制：王宇顺 日期：2022年3月4日 索引号：XSFY-2-1

会计期间或截止日：2021年度 复核：文美悦 日期：2022年3月4日 页次：1/1

序号	费用项目	本年数（元）	结构比（%）	上年数（元）	结构比（%）	结构比增减幅度（%）	分析原因
		①	②	③	④	⑤=②-④	
1	保险费	1 520 000	5.09	550 000	3.36	1.73	保险费率上调
2	包装费	2 020 000	6.76	450 000	2.75	4.01	包装材料涨价
3	展览费和广告费	9 500 000	31.79	3 516 000	21.50	10.29	调整营销渠道
4	运输费	2 160 000	7.23	750 000	4.59	2.64	运费上调
5	装卸费	3 210 000	10.74	1 390 000	8.50	2.24	正常
6	专设销售机构的职工薪酬	11 200 000	37.48	9 600 000	58.69	-21.21	薪酬水平基本未变，但其他费用显著增加导致此比率明显降低
7	专设销售机构的折旧费	275 880	0.92	100 880	0.62	0.30	正常
合计		29 885 880	100	16 356 880	100		

表8-14 **销售费用分析表（2）**

被审计单位名称：新星公司 编制：王宇顺 日期：2022年3月4日 索引号：XSFY-2-2

会计期间或截止日：2021年度 复核：文美悦 日期：2022年3月4日 页次：1/1

序号	费用项目	本年数（元）	占主营业务收入比例（%）	上年数（元）	占主营业务收入比例（%）	占主营业务收入比例增减幅度（%）	分析原因
		①	②	③	④	⑤=②-④	
1	保险费	1 520 000	0.33	550 000	0.12	0.21	保险费率上调
2	包装费	2 020 000	0.44	450 000	0.10	0.34	包装材料涨价
3	展览费和广告费	9 500 000	2.06	3 516 000	0.78	1.28	调整营销渠道
4	运输费	2 160 000	0.47	750 000	0.17	0.30	—
5	装卸费	3 210 000	0.70	1 390 000	0.31	0.39	装卸人工费提高
6	专设销售机构的职工薪酬	11 200 000	2.43	9 600 000	2.13	0.30	—
7	专设销售机构的折旧费	275 880	0.06	100 880	0.02	0.04	—
合计		29 885 880	6.49	16 356 880	3.63		

（4）销售费用细节测试

根据风险评估及内部控制测试所确定的关键控制点以及上述实质性分析的结果，选择若干月份代表性样本，检查销售费用的会计处理是否正确、完整（见表8-15）。

表8-15 销售费用凭证抽查表

被审计单位名称：新星公司　编制：王宇顺　日期：2022年3月4日　索引号：XSFY-3

会计期间或截止日：2021年度　复核：文美悦　日期：2022年3月4日　页次：1/1

序号	明细账资料				凭证审核内容					
	日期	凭证号	业务内容	金额（元）	日期	金额（元）	对应科目	有无授权	账务处理是否正确	审核情况的说明
1	1.3	6	运输费	190 000	1.2	190 000	银行存款	有	是	正常
2	1.5	12	装卸费	260 000	1.5	60 000	银行存款	无	是	有200 000元没有对应的原始票据
3	3.8	11	展览费和广告费	160 000	3.8	160 000	银行存款	有	是	正常
4	3.24	34	运输费	150 000	3.24	150 000	银行存款	有	是	正常
5	5.12	18	装卸费	60 000	5.12	60 000	银行存款	有	是	正常
6	10.13	20	装卸费	230 000	10.13	230 000	银行存款	有	是	正常
7	10.24	31	展览费和广告费	170 000	10.24	170 000	银行存款	有	是	正常
8	12.27	25	展览费和广告费	1 200 000	12.27	1 000 000	银行存款	无	是	有200 000元没有对应的合法发票，并且新星公司没有提供相关媒体的证明

审计结论：

对上述没有对应发票的两笔业务合计金额400 000元，应调减销售费用。建议调整分录为：

借：其他应收款　400 000

　贷：销售费用　400 000

（5）销售费用截止测试（见表8-16）

表8-16 **销售费用截止测试表**

被审计单位名称：新星公司　编制：王宇顺　日期：2022年3月4日　索引号：XSFY-4

会计期间或截止日：2021年度　复核：文美悦　日期：2022年3月4日　页次：1/1

时间	明细账			记账凭证			原始单据			分析说明
	凭证号	摘要	金额（元）	凭证号	摘要	金额（元）	凭证号	摘要	金额（元）	
2021.12.25	22	保险费	120 000	22	保险费	120 000	略	保险费	120 000	
2021.12.26	24	包装费	156 000	24	包装费	156 000		包装费	156 000	
2021.12.27	25	展览费和广告费	1 200 000	25	展览费和广告费	1 200 000		展览费和广告费	1 000 000	有200 000元没有对应的合法发票，并且被审计单位没有提供相关媒体的证明，调整分录见表8-15
2021.12.28	30	运输费	250 000	30	运输费	250 000		运输费	50 000	有200 000元运费属于原材料采购发生的运费
2021.12.29	32	装卸费	300 000	32	装卸费	300 000		装卸费	300 000	
2021.12.30	35	专设销售机构的职工薪酬	1 450 000	35	专设销售机构的职工薪酬	1 450 000		专设销售机构的职工薪酬	1 450 000	
2021.12.31	39	运输费	200 000	39	运输费	200 000		运输费	100 000	有100 000元运费属于原材料采购发生的运费
2022.1.1	3	保险费	100 000	3	保险费	100 000		保险费	100 000	
2022.1.2	5	包装费	170 000	5	包装费	170 000		包装费	170 000	
2022.1.3	8	展览费和广告费	300 000	8	展览费和广告费	300 000		展览费和广告费	300 000	原始凭证发生日期为2021年12月10日，应计入2021年
2022.1.4	11	运输费	290 000	11	运输费	290 000		运输费	290 000	
2022.1.5	12	装卸费	260 000	12	装卸费	260 000		装卸费	260 000	

审计说明：

2021年12月27日没有合法票据的200 000元展览费和广告费不应计入销售费用，应调减销售费用（调整分录见表8-15）。

12月28日和12月31日两笔运费中有300 000元运费应计入存货采购成本，调减销售费用；计入2022年1月3日的展览费和广告费属于推迟入账行为，建议冲销2022年该业务记录，调整为2021年入账。建议调整分录为：

①2021年：

借：原材料　300 000

　贷：销售费用　300 000

②2021年：

借：销售费用　300 000

　贷：银行存款　300 000

③2022年3月（审计发现此问题当月）：

借：销售费用　300 000（红字）

　贷：银行存款　300 000（红字）

（6）销售费用审计结论（见表8-17）

表8-17 **销售费用审定表**

被审计单位名称：新星公司 编制：王宇顺 日期：2022年3月4日 索引号：XSFY-5

会计期间或截止日：2021年度 复核：文美悦 日期：2022年3月4日 页次：1/1

序号	费用项目	未审数（元）	调整数（元）		审定数（元）	调整原因
			借方	贷方		
1	保险费	1520 000			1 520 000	
2	包装费	2 020 000			2 020 000	
3	展览费和广告费	9 500 000	300 000	200 000	9 600 000	有200 000元没有对应的合法发票，并且不能提供相关媒体的证明（见表8-15）；误计入2022年1月3日300 000元（见表8-16调整分录③）
4	运输费	2 160 000		300 000	1 860 000	有300 000元运费属于原材料采购发生的运费，应计入采购成本（见表8-16调整分录①）
5	装卸费	3 210 000		200 000	3 010 000	有200 000元没有对应的原始票据（见表8-15）
6	专设销售机构的职工薪酬	11 200 000			11 200 000	
7	专设销售机构的折旧费	275 880			275 880	
	合 计	29 885 880	300 000	700 000	29 485 880	

审计结论：

销售费用合计应调减400 000元，调整后，审定金额为29 485 880元。

4）管理费用实质性程序

管理费用是指企业为组织和管理生产经营活动所发生的各项费用，包括企业在筹建期间内发生的开办费、董事会和行政管理部门在企业的经营管理中发生的或者应由企业统一负担的公司经费（包括行政管理部门职工工资及福利费、物料消耗、低值易耗品摊销、办公费和差旅费等）、工会经费、董事会费（包括董事会成员津贴、会议费和差旅费等）、聘请中介机构费、咨询费（含顾问费）、诉讼费、业务招待费、技术转让费、研究费用以及行政管理部门发生的固定资产修理费用等。

管理费用属于期间费用，计入当期损益。管理费用的构成种类繁多，审计程序较为复杂。执行管理费用项目的审计程序时，审计人员应选择管理费用中数额较大以及本期与上期相比变化异常的项目追查至原始凭证，并注意以下方面：董事会费是否已经实际支出并有合法依据；业务招待费支出是否合理，如超过规定限额，应在计算企业所得税应纳税所得额时予如调整；差旅费支出是否符合企业开支标准及报销手续；咨询费支出是否符合规定，有无诉讼费及赔偿款项支出；无形资产、开办费、长期待摊费用及其他长期资产的摊销是否符合规定，与各有关账户的贷方发生额是否一致；外资机构的特许权使用费支出是否超过规定限额，必要时应进行企业所得税应纳税所得额调整；上交母公司或其他关联方的管理费用是否有合法的单据及证明文件；检查大额支出和有疑问支出的内容和审批手续、权限是否符合有关规定；注意管理费用中的其他支出内容，审查有无不正常开支。

（1）管理费用实质性程序表（见表8-18）

表8-18 **管理费用实质性程序表**

被审计单位名称：新星公司　　编制：王宇顺　　日期：2022年3月5日　　索引号：GLFY

会计期间或截止日：2021年度　　复核：文美悦　　日期：2022年3月5日　　页次：1/1

审计目标					财务报表认定					
					发生	完整性	准确性	截止	分类	列报
A	利润表中记录的管理费用已发生，且与被审计单位有关				√					
B	所有应当记录的管理费用均已记录					√				
C	与管理费用有关的金额及其他数据已恰当记录						√			
D	管理费用已记录于正确的会计期间							√		
E	管理费用已记录于恰当的账户								√	
F	管理费用已按照企业会计准则的规定在财务报表中作出恰当的列报									√
审计目标	序号	计划实施的实质性程序	是否执行	索引号	发生	完整性	准确性	截止	分类	列报
C	1	获取或编制管理费用明细表： (1) 复核加计是否正确，并与报表数、总账数及明细账合计数核对是否相符； (2) 将管理费用中的职工薪酬、无形资产摊销、长期待摊费用摊销额等项目与各有关账户进行核对，分析其勾稽关系的合理性，并作出相应记录		GLFY-1			√			

续表

审计目标	序号	计划实施的实质性程序	是否执行	索引号	发生	完整性	准确性	截止	分类	列报
ABC	2	对管理费用进行分析 (1) 计算分析管理费用中各项目发生额及其占费用总额的比率，将本期、上期管理费用各主要明细项目作比较分析，判断其变动的合理性； (2) 将管理费用实际金额与预算金额进行比较； (3) 比较本期各月份管理费用，对有重大波动和异常情况的项目应查明原因，必要时作适当处理		GLFY-2	√	√	√			
E	3	检查管理费用的明细项目的设置是否符合规定的核算内容与范围，结合成本费用的审计，检查是否存在费用分类错误，若有，应提请被审计单位调整		GLFY-2 GLFY-3					√	
ABC	4	检查公司经费（包括行政管理部门职工薪酬、物料消耗、低值易耗品摊销、办公费和差旅费）是否系经营管理中发生或应由公司统一负担，检查相关费用报销内部管理办法，是否有合法的原始凭证支持		GLFY-3	√	√	√			
ABC	5	检查董事会费（包括董事会成员津贴、会议费和差旅费等），检查相关董事会及股东会决议，是否在合规范围内开支费用		GLFY-3	√	√	√			
ABC	6	检查聘请中介机构费、咨询费（含顾问费），检查是否按合同规定支付费用，有无涉及诉讼及赔偿款项支出		GLFY-3	√	√	√			

续表

审计目标	序号	计划实施的实质性程序	是否执行	索引号	发生	完整性	准确性	截止	分类	列报
ABC	7	检查诉讼费用并结合或有事项审计，检查涉及的相关重大诉讼事项是否已在附注中披露，还需进一步关注诉讼状态，判断有无或有负债，或是否存在损失已发生而未入账的事项			√		√			
C	8	检查业务招待费的支出是否合理，如超过规定限额，应在计算应纳税所得额时予以调整		GLFY-3			√			
ABC	9	结合相关资产的检查，核对筹建期间发生的开办费（包括人员工资、办公费、培训费、差旅费、印刷费、注册登记费以及不计入固定资产成本的借款费用等）是否直接计入管理费用			√	√	√			
ABC	10	针对特殊行业，检查环保费用是否合理计提			√	√	√			
ABC	11	选择重要或异常的管理费用，检查费用的开支标准是否符合有关规定，计算是否正确，原始凭证是否合法，会计处理是否正确		GLFY-3	√	√	√			
D	12	实施截止测试，若存在异常迹象，考虑是否有必要追加审计程序，对于重大跨期项目，应作必要调整		GLFY-4				√		
	13	根据评估的舞弊风险等因素增加的其他审计程序								
F	14	确定管理费用是否已按照企业会计准则的规定在财务报表中作出恰当的列报		GLFY-5						√

（2）管理费用明细表（见表8-19）

表8-19 **管理费用明细表**

被审计单位名称：新星公司　　编制：王宇顺　　日期：2022年3月5日　　索引号：GLFY-1

会计期间或截止日：2021年度　　复核：文美悦　　日期：2022年3月5日　　页次：1/1

费用项目＼时间	1月	2月	3月	4月	5月	6月	7月	8月	9月	10月	11月	12月	合计	与相关科目的勾稽关系
管理人员工资、福利费（元）	3 400 000	3 400 000	3 400 000	3 400 000	3 400 000	3 400 000	3 400 000	3 400 000	3 400 000	3 400 000	3 400 000	3 400 000	40 800 000	√
董事会费（元）	1 700 000	0	0	0	0	0	0	1 300 000	0	0	0	1 400 000	4 400 000	√
办公费（元）	300 000	340 000	323 000	190 000	201 000	209 000	210 000	290 000	14 530 000	380 000	308 000	480 000	17 761 000	√
差旅费（元）	700 000	750 000	390 000	1 299 440	450 000	690 000	222 000	630 000	500 000	490 000	820 000	390 000	7 331 440	√
折旧费（元）	267 000	267 000	267 000	267 000	267 000	267 000	267 000	267 000	267 000	267 000	267 000	267 000	3 204 000	√
业务招待费（元）	1 300 000	1 400 000	1 230 000	1 900 000	1 370 000	1 190 000	2 110 000	1 920 000	2 310 000	1 800 000	1 780 000	3 800 000	22 110 000	√
咨询费（元）	0	300 000	0	0	0	500 000	0	0	0	0	0	2 900 000	3 700 000	√
合计（元）	7 667 000	6 457 000	5 610 000	7 056 440	5 688 000	6 256 000	6 209 000	7 807 000	21 007 000	6 337 000	6 575 000	12 637 000	99 306 440	
上年同期（元）	7 878 000	9 892 000	7 908 000	7 487 000	6 324 000	6 269 000	5 985 000	7 877 000	7 913 000	6 047 110	5 653 710	10 998 590	90 232 410	
增减比例（%）	−2.68	−34.73	−29.06	−5.75	−10.06	−0.21	3.74	−0.89	165.47	4.79	16.30	14.90	10.06	

审计说明：

①9月份的办公费与其他月份相比畸高，应进一步查明原因。

②新星公司本年度的营业收入为630 393 940元，调减25 600 000元（表8-3中调整数）后应计数额为604 793 940元；实际支出业务招待费22 110 000元，根据税法的规定，业务招待费允许税前扣除数额为“业务招待费实际发生数的60%与当期销售收入的0.5%二者较低者”，扣除额按业务招待费实际发生数的标准计算为13 266 000元（22 110 000×60%），按当期销售收入的0.5%计算为3 023 970元（604 793 940×0.5%），由于3 023 970元<13 266 000元，所以只能扣除3 023 970元，而新星公司却全额扣除，故超额扣除10 242 030元，应调增本年度应纳税所得额10 242 030元，调增所得税费用2 560 508元。建议调整分录为：

借：所得税费用　　2 560 508

贷：应交税费——应交所得税　　2 560 508

（3）管理费用实质性分析（见表8-20）

表8-20 **管理费用实质性分析表**

被审计单位名称：新星公司　编制：王宇顺　日期：2022年3月5日　索引号：GLFY-2

会计期间或截止日：2021年度　复核：文美悦　日期：2022年3月5日　页次：1/1

序号	费用项目	本年数（元）	结构比（%）	上年数（元）	结构比（%）	结构比增减幅度（%）	分析原因
1	管理人员工资、福利费	40 800 000	41.08	39 034 410	43.26	-2.18	
2	董事会费	4 400 000	4.43	3 113 000	3.45	0.98	
3	办公费	17 761 000	17.89	11 297 000	12.52	5.37	将资产计入了费用
4	差旅费	7 331 440	7.38	8 464 000	9.38	-2.00	
5	折旧费	3 204 000	3.23	4 800 000	5.32	-2.09	少计提折旧
6	业务招待费	22 110 000	22.26	20 023 000	22.19	0.07	
7	咨询费	3 700 000	3.73	3 501 000	3.88	-0.15	
合　计		99 306 440	100	90 232 410	100		

审计说明：

办公费增加较多，需要进一步审查原始凭证，以确认费用发生的真实性。经审查，新星公司2 021年9月份购入一台包装机（4 500 000元）和一台数控机床（8 500 000元），应计入固定资产，但误计入办公费，多计办公费13 000 000元；同时，根据有关财务规定和两台生产设备的技术更新和市场情况，确定折旧年限均为5年，按年数总和法计提折旧（残值忽略不计）。2 021年度，这两项资产少计提折旧费1 083 330元（（13 000 000×5÷15）÷12×3，四舍五入取数）。调整分录如下：

借：固定资产——包装机　4 500 000

　　　　　　——数控机床　8 500 000

　贷：管理费用——办公费　13 000 000

借：制造费用——折旧费　1 083 330

　贷：累计折旧　1 083 330

（4）管理费用凭证抽查（见表8-21）

表8-21 **管理费用凭证抽查表**

被审计单位名称：新星公司　编制：王宇顺　日期：2022年3月5日　索引号：GLFY-3

会计期间或截止日：2021年度　复核：文美悦　日期：2022年3月5日　页次：1/1

序号	明细账资料				凭证审核内容					
	日期	凭证号	业务内容	金额（元）	日期	金额（元）	对应科目	有无授权	账务处理是否正确	审核情况的说明
1	1.12	22	业务招待费	640 000	1.12	640 000	银行存款	有	正确	
2	3.3	8	办公费	323 000	3.3	323 000	银行存款	有	正确	
3	4.5	12	业务招待费	590 000	4.5	590 000	银行存款	有	正确	
4	6.9	15	咨询费	500 000	6.9	500 000	银行存款	有	正确	
5	8.13	21	管理部门工资、福利费	430 000	8.10	430 000	银行存款	有	正确	
6	10.22	31	差旅费	310 000	10.18	310 000	银行存款	没有	不可入账	审批人没有被授权，应调减
7	11.24	39	董事会费	280 000	11.20	280 000	银行存款	有	正确	
8	12.25	23	办公费	160 000	12.25	160 000	银行存款	有	正确	

审计说明：

10月22日入账的差旅费310 000元虽附有相应原始凭证，但审批人不具有审批权，要求具有审批权的相关人员补充审批，但具有审批权的相关人员拒绝审批签字。故该笔差旅费不符合入账条件，相应管理费用应予调减，要求该笔已报账差旅费由报账人张某予以退回。调整分录如下：

借：其他应收款——张某　310 000

　贷：管理费用　310 000

（5）管理费用截止测试

选取资产负债表日（2021年12月31日）前后各6天管理费用相关业务记录，进行截止测试。截止测试情况见表（8-22）

表8-22 **管理费用截止测试表**

被审计单位名称：新星公司　编制：王宇顺　日期：2022年3月5日　索引号：GLFY-4

会计期间或截止日：2021年度　复核：文美悦　日期：2022年3月5日　页次：1/1

时间	明细账			凭证			原始单据			分析说明
	凭证号	摘要	金额（元）	凭证号	摘要	金额（元）	凭证号	摘要	金额（元）	
2021.12.25	46	办公费	160 000	23	办公费	160 000	略	购买办公用品	160 000	
2021.12.27	48	董事会费	1 400 000	27	董事会费	1 400 000		董事会费	1 400 000	

续表

时间	明细账			凭证			原始单据			分析说明
	凭证号	摘要	金额（元）	凭证号	摘要	金额（元）	凭证号	摘要	金额（元）	
2021.12.28	49	咨询费	290 000	31	咨询费	290 000		咨询费	290 000	
2021.12.29	50	差旅费	12 000	33	差旅费	12 000		报销差旅费	12 000	没有履行报销手续，缺少相关责任人的签字
2021.12.30	56	业务招待费	1 340 000	36	业务招待费	1 340 000		业务招待费	340 000	其中1 000 000元没有附对应票据或对应的票据不合规
2021.12.31	59	折旧费	267 000	41	折旧费	267 000		计提折旧费	267 000	
2022.01.01	2	业务招待费	9 000	2	业务招待费	9 000		业务招待费	9 000	
2022.01.02	6	办公费	30 000	6	办公费	30 000		购买办公用品	30 000	
2022.01.03	9	差旅费	13 000	9	差旅费	23 000		报销差旅费	13 000	
2022.01.04	13	差旅费	8 000	13	差旅费	8 000		报销差旅费	8 000	
2022.01.06	14	差旅费	6 000	14	差旅费	6 000		报销差旅费	6 000	

审计说明：

经查明，缺少责任人签字的差旅费12 000元已查明原因，属于漏签字，要求补充相关手续。没有合法票据的业务招待费1 000 000元应调减管理费用，建议调整分录为：

借：其他应收款　　1 000 000

　　贷：管理费用　　1 000 000

（6）管理费用审计结论（见表8-23）

表8-23　**管理费用审定表**

被审计单位名称：新星公司　编制：王宇顺　日期：2022年3月6日　索引号：GLFY-5

会计期间或截止日：2021年度　复核：文美悦　日期：2022年3月6日　页次：1/1

序号	费用项目	未审数（元）	调整数（元）		审定数（元）	调整原因
			借方	贷方		
1	管理人员工资、福利费	40 800 000			40 800 000	
2	董事会费	4 400 000			4 400 000	

续表

序号	费用项目	未审数（元）	调整数（元）		审定数（元）	调整原因
			借方	贷方		
3	办公费	17 761 000		13 000 000	4 761 000	购入固定资产13 000 000元计入管理费用的办公费中，已调减（见表8-20）
4	差旅费	7 331 440		310 000	7 021 440	10月22日发生的未经授权、没有相关手续的差旅费，已入账部分已调减（见表8-21）
5	折旧费	3 204 000	1 083 330		4 287 330	9月份购入的固定资产应补提折旧费（见表8-20）
6	业务招待费	22 110 000		1 000 000	21 110 000	没有合法票据的业务招待费应调减（见表8-22）
7	咨询费	3 700 000			3 700 000	
合　计		99 306 440	1 083 330	14 310 000	86 079 770	
审计结论： 企业管理费用应调减13 226 670元，审定金额为86 079 770元。						

5）研发费用实质性程序

“研发费用”项目，反映企业在研究与开发过程中发生的费用化支出，以及计入管理费用的自行开发无形资产的摊销。

（1）研发费用实质性程序表（见表8-24）

表8-24　**研发费用实质性程序表**

被审计单位名称：新星公司　编制：王宇顺　日期：2022年3月6日　索引号：YFFY

会计期间或截止日：2021年度　复核：文美悦　日期：2022年3月6日　页次：1/1

审计目标		财务报表认定					
		发生	完整性	准确性	截止	分类	列报
A	利润表中记录的研发费用已发生，且与被审计单位有关	√					
B	所有应当记录的研发费用均已记录		√				
C	与研发费用有关的金额及其他数据已恰当记录			√			
D	研发费用已记录于正确的会计期间				√		
E	研发费用已记录于恰当的账户					√	
F	研发费用已按照企业会计准则的规定在财务报表中作出恰当的列报						√

续表

审计目标	序号	计划实施的实质性程序	是否执行	索引号	发生	完整性	准确性	截止	分类	列报
C	1	获取或编制研发费用明细表： (1) 复核加计是否正确，并与报表数、明细账合计数核对是否相符； (2) 将研发费用中的职工薪酬、折旧费、无形资产摊销额等项目与各有关账户进行核对，分析其勾稽关系的合理性，并作出相应记录		YFFY-1			√			
ABC	2	对研发费用进行实质性分析： (1) 计算分析研发费用中各项目发生额及其占费用总额的比率，将本期、上期研发费用各主要明细项目作比较分析，判断其变动的合理性； (2) 将研发费用实际金额与预算金额进行比较； (3) 比较本期各月份研发费用，对有重大波动和异常情况的项目应查明原因，必要时作适当处理		YFFY-2	√	√	√			
E	3	检查研发费用下明细项目的设置是否符合规定的核算内容与范围，结合成本费用的审计，检查是否存在费用分类错误，若有，应提请被审计单位调整		YFFY-2 YFFY-3					√	
ABC	4	检查研发费用中的研究费用是否均属于应予费用化的研发支出		YFFY-3	√	√	√			
ABC	5	结合无形资产形成及摊销的检查，检查研究费用核算的正确性，以及本期开发费用中无形资产的摊销政策和摊销方法、摊销年限、预计残值等是否合理		YFFY-3	√	√	√			
D	6	实施截止测试，若存在异常迹象，考虑是否有必要追加审计程序，对于重大跨期项目，应作必要调整						√		
	7	根据评估的舞弊风险等因素增加的其他审计程序								
F	8	确定研发费用是否已按照企业会计准则的规定在财务报表中作出恰当的列报		YFFY-4						√

（2）研发费用明细表（见表8-25）

表8-25

研发费用明细表

被审计单位名称：新星公司　　编制：王宇顺　　日期：2022年3月6日　　索引号：YFFY-1

会计期间或截止日：2021年度　　复核：文美悦　　日期：2022年3月6日　　页次：1/1

费用项目＼时间	1月	2月	3月	4月	5月	6月	7月	8月	9月	10月	11月	12月	合计
工资、福利费（元）	1 381 000	1 381 000	1 381 000	1 381 000	1 381 000	1 381 000	1 381 000	1 381 000	1 381 000	1 381 000	1 381 000	1 381 000	16 572 000
物料消耗（元）	1 102 200	1 120 200	1 111 800	1 092 250	1 104 650	1 088 360	1 105 930	1 092 810	1 095 540	1 086 880	1 091 860	1 122 520	13 215 000
折旧费（元）	85 400	85 400	85 400	85 400	85 400	85 400	85 400	85 400	85 400	85 400	85 400	85 400	1 024 800
无形资产摊销费用（元）	26 725	26 725	26 725	26 725	26 725	26 725	26 725	26 725	26 725	26 725	26 725	26 725	320 700
合计（元）	2 595 325	2 613 325	2 604 925	2 585 375	2 597 775	2 581 485	2 599 055	2 585 935	2 588 665	2 580 005	2 584 985	2 615 645	31 132 500
上年同期（元）	2 486 204	2 493 683	2 467 892	2 434 235	2 526 798	2 466 230	2 485 280	2 523 562	2 439 125	2 514 673	2 503 370	2 494 226	29 835 278
增减比例（%）	4.39	4.80	5.55	6.21	2.81	4.67	4.58	2.47	6.13	2.60	3.26	4.87	4.35

审计说明：

本年度各项目各月份金额均与相关科目核对一致，勾稽关系合理。

（3）研发费用实质性分析（见表8-26）

表8-26 研发费用实质性分析表

被审计单位名称：新星公司　编制：王宇顺　日期：2022年3月6日　索引号：YFFY-2

会计期间或截止日：2021年度　复核：文美悦　日期：2022年3月6日　页次：1/1

序号	费用项目	本年数（元）	结构比（%）	上年数（元）	结构比（%）	结构比增减幅度（%）	分析原因
1	工资、福利费（元）	16 572 000	53.2305	16 452 000	55.1428	-3.47	
2	物料消耗（元）	13 215 000	42.4476	12 053 588	40.4005	5.07	
3	折旧费（元）	1 024 800	3.2917	1 023 763	3.4314	-4.07	
4	无形资产摊销费用（元）	320 700	1.0301	305 927	1.0254	0.46	
合计		31 132 500	100	29 835 278	100		

（4）研发费用凭证抽查（见表8-27）

表8-27 研发费用凭证抽查表

被审计单位名称：新星公司　编制：王宇顺　日期：2022年3月6日　索引号：YFFY-3

会计期间或截止日：2021年度　复核：文美悦　日期：2022年3月6日　页次：1/1

序号	明细账资料				凭证审核内容					
	日期	凭证号	业务内容	金额（元）	日期	金额（元）	对应科目	有无授权	账务处理是否正确	审核情况的说明
1	1.25	93	工资、福利费	1 381 000	1.25	1 381 000	应付职工薪酬	有	正确	
2	4.13	86	物料消耗	326 230	4.13	326 230	原材料	有	正确	
3	5.31	108	折旧费	85 400	5.31	85 400	累计折旧	有	正确	
4	6.30	42	无形资产摊销	26 725	6.30	26 725	累计摊销	有	正确	
5	8.25	91	工资、福利费	1 381 000	8.25	1 381 000	应付职工薪酬	有	正确	
6	11.21	78	物料费	85 400	11.21	85 400	原材料	有	正确	
7	12.31	60	无形资产摊销	26 725	12.31	26 725	累计摊销	有	正确	

（5）研发费用审计结论（见表8-28）

表8-28 研发费用审定表

被审计单位名称：新星公司　编制：王宇顺　日期：2022年3月6日　索引号：YFFY-4

会计期间或截止日：2021年度　复核：文美悦　日期：2022年3月6日　页次：1/1

序号	费用项目	未审数（元）	调整数（元）		审定数（元）	调整原因
			借方	贷方		
1	工资、福利费（元）	16 572 000			16 572 000	
2	物料消耗（元）	13 215 000			13 215 000	
3	折旧费（元）	1 024 800			1 024 800	
4	无形资产摊销费用（元）	320 700			320 700	
合计		31 132 500			31 132 500	

审计结论：

企业研发费用审定金额为31 132 500元。

6）财务费用实质性程序

财务费用是指企业在生产经营过程中为筹集资金而发生的各项费用，包括企业生产经营期间发生的利息支出（减利息收入）、汇兑净损失（商品流通企业、保险企业等进行单独核算，不包括在财务费用内）、金融机构手续费，发生的现金折扣或收到的现金折扣以及筹资发生的其他财务费用（如债券印刷费、国外借款担保费等）。但在企业筹建期间发生的利息支出，应计入开办费；与购建固定资产或者无形资产有关的，在资产尚未交付使用或者虽已交付使用但尚未办理竣工决算之前的利息支出，计入购建资产的价值；清算期间发生的利息支出，计入清算损益。

（1）财务费用实质性程序表（见表8-29）

表8-29　财务费用实质性程序表

被审计单位名称：新星公司　编制：王宇顺　日期：2022年3月6日　索引号：CWFY

会计期间或截止日：2021年度　复核：文美悦　日期：2022年3月6日　页次：1/1

审计目标					财务报表认定					
					发生	完整性	准确性	截止	分类	列报
A	利润表中记录的财务费用已发生，且与被审计单位有关				√					
B	所有应当记录的财务费用均已记录					√				
C	与财务费用有关的金额及其他数据已恰当记录						√			
D	财务费用已记录于正确的会计期间							√		
E	财务费用已记录于恰当的账户								√	
F	财务费用已按照企业会计准则的规定在财务报表中作出恰当的列报									√
审计目标	序号	计划实施的实质性程序	是否执行	索引号	发生	完整性	准确性	截止	分类	列报
C	1	获取或编制财务费用明细表，复核其加计数是否正确，并与报表数、总账数和明细账合计数核对是否相符		CWFY-1			√			
ABC	2	对财务费用进行分析：将本期财务费用各明细项目与上期进行对比，必要时比较本期各月份财务费用，如有重大波动和异常情况应追查原因		CWFY-1	√	√	√			
E	3	检查财务费用明细项目的设置是否符合规定的核算内容与范围，是否划清财务费用与其他费用的界限		CWFY-2					√	

续表

审计目标	序号	计划实施的实质性程序	是否执行	索引号	发生	完整性	准确性	截止	分类	列报
ABC	4	检查利息支出明细账： (1) 审查各项借款期末应计利息有无预计入账； (2) 审查现金折扣的会计处理是否正确； (3) 结合长短期借款、应付债券等的审计，检查财务费用中是否包括为购建或生产满足资本化条件的资产发生的应予资本化的借款费用； (4) 检查应收票据贴现息的计算与会计处理是否正确		CWFY-2	√	√	√			
ABC	5	检查利息收入明细账 (1) 确认利息收入的真实性及正确性； (2) 检查从其他企业或非银行金融机构取得的利息收入是否按规定计缴增值税		CWFY-2	√	√	√			
ABC	6	检查汇兑损益明细账，检查汇兑损益的计算方法是否正确，核对所用汇率是否正确，前后期是否一致		CWFY-2	√	√	√			
ABC	7	检查“财务费用——其他”明细账，注意检查大额金融机构手续费的真实性与正确性			√	√	√			
D	8	抽取资产负债表日前后5天的5张凭证，实施截止测试，若存在异常迹象，应考虑是否有必要追加审计程序，对于重大跨期项目应作必要调整						√		
	9	根据评估的舞弊风险等因素增加的其他审计程序								
F	10	检查财务费用是否已按照企业会计准则的规定在财务报表中作出恰当的列报		CWFY-3						√

（2）财务费用明细表（见表8-30）

表8-30 财务费用明细表

被审计单位名称：新星公司 编制：王宇顺 日期：2022年3月6日 索引号：CWFY-1

会计期间或截止日：2021年度 复核：文美悦 日期：2022年3月6日 页次：1/1

时间 \ 费用项目	借方（元）					贷方（元）				损益结转汇总（元）	分析说明
	利息支出	汇兑损失	手续费	其他	结转损益	利息收入	汇兑收益	其他	结转损益		
1月	850 000	2 800									
2月	850 000						2 200				
3月	850 000						1 950				
4月	850 000						1 350				
5月	850 000	3 000									
6月	850 000	3 230				70 180					
7月	850 000						1 100				
8月	850 000						1 260				
9月	850 000	3 430									
10月	850 000	3 450									
11月	745 000	4 090									
12月	745 000					60 350	2 140				
本年合计	9 990 000	20 000				130 530	10 000			10 130 530	
上年合计	10 903 760	18 000				204 880	12 000				
增减比例	-8.38%	11.11%				-36.29%	-16.67%				

（3）财务费用分析表（见表8-31）

表8-31 **财务费用凭证抽查表**

被审计单位名称：新星公司　编制：王宇顺　日期：2022年3月6日　索引号：CWFY-2

会计期间或截止日：2021年度　复核：文美悦　日期：2022年3月6日　页次：1/1

序号	明细账资料				凭证审核内容					
	日期	凭证号	业务内容	金额（元）	日期	金额（元）	对应科目	有无授权	账务处理是否正确	审核情况的说明
1	1.31	134	长期借款利息费用	350 000	1.31	350 000	应付利息	有	是	√
2	4.30	135	短期借款利息费用	500 000	4.30	500 000	应付利息	有	是	√
3	6.30	136	存款利息	70 180	6.30	70 180	银行存款	—	否	没有进行冲减财务费用处理，反而进行了增加财务费用处理
4	9.30	131	长期借款利息费用	350 000	9.30	350 000	应付利息	有	是	√
5	12.31	62	存款利息	60 350	12.31	60 350	银行存款	—	否	没有进行冲减财务费用处理，反而进行了增加财务费用处理

审计结论：

企业存款利息收入130 530元（70 180+60 350）应冲减利息费用，而企业却增加了应支付的利息费用，因此应调减利息费用261 060元。建议调整分录为：

借：银行存款　261 060

　贷：财务费用　261 060

（4）财务费用审计结论（见表8-32）

表8-32 **财务费用审定表**

被审计单位名称：新星公司　编制：王宇顺　日期：2022年3月6日　索引号：CWFY-3

会计期间或截止日：2021年度　复核：文美悦　日期：2022年3月6日　页次：1/1

序号	费用项目	未审数（元）	调整数（元）		审定数（元）	调整原因
			借方	贷方		
1	短期借款利息费用	6 000 000			6 000 000	
2	长期借款利息费用	3 990 000			3 990 000	
3	汇兑损失	20 000			20 000	
4	存款利息	130 530		261 060	-130 530	存款利息应当冲减财务费用
5	汇兑收益	10 000			10 000	
合计		10 130 530			9 869 470	

审计结论：

企业存款利息收入130 530元应冲减利息费用，而企业却增加了应支付的利息费用，因此调减利息费用261 060元，故财务费用审定金额为9 869 470元。

7）投资收益实质性程序

投资收益是指企业在一定的会计期间对外投资所取得的回报。投资收益包括对外投资所分得的股利和收到的债券利息，以及投资到期收回或到期前转让债权取得的款项高于账面价值的差额等。投资活动也可能遭受损失，如投资到期收回或到期前转让所得款低于账面价值的差额，即为投资损失。投资收益减去投资损失则为投资净收益。

（1）投资收益实质性程序表（见表8-33）

表8-33 **投资收益实质性程序表**

被审计单位名称：新星公司　编制：王宇顺　日期：2022年3月8日　索引号：TZSY

会计期间或截止日：2021年度　复核：文美悦　日期：2022年3月8日　页次：1/1

审计目标					财务报表认定					
					发生	完整性	准确性	截止	分类	列报
A	利润表中记录的投资收益已发生，且与被审计单位有关				√					
B	所有应当记录的投资收益均已记录					√				
C	与投资收益有关的金额及其他数据已恰当记录						√			
D	投资收益已记录于正确的会计期间							√		
E	投资收益已记录于恰当的账户								√	
F	投资收益已按照企业会计准则的规定在财务报表中作出恰当列报									√
审计目标	序号	计划实施的实质性程序	是否执行	索引号	发生	完整性	准确性	截止	分类	列报
C	1	获取或编制投资收益分类明细表：（1）复核加计是否正确，并与报表数、总账数和明细账合计数核对是否相符；（2）检查非记账本位币投资收益折算汇率及折算是否正确		TZSY-1			√			
BCDE	2	确定投资收益的金额是否准确：（1）结合相关金融资产、金融负债项目的审计，复核投资收益的记录是否真实、完整、准确；（2）对于重大的投资收益项目，审阅相关文件，复核其计算的准确性，并确定其应为投资收益		TZSY-2		√	√	√	√	

续表

审计目标	序号	计划实施的实质性程序	是否执行	索引号	发生	完整性	准确性	截止	分类	列报
D	3	结合投资和银行存款等的审计，确定投资收益被计入正确的会计期间		TZSY-2				√		
AF	4	检查投资协议等文件，确定国外的投资收益汇回是否存在重大限制，若存在重大限制，应说明原因，并作出恰当披露			√					√
	5	根据评估的舞弊风险等因素增加的审计程序								
F	6	检查投资收益是否已按照企业会计准则的规定在财务报表中作出恰当列报		TZSY-3						√

（2）投资收益明细表（见表8-34）

表8-34

投资收益明细表

被审计单位名称：新星公司　　编制：王宇顺　　日期：2022年3月8日　　索引号：TZSY-1

会计期间或截止日：2021年度　　复核：文美悦　　日期：2022年3月8日　　页次：1/1

序号	费用项目	上年数（元）	结构比（%）	本年数（元）	结构比（%）	变动比例（%）
1	采用成本法核算的长期股权投资收益					
2	采用权益法核算的长期股权投资收益	75 821 490	42.13	5 022 070	10.76	-93.38
3	处置长期股权投资产生的投资收益					
4	交易性金融资产在持有期间的投资收益	104 133 940	57.87	41 654 990	89.24	-60.00
5	处置交易性金融资产取得的投资收益					
6	债权投资持有期间取得的利息收入					
7	处置债权投资取得的投资收益					
8	其他					
合　计		179 955 430	100	46 677 060	100	-74.06

(3) 投资收益凭证抽查表(见表8-35)

表8-35 **投资收益凭证抽查表**

被审计单位名称:新星公司 编制:王宇顺 日期:2022年3月8日 索引号:TZSY-2

会计期间或截止日:2021年度 复核:文美悦 日期:2022年3月8日 页次:1/1

日期		凭证编号	业务内容	借方科目	贷方科目	金额(元)	附件	核对内容						备注
月	日							1	2	3	4	5	6	
12	31	73	确认采用权益法核算的长期股权投资收益	长期股权投资	投资收益	5 022 070	投资收益说明及批准文件	√	√	√	√	×	√	
12	31	74	确认交易性金融资产在持有期间的投资收益	银行存款	投资收益	700 320	投资收益说明及批准文件	√	√	√	√	×	√	

核对内容说明:

1.原始凭证内容齐全;

2.投资收益确认手续完备;

3.账务处理正确;

4.确认依据合理;

5.确认金额正确;

6.与长期股权投资、银行存款等对应账户核对相符。

审计说明:

1.新星公司于2021年1月1日购入甲公司30%的股份,2021年度甲公司实现净利润200 000 000元,新星公司应该确认的投资收益为60 000 000元,而其账面只确认了5 022 070元,因此,新星公司应调增投资收益54 977 930元。建议调整分录为:

借:长期股权投资——损益调整(甲公司) 54 977 930

贷:投资收益 54 977 930

2.2021年1月20日,新星公司委托某证券公司从上海证券交易所购入乙公司股票进行短期投资,股票数量10 000股,购买日的公允价值为10 000 000元。该笔股票投资支付的相关交易费用2 500 000元一直未入账,应当冲减"投资收益"账户。建议调整分录为:

借:投资收益 2 500 000

贷:银行存款 2 500 000

（4）投资收益审定表（见表8-36）

表8-36 **投资收益审定表**

被审计单位名称：新星公司　编制：王宇顺　日期：2022年3月8日　索引号：TZSY-3

会计期间或截止日：2021年度　复核：文美悦　日期：2022年3月8日　页次：1/1

序号	费用项目	未审数（元）	调整数（元）		审定数（元）	调整原因
			借方	贷方		
1	采用成本法核算的长期股权投资收益					
2	采用权益法核算的长期股权投资收益	5 022 070		54 977 930	60 000 000	投资收益少确认了54 977 930元，应予调增
3	处置长期股权投资产生的投资收益					
4	交易性金融资产在持有期间的投资收益	41 654 990	2 500 000		39 154 990	交易费用2 500 000元一直未入账，应予调减
5	处置交易性金融资产取得的投资收益					
6	债权投资持有期间取得的利息收入					
7	处置债权投资取得的投资收益					
8	其他					
	合　计	46 677 060	2 500 000	54 977 930	99 154 990	

审计结论：

经调整后，投资收益期末余额99 154 990元可以确认。

8）公允价值变动损益实质性程序

“公允价值变动损益”项目反映企业按照相关准则规定应当计入当期损益的资产或负债的公允价值变动损益，如交易性金融资产当期公允价值的变动额。

（1）公允价值变动损益实质性程序表（见表8-37）

表8-37 **公允价值变动损益实质性程序表**

被审计单位名称：新星公司　编制：王宇顺　日期：2022年3月7日　索引号：GYJZBDSY

会计期间或截止日：2021年度　复核：文美悦　日期：2022年3月7日　页次：1/1

审计目标		财务报表认定					
		发生	完整性	准确性	截止	分类	列报
A	利润表中记录的公允价值变动损益已发生，且与被审计单位有关	√					
B	所有应当记录的公允价值变动损益均已记录		√				
C	与公允价值变动损益有关的金额及其他数据已恰当记录			√			
D	公允价值变动损益已记录于正确的会计期间				√		
E	公允价值变动损益已记录于恰当的账户					√	
F	公允价值变动损益已按照企业会计准则的规定在财务报表中作出恰当的列报						√

审计目标	序号	计划实施的实质性程序	是否执行	索引号	发生	完整性	准确性	截止	分类	列报
C	1	获取或编制公允价值变动损益明细表，复核加计是否正确，并与报表数、总账数和明细账合计数核对是否相符		GYJZBDSY-1			√			
ACBDE	2	结合相关科目的审计，检查被审计单位是否在资产负债表日将交易性金融资产（负债）的公允价值与其账面价值的差额确认为公允价值变动损益；处置交易性金融资产（负债）时，检查会计处理是否正确		GYJZBDSY-2	√	√	√	√	√	

续表

审计目标	序号	计划实施的实质性程序	是否执行	索引号	发生	完整性	准确性	截止	分类	列报
ACBDE	3	结合相关科目的审计，检查被审计单位是否在资产负债表日将衍生金融工具的公允价值与其账面价值的差额确认为公允价值变动损益；终止确认衍生金融工具时，检查其会计处理是否正确		GYJZBDSY-2	√	√	√	√	√	
ACBDE	4	结合相关科目的审计，检查被审计单位对在资产负债表日满足运用套期会计方法条件的现金流量套期和境外经营净投资套期产生的利得和损失，检查会计处理是否正确			√	√	√	√	√	
ACBDE	5	结合相关科目的审计，检查被审计单位是否在资产负债表日将投资性房地产的公允价值与其账面价值的差额确认为公允价值变动损益；处置时检查会计处理是否正确			√	√	√	√	√	
ACBDE	6	结合相关科目的审计，检查被审计单位的公允价值变动损益的确认和计量是否正确，检查会计处理是否正确			√	√	√	√	√	
	7	根据评估的舞弊风险等因素增加的审计程序								
F	8	检查公允价值变动损益是否已按照企业会计准则的规定在财务报表中作出恰当列报		GYJZBDSY-3						√

（2）公允价值变动损益明细表（见表8-38）

表8-38 **公允价值变动损益明细表**

被审计单位名称：新星公司　编制：王宇顺　日期：2022年3月7日　索引号：GYJZBDSY-1

会计期间或截止日：2021年度　复核：文美悦　日期：2022年3月7日　页次：1/1

序号	费用项目	上年数（元）	结构比（%）	本年数（元）	结构比（%）
1	交易性金融资产	−15 425 309	100	3 349 430	100
2	其中：衍生金融工具产生的公允价值变动收益	−15 425 309	100	2 324 020	69.39
3	其他非流动金融资产				
4	交易性金融负债				
5	按公允价值计量的投资性房地产				
6	现金流量套期的无效部分的未实现收益净额				
7	其他				
	合　计	−15 425 309	100	3 349 430	100

（3）公允价值变动损益凭证抽查表（见表8-39）

表8-39 **公允价值变动损益凭证抽查表**

被审计单位名称：新星公司　编制：王宇顺　日期：2022年3月7日　索引号：GYJZBDSY-2

会计期间或截止日：2021年度　复核：文美悦　日期：2022年3月7日　页次：1/1

日期		凭证编号	业务内容	借方科目	贷方科目	金额（元）	附件	核对内容						备注
月	日							1	2	3	4	5	6	
12	31	72	交易性金融资产公允价值变动收益	交易性金融资产	公允价值变动损益	3 349 430	公允价值变动说明及批准文件	√	√	√	√	×	√	

核对内容说明：

1.原始凭证内容齐全；

2.公允价值变动确认的审批手续完备；

3.账务处理正确；

4.计提依据合理；

5.计提数正确；

6.与交易性金融资产账户核对相符。

审计说明：

企业交易性金融资产的期末公允价值变动收益多计1 328 220元，应予调减。建议调整分录为：

借：公允价值变动损益　1 328 220

　贷：交易性金融资产——公允价值变动　1 328 220

（4）公允价值变动损益审定表（见表8-40）

表8-40　　公允价值变动损益审定表

被审计单位名称：新星公司　编制：王宇顺　日期：2022年3月7日　索引号：GYJZBDSY-3

会计期间或截止日：2021年度　复核：文美悦　日期：2022年3月7日　页次：1/1

序号	费用项目	未审数（元）	调整数（元）		审定数（元）	调整原因
			借方	贷方		
1	交易性金融资产	3 349 430		1 328 220	2 021 210	
2	其中：衍生金融工具产生的公允价值变动收益	2 324 020		1 328 220	995 800	
3	其他非流动金融资产					
4	交易性金融负债					
5	按公允价值计量的投资性房地产					
6	现金流量套期的无效部分的未实现收益净额					
7	其他					
合　计		3 349 430			2 021 210	
审计结论： 公允价值变动损益应调减1 328 220元，审定金额为2 021 210元。						

9）信用减值损失实质性程序

"信用减值损失"反映企业计提的各项金融工具信用减值准备所确认的信用损失。信用减值损失包括贷款损失准备、债权投资减值准备、坏账准备、合同资产减值准备、租赁应收款减值准备等。

（1）信用减值损失实质性程序表（见表8-41）

表8-41　　信用减值损失实质性程序表

被审计单位名称：新星公司　编制：王宇顺　日期：2022年3月6日　索引号：XYJZSS

会计期间或截止日：2021年度　复核：文美悦　日期：2022年3月6日　页次：1/1

审计目标		财务报表认定					
		发生	完整性	准确性	截止	分类	列报
A	利润表中记录的信用减值损失已发生，且与被审计单位有关	√					
B	所有应当记录的信用减值损失均已记录		√				
C	与信用减值损失有关的金额及其他数据已恰当记录			√			
D	信用减值损失已记录于正确的会计期间				√		
E	信用减值损失已记录于恰当的账户					√	
F	信用减值损失已按照企业会计准则的规定在财务报表中作出恰当的列报						√

续表

审计目标	序号	计划实施的实质性程序	是否执行	索引号	发生	完整性	准确性	截止	分类	列报
C	1	获取或编制信用减值损失明细表，复核加计是否正确，并与报表数、总账数和明细账合计数核对是否相符		XYJZSS-1			√			
ABCDE	2	对本期增减变动情况检查如下：(1) 对本期增加及转回的信用减值损失，与坏账准备、固定资产减值准备等科目进行交叉勾稽；(2) 对本期转销的信用减值损失，结合相关科目的审计，检查会计处理是否正确		XYJZSS-2	√	√	√	√	√	
	3	根据评估的舞弊风险等因素增加的审计程序								
F	4	检查信用减值损失是否已按照企业会计准则的规定在财务报表中作出恰当列报：(1) 当期确认的各项信用减值损失金额；(2) 上期确认的各项信用减值损失金额		XYJZSS-3						√

（2）信用减值损失明细表（见表8-42）

表8-42 **信用减值损失明细表**

被审计单位名称：新星公司　编制：王宇顺　日期：2022年3月6日　索引号：XYJZSS-1

会计期间或截止日：2021年度　复核：文美悦　日期：2022年3月6日　页次：1/1

序号	费用项目	上年数（元）	结构比（%）	本年数（元）	结构比（%）	变动比例（%）
1	应收账款坏账损失	3 966 350	17.62	300 000	23.07	−92.44
2	其他应收款坏账损失	17 354 670	77.07	700 320	53.86	−95.96
3	应收票据坏账损失					
4	预付账款坏账损失					
5	债权投资减值损失	980 120	4.35	200 000	15.38	−79.59
6	其他债权投资减值损失					
7	合同资产减值损失	215 700	0.96	100 000	7.69	−53.64
8	长期应收款坏账损失					
9	其他					
合　计		22 516 840	100	1 300 320	100.00	−94.23

（3）信用减值损失凭证抽查表（见表8-43）

表8-43　　信用减值损失凭证抽查表

被审计单位名称：新星公司　编制：王宇顺　日期：2022年3月6日　索引号：XYJZSS-2

会计期间或截止日：2021年度　复核：文美悦　日期：2022年3月6日　页次：1/1

日期		凭证编号	业务内容	借方科目	贷方科目	金额（元）	附件	核对内容						备注
月	日							1	2	3	4	5	6	
12	31	63	应收账款坏账准备	信用减值损失	坏账准备	300 000	应收账款坏账准备计提说明及批准文件	√	√	√	√	√	√	
12	31	64	其他应收款坏账准备	信用减值损失	坏账准备	700 320	其他应收款坏账准备计提说明及批准文件	√	√	√	√	√	√	
12	31	65	债权投资减值准备	信用减值损失	坏账准备	200 000	债券投资坏账准备计提说明及批准文件	√	√	√	√	√	√	
12	31	66	合同资产减值准备	信用减值损失	坏账准备	100 000	合同资产坏账准备计提说明及批准文件	√	√	√	√	√	√	

核对内容说明：

1.原始凭证内容齐全；

2.坏账准备计提手续完备；

3.账务处理正确；

4.计提依据合理；

5.计提数正确；

6.与坏账准备账户核对相符。

审计说明：

经抽查，未见异常。

（4）信用减值损失审定表（见表8-44）

表8-44　　信用减值损失审定表

被审计单位名称：新星公司　编制：王宇顺　日期：2022年3月6日　索引号：XYJZSS-3

会计期间或截止日：2021年度　复核：文美悦　日期：2022年3月6日　页次：1/1

序号	费用项目	未审数（元）	调整数（元）		审定数（元）	调整原因
			借方	贷方		
1	应收账款坏账损失	300 000			300 000	
2	其他应收款坏账损失	700 320			700 320	

续表

序号	费用项目	未审数（元）	调整数（元）		审定数（元）	调整原因
			借方	贷方		
3	应收票据坏账损失					
4	预付账款坏账损失					
5	债权投资减值损失	200 000			200 000	
6	其他债权投资减值损失					
7	合同资产减值损失	100 000			100 000	
8	长期应收款坏账损失					
9	其他					
合　计		1 300 320			1 300 320	
审计结论： 经审计，未见异常，本期发生额可以确认。						

10）资产减值损失实质性程序

“资产减值损失”项目，反映企业计提各项资产减值准备所产生的损失。可以计提减值准备的资产包括除以公允价值计量且其变动计入当期损益的金融资产以外的金融资产、存货、固定资产、无形资产、商誉等各项资产。各项资产的减值损失都与具体资产项目的期末计价的正确性直接相关。

（1）资产减值损失实质性程序表（见表8-45）

表8-45　**资产减值损失实质性程序表**

被审计单位名称：新星公司　编制：王宇顺　日期：2022年3月6日　索引号：ZCJZSS
会计期间或截止日：2021年度　复核：文美悦　日期：2022年3月6日　页次：1/1

审计目标		财务报表认定					
		发生	完整性	准确性	截止	分类	列报
A	利润表中记录的资产减值损失已发生，且与被审计单位有关	√					
B	所有应当记录的资产减值损失均已记录		√				
C	与资产减值损失有关的金额及其他数据已恰当记录			√			
D	资产减值损失已记录于正确的会计期间				√		
E	资产减值损失已记录于恰当的账户					√	
F	资产减值损失已按照企业会计准则的规定在财务报表中作出恰当的列报						√

续表

审计目标	序号	计划实施的实质性程序	是否执行	索引号	发生	完整性	准确性	截止	分类	列报
C	1	获取或编制资产减值损失明细表，复核加计是否正确，并与报表数、总账数和明细账合计数核对是否相符		ZCJZSS-1			√			
ABCDE	2	对本期增减变动情况检查如下：（1）对本期增加及转回的资产减值损失，与存货跌价准备、固定资产减值准备等科目进行交叉勾稽；（2）对本期转销的资产减值损失，结合相关科目的审计，检查会计处理是否正确		ZCJZSS-2	√	√	√	√	√	
	3	根据评估的舞弊风险等因素增加的审计程序								
F	4	检查信用减值损失是否已按照企业会计准则的规定在财务报表中作出恰当列报：（1）当期确认的各项资产减值损失金额；（2）上期确认的各项资产减值损失金额		ZCJZSS-3						√

（2）资产减值损失明细表（见表8-46）

表8-46 **资产减值损失明细表**

被审计单位名称：新星公司　编制：王宇顺　日期：2022年3月6日　索引号：ZCJZSS-1

会计期间或截止日：2021年度　复核：文美悦　日期：2022年3月6日　页次：1/1

序号	项目	上年数（元）	结构比（%）	本年数（元）	结构比（%）	变动比例（%）
1	存货跌价损失	11 540 650	92.59	92 320	10.42	-99.20
2	持有待售资产减值损失					
3	长期股权投资减值损失					
4	投资性房地产减值损失					
5	固定资产减值损失	756 000	6.07	756 000	85.29	0

续表

序号	项目	上年数（元）	结构比（%）	本年数（元）	结构比（%）	变动比例（%）
6	工程物资减值损失					
7	在建工程减值损失					
8	使用权资产减值损失					
9	无形资产减值损失	167 500	1.34	38 050	4.29	-77.28
10	商誉减值损失					
11	其他					
	合　计	12 464 150	100.00	886 370	100	-92.89

（3）资产减值损失凭证抽查表（见表8-47）

表8-47 **资产减值损失凭证抽查表**

被审计单位名称：新星公司　编制：王宇顺　日期：2022年3月7日　索引号：ZCJZSS-2

会计期间或截止日：2021年度　复核：文美悦　日期：2022年3月7日　页次：1/1

日期		凭证编号	业务内容	借方科目	贷方科目	金额（元）	附件	核对内容						备注
月	日							1	2	3	4	5	6	
12	31	69	存货减值准备	资产减值损失	存货减值准备	92 320	存货减值准备计提说明及批准文件	√	√	√	√	√	√	
12	31	70	固定资产减值准备	资产减值损失	固定资产减值准备	756 000	固定资产减值准备计提说明及批准文件	√	√	√	√	√	√	
12	31	71	无形资产减值准备	资产减值损失	无形资产减值准备	38 050	无形资产减值准备计提说明及批准文件	√	√	√	√	√	√	

核对内容说明：

1.原始凭证内容齐全；

2.资产减值准备计提手续完备；

3.账务处理正确；

4.计提依据合理；

5.计提数正确；

6.与坏账准备账户核对相符。

审计说明：

经抽查，未见异常。

（4）资产减值损失审定表（见表8-48）

表8-48　**资产减值损失审定表**

被审计单位名称：新星公司　编制：王宇顺　日期：2022年3月7日　索引号：ZCJZSS-3

会计期间或截止日：2021年度　复核：文美悦　日期：2022年3月7日　页次：1/1

序号	费用项目	未审数（元）	调整数（元）		审定数（元）	调整原因
			借方	贷方		
1	存货跌价损失	92 320			92 320	
2	持有待售资产减值损失					
3	长期股权投资减值损失					
4	投资性房地产减值损失					
5	固定资产减值损失	756 000			756 000	
6	工程物资减值损失					
7	在建工程减值损失					
8	使用权资产减值损失					
9	无形资产减值损失	38 050			38 050	
10	商誉减值损失					
11	其他					
	合　计	886 370			886 370	

审计结论：

经审计，未见异常，本期发生额可以确认。

11）营业外收入实质性程序

营业外收入是指与企业生产经营活动没有直接关系的各种收入。营业外收入并不是由企业经营资金耗费所产生的，因此，不需要企业付出代价，其实际上是一种纯收入，不可能也不需要与有关费用进行配比。根据《财政部关于修订印发2019年度一般企业财务报表格式的通知》（财会〔2019〕6号），营业外收入主要反映企业发生的营业利润以外的收益，主要包括与企业日常活动无关的政府补助、盘盈利得、捐赠利得（企业接受股东或股东的子公司直接或间接的捐赠，经济实质属于股东对企业的资本性投入的除外）等。

（1）营业外收入实质性程序表（见表8-49）

表8-49 **营业外收入实质性程序表**

被审计单位名称：新星公司　　编制：王宇顺　　日期：2022年3月8日　　索引号：YYWSR

会计期间或截止日：2021年度　　复核：文美悦　　日期：2022年3月8日　　页次：1/1

审计目标		财务报表认定					
		发生	完整性	准确性	截止	分类	列报
A	利润表中记录的营业外收入已发生，且与被审计单位有关	√					
B	所有应当记录的营业外收入均已记录		√				
C	与营业外收入有关的金额及其他数据已恰当记录			√			
D	营业外收入已记录于正确的会计期间				√		
E	营业外收入已记录于恰当的账户					√	
F	营业外收入已按照企业会计准则的规定在财务报表中作出恰当的列报						√

审计目标	序号	计划实施的实质性程序	是否执行	索引号	发生	完整性	准确性	截止	分类	列报
C	1	获取或编制营业外收入明细表，复核其加计数是否正确，并与报表数、总账数和明细账合计数核对是否相符		YYWSR-1			√			
E	2	检查营业外收入明细项目的设置是否符合规定的核算内容与范围，是否划清营业外收入与其他收入的界限							√	
ABC	3	检查非流动资产处置利得：应结合相关非流动资产的审计，检查是否在授权范围内履行了必要的批准程序，抽查相关原始凭证，审核其内容的真实性和依据的充分性，检查会计处理是否符合相关规定			√	√	√			
ABC	4	检查非货币性资产交换利得：应结合非货币性资产交换的审计，检查是否在授权范围内履行了必要的批准程序，并抽查相关原始凭证，审核其内容的真实性和依据的充分性，检查会计处理是否符合相关规定			√	√	√			

续表

审计目标	序号	计划实施的实质性程序	是否执行	索引号	发生	完整性	准确性	截止	分类	列报
ABC	5	检查债务重组利得：应结合债务重组的审计，检查是否在授权范围内履行了必要的批准程序，并抽查相关原始凭证，审核其内容的真实性和依据的充分性，检查会计处理是否符合相关规定			√	√	√			
ABC	6	检查政府补助：应结合递延收益审计，审查各项政府补助的批准文件，复核收入的性质、金额、入账时间是否正确		YYWSR-2	√	√	√			
ABC	7	检查盘盈利得：应结合相关资产的盘点及监盘资料，检查金额计算是否正确，是否履行了必要的审批程序，抽查相关原始凭证，审核其内容的真实性和依据的充分性，检查会计处理是否符合相关规定			√	√	√			
ABC	8	检查捐赠利得：应结合相关的原始凭证，检查相应的税金是否提取，金额计算及账务处理是否正确			√	√	√			
ABC	9	检查其他营业外收入：应结合相关科目审计，检查入账金额及会计处理是否正确			√	√	√			
D	10	抽取资产负债表日前后凭证，实施截止测试，若存在异常迹象，考虑是否有必要追加审计程序，对于重大跨期项目应作必要调整						√		
	11	根据评估的舞弊风险等因素增加的其他审计程序								
F	12	检查营业外收入是否已按照企业会计准则的规定在财务报表中作出恰当列报；检查营业外收入是否按照非流动资产处置利得、非货币性资产交换利得、债务重组利得、政府补助、盘盈利得、捐赠利得等分项披露		YYWSR-3						√

（2）营业外收入明细表（见表8-50）

表8-50　**营业外收入明细表**

被审计单位名称：新星公司　编制：王宇顺　日期：2022年3月9日　索引号：YYWSR-1

会计期间或截止日：2021年度　复核：文美悦　日期：2022年3月9日　页次：1/1

费用项目 时间	非流动资产毁损报废利得（元）	与企业日常活动无关的政府补助（元）	盘盈利得（元）	接受捐赠（元）	合计（元）	损益结转汇总（元）	与资产负债表项目的勾稽关系
1月					0	0	
2月					0	0	
3月					0	0	
4月					0	0	
5月					0	0	
6月					0	0	
7月					0	0	
8月					0	0	
9月					0	0	
10月		1 685 590			1 685 590	1 685 590	√
11月					0	0	
12月					0	0	
本年合计	0	1 685 590	0	0	1 685 590	1 685 590	
上年合计	0	0	459 705	0	459 750	459 750	
增减比例					266.63%	266.63%	

（3）营业外收入凭证抽查表（见表8-51）

表8-51　**营业外收入凭证抽查表**

被审计单位名称：新星公司　编制：王宇顺　日期：2022年3月9日　索引号：YYWSR-2

会计期间或截止日：2021年度　复核：文美悦　日期：2022年3月9日　页次：1/1

序号	明细账资料				凭证审核内容					
	日期	凭证号	业务内容	金额（元）	日期	金额（元）	对应科目	有无授权	账务处理是否正确	审核情况的说明
1	10.25	32	收到与企业日常活动无关的政府补助	1 685 590	10.25	1 685 590	银行存款	有	是	

审计结论：

未发现异常。

（4）营业外收入审计结论（见表8-52）

表8-52 **营业外收入审定表**

被审计单位名称：新星公司　　编制：王宇顺　　日期：2022年3月9日　　索引号：YYWSR-3

会计期间或截止日：2021年度　　复核：文美悦　　日期：2022年3月9日　　页次：1/1

序号	费用项目	未审数（元）	调整数（元）		审定数（元）	调整原因
			借方	贷方		
1	非流动资产毁损报废利得					
2	与企业日常活动无关的政府补助	1 685 590			1 685 590	
3	盘盈利得					
4	接受捐赠利得					
合计		1 685 590			1 685 590	

审计结论：

经审查，营业外收入余额可以确认。

12）营业外支出实质性程序

营业外支出反映企业发生的营业利润以外的支出，主要包括公益性捐赠支出、非常损失、盘亏损失、非流动资产毁损报废损失等。

（1）营业外支出实质性程序表（见表8-53）

表8-53 **营业外支出实质性程序表**

被审计单位名称：新星公司　　编制：王宇顺　　日期：2022年3月9日　　索引号：YYWZC

会计期间或截止日：2021年度　　复核：文美悦　　日期：2022年3月9日　　页次：1/1

审计目标		财务报表认定					
		发生	完整性	准确性	截止	分类	列报
A	利润表中记录的营业外支出已发生，且与被审计单位有关	√					
B	所有应当记录的营业外支出均已记录		√				
C	与营业外支出有关的金额及其他数据已恰当记录			√			
D	营业外支出已记录于正确的会计期间				√		
E	营业外支出已记录于恰当的账户					√	
F	营业外支出已按照企业会计准则的规定在财务报表中作出恰当的列报						√

续表

审计目标	序号	计划实施的实质性程序	是否执行	索引号	发生	完整性	准确性	截止	分类	列报
C	1	获取或编制营业外支出明细表，复核其加计数是否正确，并与报表数、总账数和明细账合计数核对是否相符		YYWZC-1			√			
E	2	检查营业外支出明细项目的设置是否符合规定的核算内容与范围，是否划清营业外支出与其他费用的界限		YYWZC-1					√	
ABC	3	检查非流动资产处置损失，应结合固定资产清理、无形资产等的审计，检查计入营业外支出的金额是否适当，有关会计处理是否正确		YYWZC-2	√	√	√			
ABC	4	检查非货币性资产交换损失，应结合非货币性资产交换的审计，检查计入营业外支出的金额是否适当，有关会计处理是否正确			√	√	√			
ABC	6	检查公益性捐赠支出的会计处理是否正确，注意公益性捐赠资产已计提的减值准备是否结转；检查公益救济性捐赠是否按税法规定进行企业所得税纳税调整			√	√	√			
ABC	7	对于非常损失，应详细检查有关资料、被审计单位实际损失和保险理赔情况及审批文件，检查有关会计处理是否正确			√	√	√			

续表

审计目标	序号	计划实施的实质性程序	是否执行	索引号	发生	完整性	准确性	截止	分类	列报
ABC	8	对于因盘亏、毁损的资产发生的净损失，检查是否按管理权限报经批准后处理，有关会计处理是否正确			√	√	√			
AB	9	对于由对外提供担保、未决诉讼、重组义务产生的预计负债，应取得担保合同、仲裁或法院判决书等，结合预计负债的审计，检查计入营业外支出的金额是否适当，有关会计处理是否正确			√	√				
AB	10	检查非公益性捐赠支出、税收滞纳金、罚金、罚款支出、各种赞助费支出是否进行应纳税所得额调整			√	√				
D	11	实施截止测试，若存在异常迹象，应考虑是否有必要追加审计程序，对于重大跨期项目应作必要调整						√		
	12	根据评估的舞弊风险等因素增加的其他审计程序								
F	13	检查营业外支出是否已按照企业会计准则的规定在财务报表中作出恰当列报；营业外支出应按非流动资产处置损失、非货币性资产交换损失、债务重组损失、公益性捐赠支出、非常损失、盘亏损失等项目进行披露		YYWZC-3						√

（2）营业外支出明细表（见表8-54）

表8-54 营业外支出明细表

被审计单位名称：新星公司　编制：王宇顺　日期：2022年3月9日　索引号：YYWZC-1

会计期间或截止日：2021年度　复核：文美悦　日期：2022年3月9日　页次：1/1

费用项目 / 时间	公益性捐赠支出（元）	非常损失（元）	债务重组损失（元）	盘亏损失（元）	非流动资产毁损报废损失（元）	合计（元）	损益结转汇总（元）	与资产负债表项目的勾稽关系
1月								
2月								
3月								
4月								
5月								
6月								
7月								
8月								
9月								
10月								
11月								
12月					366 210	366 210	366 210	√
本年合计					366 210	366 210	366 210	
上年合计					428 000	428 000	428 000	
增减比例					-14.44%	-14.44%	-14.44%	

审计说明：

本项目下只有“非流动资产毁损报废损失”一个明细账户。本年度营业外支出发生额在12月份，金额为366 210元，与报表数据相符。

（3）营业外支出凭证抽查表（见表8-55）

表8-55 营业外支出凭证抽查表

被审计单位名称：新星公司　编制：王宇顺　日期：2022年3月9日　索引号：YYWZC-2

会计期间或截止日：2021年度　复核：文美悦　日期：2022年3月9日　页次：1/1

序号	明细账资料				凭证审核内容					
	日期	凭证号	业务内容	金额（元）	日期	金额（元）	对应科目	有无授权	账务处理是否正确	审核情况的说明
1	12.10	21	固定资产报废损失	366 210	12.10	366 210	固定资产清理	无	是	没有清查盘点清单、董事会批文和有关部门的审批文件

续表

审计说明：
需进一步查明报废固定资产的具体情况，进行正确处理。进一步审查后仍未发现相关盘点清单和审批文件，营业外支出不能确认，需调减营业外支出366 210元。建议调整分录为：
借：固定资产清理　　366 210
贷：营业外支出　　366 210
此问题属于被审计单位的内部控制缺陷，需要与管理层沟通，建议其加强固定资产处置的内部控制。

（4）营业外支出审计结论（见表8-56）

表8-56　**营业外支出审定表**

被审计单位名称：新星公司　编制：王宇顺　日期：2022年3月9日　索引号：CWFY-3

会计期间或截止日：2021年度　复核：文美悦　日期：2022年3月9日　页次：1/1

序号	费用项目	未审数（元）	调整数（元）		审定数（元）	调整原因
			借方	贷方		
1	公益性捐赠支出					
2	非常损失					
3	债务重组损失					
4	盘亏损失					
5	非流动资产毁损报废损失	366 210		366 210	0	没有相关手续，不符合确认条件
合　计		366 210		366 210	0	
审计结论： 经调整后，营业外支出余额为0。						

13）**所得税费用实质性程序**

所得税费用是指企业经营利润应缴纳的所得税。所得税费用是当期所得税加递延所得税费用（减递延所得税收益）的结果。

（1）所得税费用实质性程序表（见表8-57）

表8-57　**所得税费用实质性程序表**

被审计单位名称：新星公司　编制：王宇顺　日期：2022年3月10日　索引号：SDSFY

会计期间或截止日：2021年度　复核：文美悦　日期：2022年3月10日　页次：1/1

审计目标		财务报表认定					
		发生	完整性	准确性	截止	分类	列报
A	利润表中记录的所得税费用已发生，且与被审计单位有关	√					
B	所有应当记录的所得税费用均已记录		√				
C	与所得税费用有关的金额及其他数据已恰当记录			√			
D	所得税费用记录于正确的会计期间				√		
E	被审计单位记录的所得税费用记录于恰当的账户					√	
F	所得税费用已按照企业会计准则的规定在财务报表中作出恰当列报						√

续表

审计目标	序号	计划实施的实质性程序	是否执行	索引号	发生	完整性	准确性	截止	分类	列报
C	1	获取或编制所得税费用明细表，复核加计是否正确，并与报表数、总账数和明细账合计数核对是否相符		SDSFY-1			√			
CF	2	检查被审计单位所采用的会计政策是否为资产负债表债务法		SDSFY-2			√			√
ABC	3	根据审计结果和税法规定，核实当期的纳税调整事项，确定应纳税所得额，结合“应交税费——应交所得税”的审计，计算当期所得税费用，检查会计处理是否正确；应纳税所得额为负数的，应检查形成负数的年份与金额，必要时，取得经税务机关审核的前5年应纳税所得额，以确定可以用当期利润弥补的亏损额		SDSFY-2	√	√	√			
ABC	4	根据资产及负债的账面价值与其计税基础之间的差异，以及未作为资产和负债确认的项目的账面价值与按照税法规定确定的计税基础的差异，结合递延所得税资产和递延所得税负债的审计，计算递延所得税资产、递延所得税负债期末应有余额，并根据递延所得税资产、递延所得税负债期初余额，倒轧出递延所得税费用（收益），检查相关会计处理是否正确		SDSFY-2	√	√	√			

续表

审计目标	序号	计划实施的实质性程序	是否执行	索引号	发生	完整性	准确性	截止	分类	列报
AD	5	检查被审计单位作为所得税费用或收益计入当期损益中的当期所得税和递延所得税是否包括下列不应计入当期损益的所得税：（1）企业合并；（2）直接在所有者权益中确认的交易或者事项。如有，应提请被审计单位调整			√			√		
C	6	将当期所得税费用与递延所得税费用之和与利润表上的“所得税费用”项目金额相核对		SDSFY-2			√			
	7	根据评估的舞弊风险等因素增加的审计程序								
F	8	检查所得税费用是否已按照企业会计准则的规定在财务报表中作出恰当列报：（1）所得税费用（收益）的主要组成部分；（2）所得税费用（收益）与会计利润关系的说明		SDSFY-2						√

（2）所得税费用明细表（见表8-58）

表8-58 **所得税费用明细表**

被审计单位名称：新星公司　编制：王宇顺　日期：2022年3月10日　索引号：SDSFY-1

会计期间或截止日：2021年度　复核：文美悦　日期：2022年3月10日　页次：1/1

序号	项目	上年数（元）	本年数（元）	变动比例（%）
1	当期所得税费用	43 585 533	13 915 420	-68.07
2	递延所得税费用			
	合　计	43 585 533	13 915 420	

（3）所得税费用审定表（见表8-59）

表8-59 所得税费用审定表

被审计单位名称：新星公司　编制：王宇顺　日期：2022年3月10日　索引号：SDSFY-2

会计期间或截止日：2021年度　复核：文美悦　日期：2022年3月10日　页次：1/1

序号	费用项目	未审数（元）	调整数（元）		审定数（元）	调整原因
			借方	贷方		
1	当期所得税费用	13 915 420	17 511 421		31 426 841	见审计说明
2	递延所得税费用					
3	递延所得税收益					
	合　计	13 915 420	17 511 421		31 426 841	

审计说明：

由于营业收入多计25 600 000元（见表8-3），营业成本多计20 000 000元（见表8-3），销售费用多计400 000元（见表8-17），管理费用多计13 226 670元（见表8-23），财务费用多计261 060元（见表8-31），投资收益少计52 477 930元（见表8-36），公允价值变动收益多计1 328 220元（见表8-40），营业外支出多计366 210元（见表8-56），致使本期利润总额少计59 803 650元，所得税少计14 950 913元（59 803 650×25%，四舍五入），调整后利润总额为117 652 020元。

又据管理费用工作底稿（见表8-19），由于业务招待费超过扣除标准而少计所得税费用2 560 508元，故所得税费用共少计17 511 421元，净利润少计42 292 229元，应进行调整。

因表8-19已进行了2 560 508元的调整分录，故此处只进行14 950 913元的调整。建议调整分录为：

借：所得税费用　14 950 913

　贷：应交税费——应交所得税　14 950 913

审计结论：

经调整后，本期所得税费用金额为31 426 841元。

14）利润总额和净利润审定表

根据上述对损益形成各项目的审计结果，编制利润总额和净利润审定表（见表8-60）。

表8-60 利润总额和净利润审定表

被审计单位名称：新星公司　编制：王宇顺　日期：2022年3月10日　索引号：LR

会计期间或截止日：2021年度　复核：文美悦　日期：2022年3月10日　页次：1/1

索引号	项　目	未审数（元）	会计差错调整金额（元）	审定额（元）	备注
	一、营业收入	630 393 940	−25 600 000	604 793 940	
	减：营业成本	440 934 090	−20 000 000	420 934 090	
	税金及附加	10 315 310		10 315 310	
	销售费用	29 885 880	−400 000	29 485 880	
	管理费用	99 306 440	−13 226 670	86 079 770	

续表

索引号	项 目	未审数（元）	会计差错调整金额（元）	审定额（元）	备注
	研发费用	31 132 500		31 132 500	
	财务费用	10 130 530	−261 060	9 869 470	
	其中：利息费用	10 030 530	−130 530	9 900 000	
	利息收入	—	130 530	130 530	
	加：其他收益	—		—	
	投资收益	46 677 060	52 477 930	99 154 990	
	其中：对联营和合营企业的投资收益	5 022 070		5 022 070	
	以摊余成本计量的金融资产终止确认收益（损失以“–”号填列）	—		—	
	净敞口套期收益（损失以“–”号填列）	—		—	
	公允价值变动收益（损失以“–”号填列）	3 349 430	−1 328 220	2 021 210	
	信用减值损失（损失以“–”号填列）	−1 300 320		−1 300 320	
	资产减值损失（损失以“–”号填列）	−886 370		−886 370	
	资产处置收益（损失以“–”号填列）	—		—	
	二、营业利润（亏损以“–”号填列）	56 528 990	59 437 440	115 966 430	
	加：营业外收入	1 685 590		1 685 590	
	减：营业外支出	366 210	−366 210	0	
	三、利润总额（亏损总额以“–”号填列）	57 848 370	59 803 650	117 652 020	
	减：所得税费用	13 915 420	17 511 421	31 426 841	
	四、净利润（净亏损以“–”号填列）	43 932 950	42 292 229	86 225 179	
	（一）持续经营净利润（净亏损以“–”号填列）	43 932 950	42 292 229	86 225 179	
	（二）终止经营净利润（净亏损以“–”号填列）	—		—	
	五、其他综合收益的税后净额	0		0	
	（一）不能重分类进损益的其他综合收益	0		0	
	（二）将重分类进损益的其他综合收益	0		0	
	六、综合收益总额	43 932 950	42 292 229	86 225 179	
	七、每股收益（略）	—	—	—	
	（一）基本每股收益	—	—	—	
	（二）稀释每股收益				

审计结论：

经调整后，本期企业利润总额应为117 652 020元，净利润应为86 225 179元。

8.2 新星公司利润分配审计案例

企业取得的净利润应当按规定程序进行分配。利润的分配过程和结果不仅关系到企业是否能长期、稳定发展，而且关系到所有者的合法权益是否能得到保护。根据《中华人民共和国公司法》等有关法律法规的规定，企业实现的净利润一般应当按照如下顺序进行分配：第一，提取盈余公积。企业必须按当年税后利润（减弥补亏损）的10%提取法定盈余公积。当法定盈余公积累计额达到企业注册资本的50%时，可不再提取。企业从税后利润中提取法定盈余公积后，经股东会或者股东大会决议，还可以从税后利润中提取任意盈余公积。第二，向所有者（股东）分配利润。在提取盈余公积以后，股份有限公司就可以向所有者（股东）分配利润。股份有限公司分配利润的形式有两种，即现金股利和股票股利。其中，现金股利即通常所说的"分红"，是指公司按各普通股股东的持股比例，向普通股股东派发现金股利；股票股利是指企业按照利润分配方案以分派股票股利的形式将利润转作资本（或股本）。经过上述分配后，如果净利润还有剩余，则为未分配利润（或未弥补亏损）。未分配利润可留待以后年度进行分配；企业如发生亏损，可以按照规定由以后年度利润进行弥补。

本案例主要介绍了利润分配环节涉及的主要账户，揭示该业务中存在的主要舞弊形式、审计程序与方法及审计调整的过程和结果。新星公司有关利润分配的相关资料沿用上一节的背景资料。

8.2.1 评估重大错报风险

利润分配中可能存在的重大错报风险主要包括：

（1）不按规定分配利润，漏缴所得税。

（2）违规用税前利润弥补亏损，漏缴所得税。

（3）盈余公积的处理不符合规定。

（4）未分配利润的处理不符合规定。

注册会计师通过询问、检查文件记录等方法获取相关信息，结合以前年度的审计情况，在了解利润分配业务内部控制制度的基础上，分析企业财务数据，将利润分配业务中存在的重大错报风险评估为低水平。

8.2.2 新星公司利润分配的控制测试

注册会计师在对新星公司利润分配环节内部控制进行了解的基础上进行控制测试。

1）利润分配业务内部控制测试程序表（见表8-61）

表8-61 利润分配业务内部控制测试程序表

被审计单位名称：新星公司	编制：文美悦	日期：2022年3月10日	索引号：LRFP-1
会计期间或截止日：2021年度	复核：王宇顺	日期：2022年3月10日	页次：1/1

审计程序：
1.询问被审计单位的人员，了解被审计单位针对利润分配业务的主要控制制度是否被执行； 2.观察利润分配业务的关键控制点及特定控制点的控制实践； 3.检查关键控制点生成的有关文件和记录； 4.必要时通过重新执行来证实控制执行的有效性； 5.通过追踪交易在财务报告信息系统中的处理过程（穿行测试），提取对关键控制点控制有效支持的审计证据； 6.根据上述程序的实施，评估控制是否可信赖。

2）利润分配业务内部控制问卷调查表（见表8-62）

表8-62 利润分配业务内部控制问卷调查表

被审计单位名称：新星公司　编制：文美悦　日期：2022年3月10日　索引号：LRFP-2

会计期间或截止日：2021年度　复核：王宇顺　日期：2022年3月10日　页次：1/1

被调查人：董心美

调查项目	是	否	不适合	备注
1.利润分配表是否由专人负责编制？	√			
2.利润分配方案是否由董事会负责制订，由股东大会审查批准？	√			
3.利润分配总账和明细账是否健全？	√			
4.利润分配程序是否符合法律规定？	√			
5.是否定期进行利润分配总账和明细账的核对？	√			
6.利润分配各总账账户余额和报表中相关项目是否定期核对？	√			
结论： 经内部控制问卷和简易测试后，认为利润分配业务内部控制的可信赖程度为： 高（√）中（　）低（　）				

3）利润分配业务内部控制检查表（见表8-63）

表8-63 利润分配业务内部控制检查表

被审计单位名称：新星公司　编制：文美悦　日期：2022年3月10日　索引号：LRFP-3

会计期间或截止日：2021年度　复核：王宇顺　日期：2022年3月10日　页次：1/1

序号	检查过程记录	备注
1	取得公司章程，验明公司规定的利润分配程序是否符合法律规定	√
2	查看公司利润分配总账和明细账的设置情况	√
3	查看公司利润分配总账和明细账的核对情况	√
4	索取利润分配的授权批准文件，检查权限是否恰当、手续是否齐全	√
5	观察职务是否分离，查明权限划分是否合规	√
6	抽查利润分配业务的会计记录，从明细账中抽取部分会计记录按原始凭证到明细账、总账的顺序核对有关数据和情况，判断其会计处理过程是否合理完整	√
结论： 利润分配业务的内部控制健全。		

4）利润分配业务内部控制执行有效性汇总评价表（见表8-64）

表8-64　利润分配业务内部控制执行有效性汇总评价表

被审计单位名称：新星公司　编制：文美悦　日期：2022年3月10日　索引号：LRFP-4

会计期间或截止日：2021年度　复核：王宇顺　日期：2022年3月10日　页次：1/1

<table>
<tr><td colspan="2">内部控制风险评价标准</td></tr>
<tr><td colspan="2">重要提示：
如出现下列情况，应将控制风险评估为高水平：
1.既定内部控制制度在不同的时间点或不同的业务单元和公司层面未被一贯执行；
2.例外事项的控制点未被一贯执行；
3.有证据表明存在管理层凌驾于内部控制之上的情况。</td></tr>
<tr><td colspan="2">对内部控制制度执行有效性的评价</td></tr>
<tr><td colspan="2">评价对象：
检查表（√）；询问记录（√）；观察记录（ ）</td></tr>
<tr><td colspan="2">评价：
通过询问被审计单位相关人员和检查书面资料，了解到被审计单位利润分配业务的主要控制制度基本上得到了有效执行。</td></tr>
<tr><td>评价结论类型</td><td>结论</td></tr>
<tr><td>内部控制可信赖</td><td>√</td></tr>
<tr><td>内部控制不可信赖</td><td>注：确定实质性测试方案或确定审计报告意见类型</td></tr>
<tr><td>部分内部控制可信赖</td><td>注：需要详细描述并确定实质性测试方案</td></tr>
</table>

8.2.3　新星公司利润分配的实质性程序

本节列示了利润分配环节盈余公积和未分配利润审计的主要实质性程序。

1）盈余公积实质性程序

盈余公积是企业按照规定从净利润中提取的积累资金，是具有特定用途的留存收益，主要用于弥补亏损和转增资本，也可以按规定用于分配股利。盈余公积包括法定盈余公积和任意盈余公积。

（1）盈余公积实质性程序（见表8-65）

表8-65　盈余公积实质性程序表

被审计单位名称：新星公司　编制：王宇顺　日期：2022年3月10日　索引号：YYGJ

会计期间或截止日：2021年度　复核：文美悦　日期：2022年3月10日　页次：1/1

<table>
<tr><td colspan="2" rowspan="2">审计目标</td><td colspan="6">财务报表认定</td></tr>
<tr><td>存在</td><td>完整性</td><td>权利和义务</td><td>准确性、计价和分摊</td><td>分类</td><td>列报</td></tr>
<tr><td>A</td><td>资产负债表中记录的盈余公积是存在的</td><td>√</td><td></td><td></td><td></td><td></td><td></td></tr>
<tr><td>B</td><td>所有应当记录的盈余公积是否均已记录，盈余公积的增减变动符合法律、法规和合同、章程的规定</td><td></td><td>√</td><td></td><td></td><td></td><td></td></tr>
<tr><td>C</td><td>盈余公积以恰当金额包括在财务报表中</td><td></td><td></td><td></td><td>√</td><td></td><td></td></tr>
</table>

续表

审计目标		财务报表认定					
		存在	完整性	权利和义务	准确性、计价和分摊	分类	列报
D	盈余公积已按照企业会计准则的规定在财务报表中作出恰当列报						√
E	信用减值损失已记录于恰当的账户					√	
F	信用减值损失已按照企业会计准则的规定在财务报表中作出恰当的列报						√

审计目标	序号	计划实施的实质性程序	是否执行	索引号	存在	完整性	权利和义务	准确性、计价和分摊	分类	列报
C	1	获取或编制盈余公积明细表，复核加计是否正确，并与报表数、总账数及明细账合计数核对是否相符		XYJZSS-1				√		
AB	2	收集与盈余公积变动有关的董事会会议纪要、股东（大）会决议以及政府主管部门、财政部门批复等文件资料，进行审阅，并更新永久性档案		XYJZSS-1 XYJZSS-2	√	√				
ABC	3	对法定盈余公积和任意盈余公积的发生额逐项审查至原始凭证： (1) 审查法定盈余公积和任意盈余公积的计提顺序、计提基数、计提比例是否符合有关规定，会计处理是否正确； (2) 审查盈余公积的减少是否符合有关规定，取得董事会会议纪要、股东（大）会决议，予以核实，检查有关会计处理是否正确			√	√		√		

续表

审计目标	序号	计划实施的实质性程序	是否执行	索引号	存在	完整性	权利和义务	准确性、计价和分摊	分类	列报
AC	4	如系外商投资企业，应对储备基金、企业发展基金的发生额逐项审查至原始凭证，审查是否符合有关规定，检查有关会计处理是否正确		XYJZSS-3	√			√		
AC	5	如系中外合作经营企业，应对利润归还投资的发生额审查至原始凭证，并与“实收资本——已归还投资”科目的发生额进行核对，检查有关会计处理是否正确			√			√		
	6	根据评估的舞弊风险等因素增加的审计程序								
D	7	检查盈余公积是否已按照企业会计准则的规定在财务报表中作出恰当列报							√	√

（2）盈余公积明细表（见表8-66）

表8-66 **盈余公积明细表**

被审计单位名称：新星公司　编制：王宇顺　日期：2022年3月10日　索引号：YFFY-1

会计期间或截止日：2021年度　复核：文美悦　日期：2022年3月10日　页次：1/1

单位：元

序号	种类	期初余额（上年审定数）	本年增加	本年减少	期末余额
1	法定盈余公积	18 202 270	4 393 295	10 000 000	12 595 565
2	任意盈余公积	9 101 140	2 196 648		11 297 788
3	储备基金				
4	企业发展基金				
合　计		27 303 410	6 589 943	10 000 000	23 893 353

（3）盈余公积细节测试表（见表8-67）

表8-67 **盈余公积细节测试表**

被审计单位名称：新星公司　编制：王宇顺　日期：2022年3月10日　索引号：YYGJ-3

会计期间或截止日：2021年度　复核：文美悦　日期：2022年3月10日　页次：1/1

序号	明细账资料				凭证审核内容					
	日期	凭证号	业务内容	金额（元）	日期	金额（元）	对应科目	有无授权	账务处理是否正确	审核情况的说明
1	12.31	77	提取法定盈余公积	4 393 295	12.31	4 393 295	利润分配	有	是	由于已审定净利润已经调整，相应地，提取的法定盈余公积也要调整
2	12.31	79	提取任意盈余公积	2 196 648	12.31	2 196 648	利润分配	有	是	由于已审定净利润已经调整，相应地，提取的任意盈余公积也要调整
3	12.31	80	转增资本	10 000 000	12.31	10 000 000	实收资本	有	是	

审计说明：

由于已审定净利润已经调整增加42 292 229元，相应地，提取的法定盈余公积和任意盈余公积也需要分别按照10%和5%的计提比例调整。建议调整分录为：

借：利润分配——提取法定盈余公积　4 229 223

　　　　　　——提取任意盈余公积　2 114 611

　贷：盈余公积——法定盈余公积　4 229 223

　　　　　　　——任意盈余公积　2 114 611

审计结论：

补齐前述调整的影响金额后，余额可以确认。

（4）盈余公积审计结论（见表8-68）

表8-68 **盈余公积审定表**

被审计单位名称：新星公司　编制：王宇顺　日期：2022年3月10日　索引号：YYGJ-4

会计期间或截止日：2021年度　复核：文美悦　日期：2022年3月10日　页次：1/1

明细项目	上年末审定数（元）	本年增加（元）				本年减少（元）		年末余额（未审数）（元）	调整数（元）		年末余额（审定数）（元）	备注
		利润提取	公益金转入	其他	小计	转增股本	小计		索引号	金额		
法定盈余公积	18 202 270	4 393 295			4 393 295	10 000 000	10 000 000	12 595 565		4 229 223	16 824 788	因净利润调增补提
任意盈余公积	9 101 140	2 196 648			2 196 648			11 297 788		2 114 611	13 412 399	因净利润调增补提
合　计	27 303 410	6 589 943			6 589 943	10 000 000	10 000 000	23 893 353		6 343 834	30 237 187	

审计说明：

由于已审定净利润已经调整，相应地，提取的法定盈余公积和任意盈余公积也需要分别按照10%和5%的计提比例分别调增4 229 223元和2 114 611元。

审计结论：

经调整后，盈余公积审定金额为30 237 187元。

2）未分配利润实质性程序

未分配利润是指未进行分配的净利润，即这部分利润既没有被分配给投资者，也未指定用途。未分配利润是企业当年税后利润在弥补以前年度亏损、提取法定盈余公积和任意盈余公积的基础上，加上年年末未分配利润，再扣除向所有者分配利润后的结余额，是企业留待以后年度分配的利润。它是企业历年积存的留存收益，也是所有者权益的一个重要组成部分。企业的未分配利润通过“利润分配——未分配利润”明细科目核算，年末余额反映历年积存的未分配利润（或未弥补亏损）。

（1）未分配利润实质性程序（见表8-69）

表8-69 **未分配利润实质性程序表**

被审计单位名称：新星公司　编制：王宇顺　日期：2022年3月10日　索引号：WFPLR

会计期间或截止日：2021年度　复核：文美悦　日期：2022年3月10日　页次：1/1

审计目标		财务报表认定					
		存在	完整性	权利和义务	准确性、计价和分摊	分类	列报
A	资产负债表中记录的未分配利润是存在的	√					
B	所有应当记录的未分配利润均已记录，未分配利润增减变动符合法律、法规和章程的规定		√				
C	未分配利润以恰当的金额包括在财务报表中				√		
D	未分配利润已按照企业会计准则的规定在财务报表中作出恰当列报						√

审计目标	序号	计划实施的实质性程序	是否执行	索引号	存在	完整性	权利和义务	准确性、计价和分摊	分类	列报
C	1	获取或编制利润分配明细表，复核加计是否正确，与报表数、总账数及明细账合计数核对是否相符		WFPLR-1				√		
AC	2	将未分配利润年初数与上年审定数核对是否相符，检查涉及损益的上年审计调整是否正确入账		WFPLR-1	√			√		
AB	3	获取与未分配利润有关的董事会会议纪要、股东（大）会决议、政府部门批文及有关合同、协议、公司章程等文件资料，并更新永久性档案		WFPLR-2	√	√				
ABC	4	检查董事会会议纪要、股东（大）会决议、利润分配方案等资料，对照有关规定确认利润分配的合法性		WFPLR-2	√	√		√		

续表

审计目标	序号	计划实施的实质性程序	是否执行	索引号	存在	完整性	权利和义务	准确性、计价和分摊	分类	列报
ABC	5	检查未分配利润变动的相关凭证，结合所获取的文件资料，确定相关会计处理是否正确		WFPLR-3	√	√		√		
C	6	了解本年利润弥补以前年度亏损的情况，确定本期期末未弥补亏损金额。如果已超过弥补期限，且已因为抵扣亏损而确认递延所得税资产，应当予以调整						√		
ABC	7	检查本期未分配利润变动除净利润转入以外的全部相关凭证，结合所获取的文件资料，确定相关会计处理是否正确		WFPLR-4	√	√		√		
ABC	8	结合以前年度损益科目的审计，检查以前年度损益调整的内容是否真实、合理，注意对以前年度所得税的影响。对重大调整事项应逐项核实其发生原因、依据和有关资料，复核数据的正确性			√	√		√		
	9	根据评估的舞弊风险等因素增加的审计程序								
D	10	检查未分配利润是否已按照企业会计准则的规定在财务报表中作出恰当列报：检查对资产负债表日后至财务报告批准报出日之间由董事会或类似机构所制订的利润分配方案中拟分配的股利，是否在财务报表附注中单独披露		WFPLR-5						√

（2）未分配利润审计结论（见表8-70）

公司董事会决议，本年度利润不对投资者进行分配。

表8-70 **未分配利润审定表**

被审计单位名称：新星公司　编制：王宇顺　日期：2022年3月10日　索引号：WFPLR-5

会计期间或截止日：2021年度　复核：文美悦　日期：2022年3月10日　页次：1/1

索引号	项目	未审数（元）	会计差错调整金额（元）	审定额（元）	备注
	一、利润总额（亏损总额以“-”号填列）	57 848 370	59 803 650	117 652 020	
	减：所得税费用	13 915 420	17 511 421	31 426 841	
	二、净利润（净亏损以“-”号填列）	43 932 950	42 292 229	86 225 179	
	加：年初未分配利润	10 630 000		10 630 000	
	盈余公积补亏				
	其他调整因素				
	三、可供分配的利润	54 562 950	42 292 229	96 855 179	
	减：提取法定盈余公积	4 393 295	4 229 223	8 622 518	
	提取任意盈余公积	2 196 648	2 114 611	4 311 259	
	提取一般风险准备				
	应付优先股股利				
	应付普通股股利（应付利润）				
	转作股本的普通股股利				
	四、期末未分配利润	47 973 007	35 948 395	83 921 402	

审计结论：

经调整后，确认未分配利润余额应为83 921 402元。

关键概念

营业成本　税金及附加　销售费用　管理费用　财务费用　公允价值变动损益　资产减值损失　盈余公积

本章小结

本章揭示了企业损益形成和利润分配环节的主要错弊表现形式，介绍了这两个相互衔接的业务环节的主要实质性审计程序、审计调整方法及相关审计工作底稿的编制等内容。

本章常见的问题主要存在于损益形成方面，被审计单位可能通过对各收入及费用类账户的调节达到调节利润的目的，可能的错弊形式主要表现为：多计或少计收入；库存商品的成本计算有误；不能按正确时间和金额结转营业成本，提前结转或延后结转，多结转或者少结转；人为夸大期间费用；广告费用和业务招待费等的税前扣除不按要求进行，不能按会计准则的要求合理确定公允价值变动损益和资产减值损失的金额；投资收益不入账或少入账，采用的投资收益核算方法不正确等。同时，利润的调整又直接影响了所得税申报的正确与否，这是因为调整了利润总额，必然需要相应调整所得税费用，而所得税的调整又引起净利润的调整，从而使得盈余公积需要调整，这一连串的调整也就最终影响了利润分配过程。

损益形成环节的审计是本章的重点和难点，此部分涉及利润构成各主要账户（其中主营业务收入审计讲解见第3章）的审计程序，需要对各账户逐一进行审计确认。各账户审计的实质性程序基本按照“首先进行实质性分析程序，然后进行细节测试，最后得出审计结论”的思路进行。实质性分析程序要在考虑被审计单位的行业特征、市场行情、经济环境、相关政策等多种因素的基础上进行，包括对各账户本期数与上期数的比较分析、本期数各月的比较分析、本期数与行业平均数的比较分析等多角度分析。例如，在管理费用审计中，通过不同月份相关数据的比较分析，注册会计师会注意到部分月份的数据异常，并将可能存在异常的数据作为细节测试的重点。细节测试主要是通过抽查重要或有疑点的业务，进行账账核对、账证核对、账表核对。

课程思政

对企业整个利润分配活动进行分析，发现企业在利润分配活动中的各种舞弊行为所引发的思考。

思政目标：基于企业在利润分配活动中的具体行为分析，对学生进行心理健康教育，树立正确的分配观念，我国实行各尽所能、按劳分配的原则，每个劳动者所应分得的消费品数量取决于他们为社会提供的劳动数量和质量，多劳多得，少劳少得，等量劳动获得等量报酬，由此引导学生深刻认识劳动精神，培养学生爱岗敬业、争创一流、艰苦奋斗、勇于创新、崇尚劳动、热爱劳动、辛勤劳动、诚实劳动的品质。

练习题

1. 中鑫会计师事务所接受委托对利德公司2021年度财务报表进行审计。假定项目组注册会计师审查后发现利德公司存在下列情况：

（1）存货中有账面价值50万元的A产品因市场上有替代产品出现而贬值严重，其可变现净值仅为20万元。利德公司没有对此项存货计提减值损失。

（2）外销商品一批，成本为28万元，已于12月29日运出，此项商品系CIF付款条件的在途货物，会计部门对此已记入“主营业务收入”账户45万元并结转了相应的主营业务成本。

（3）于12月6日支付9万元购入生产用设备一台，已记入12月份的“管理费用”账户。

（4）本年度未经审计的利润总额为950万元，净利润为712.5万元，假定不存在其他纳税调整项目。

要求：分析上述情况存在的问题，并代注册会计师核定利德公司的利润总额和净利润。

2.接上题，假定2022年3月20日，利德公司董事会根据2021年年初未分配利润余额和2021年度审计后的净利润，审议通过如下分配预案："按2021年度审计后的净利润的10%提取法定盈余公积；以2021年度总股本3 000万股（每股面值1元）为基数，每10股派发现金0.50元；剩余未分配利润滚存至下一年度。"对上述利润分配方案，利德公司进行了借记"应付股利"、贷记"库存现金"的会计处理。

要求：请问审计人员应如何向利德公司提出审计调整意见？

3.舒文公司主营工程监理服务、工程项目咨询服务和工程项目管理服务，其于2019年1月在新三板挂牌。与2020年相比，该公司除职工薪酬水平提高6%以外，2021年的经营环境未发生重大变化。某会计师事务所接受委托，对该公司2021年度财务报表进行审计。表8-71是舒文公司2021年利润表的部分数据。

表8-71 舒文公司2021年利润表的部分数据 单位：元

项　目	本期金额	上期金额
一、营业收入	61 816 320.35	61 858 701.33
减：营业成本	30 469 796.33	33 439 038.03
税金及附加	765 378.57	425 848.65
销售费用	—	—
研发费用	—	—
管理费用	14 417 023.34	14 176 689.26
财务费用	−21 783.91	−11 178.41
加：其他收益		
二、营业利润（亏损以"−"号填列）	16 185 906.02	13 828 303.80
加：营业外收入	—	606 100.05
减：营业外支出	—	—
三、利润总额（亏损总额以"−"号填列）	16 185 906.02	14 434 403.85
减：所得税费用	2 427 885.90	2 075 160.58
四、净利润（净亏损以"−"号填列）	13 758 020.12	12 359 243.27

要求：请代注册会计师执行分析程序，确定对舒文公司利润表审计中的重点审计领域。

第9章　审计业务终结阶段案例

学习目标

通过本章的学习，了解在审计业务终结阶段如何与被审计单位沟通并形成审计调整建议，掌握审计差异调整表和试算平衡表的编制，掌握如何形成审计意见，掌握审计报告的基本要素。

9.1　案例背景

林胜股份有限公司（以下简称林胜公司）在1998年经国有企业改制后上市，是一家大型化学制药企业。该公司目前生产抗生素与半合成抗生素、生物技术药物、农兽药、淀粉糖维生素、制剂共5个系列的400多个品种，主要产品在国内市场占有较大的份额，其中青霉素、维生素B12等品种的产销量位居世界前列，抗生素的规模和生产技术在国内均处于领先地位。林胜公司建立了7 000平方米的质量检测中心，检测手段先进，有效地控制了各个环节的生产质量。该公司自上市以来，备受投资者青睐，市场表现稳健。由于原承接年度报表审计的会计师事务所解散，该公司经股东大会讨论，通过了聘请希冀会计师事务所审计2021年度财务报表的决议。

近年来，中国医药市场正在快速成长，医药消费逐年增加，而美国、日本以及欧洲等发达国家和地区的医药市场增长速度已经放缓，在未来的几年中，将会有更多外资进入中国。我国是原料药生产大国，生产量居世界前列，可生产的化学原料近1 500种，总产量约42万吨，其中50%以上出口，年平均出口额达22亿美元，位居世界第二位。随着医疗体制改革的推进，化学制药、医药商业将显著受益，但利润率会有所降低。化学药作为医药行业中最大的子行业，是医改受益面最广的行业，其利润占行业总额的36%。中国化学药市场规模由2016年的7 226亿元增长至2019年的8 190亿元，2020年受疫情影响，市场规模略有下降，为7 085亿元。2021年，带量采购进入常态化阶段，在提高化学药行业集中度、推动研发创新、促进上下游一体化等方面起到积极的推动作用，2021年中国化学药市场规模超过8 400亿元。

希冀会计师事务所首次接受林胜公司董事会委托，于2022年1月7日至3月16日对该公司2021年度财务报表进行审计。事务所指派张明为项目负责人，付民、李丽、王非等为项目组成员。项目负责人张明负责总体计划、协调、汇总合并。付民为审计一组负责人，李丽为审计二组负责人。到2022年3月1日，与林胜公司审计相关的控制测试和实质性程序已经基本完成，包括已经按业务循环完成各财务报表项目的审计测试和一些特殊项目（如期初余额、期后事项、会计估计、或有事项等）的审计测试，对林胜公司的报表审计业务进入终结阶段，终结阶段工作涉及获取管理层声明书和律师声明书，汇总审计测试结果，编制审计差异调整表和试算平衡表，完成审计工作底稿的复核，在此基础上，评价审计结果，与客户沟通，撰写审计总结，确定应出具审计报告的意见类型，进而编制并致送审计报告，最终完成年度财务报表审计工作。

9.2 获取管理层声明书和律师声明书

9.2.1 获取管理层声明书

注册会计师张明在出具审计报告前获取了使用林胜公司抬头纸打印的管理层声明书，具体内容如下：

索引号：SM1

管理层声明书

希冀会计师事务所并张明注册会计师：

本声明书系与贵事务所对林胜股份有限公司（以下简称“本公司”）2021年度财务报表审计有关。贵事务所出于对该财务报表是否按照适用的企业会计准则在所有重大方面公允地反映了林胜公司2021年12月31日的财务状况及2021年度的经营成果和现金流量形成审计意见的需要，从我方取得关于本声明书中所含信息的声明是一项重要程序，对此我们表示认同。

我们了解贵事务所对本公司财务报表审计的目的是对其发表意见，并且贵事务所已按照中国注册会计师审计准则实施审计，包括检查会计系统、内部控制以及在当时情况下你们认为需要的相关数据。并且，我们也了解贵事务所的审计目的并非揭示可能存在的舞弊、管理缺陷、差错和其他不合规情况。

因此，为配合贵事务所的审计工作，本公司就已知的全部事项作出如下声明：

一、财务报表与财务记录

1.作为本公司管理层成员，我们已履行2021年11月2日签署的审计业务约定书提及的责任，即根据企业会计准则的规定编制财务报表，并对财务报表进行公允反映。我们认为上述财务报表按照适用的企业会计准则在所有重大方面公允地反映了本公司的财务状况、经营成果和现金流量，并且不存在重大错报，包括遗漏。我们已批准该财务报表。

2.编制财务报表时所采用的重要会计政策已在财务报表中得以正确描述。

3.该财务报表的各要素已按适用的企业会计准则得以正确分类、描述和披露。

4.作为本公司管理层成员，我们相信本公司拥有足够的内部控制系统，可以使得我们能够按照适用的企业会计准则编制准确的财务报表。

二、提供的信息和交易的完整性

1.我们已向贵事务所提供了所有与财务报表审计有关的财务记录、相关资料以及2021年1月1日以来召开的股东会、董事会和董事会专门委员会会议直至2022年2月26日召开的最近一次会议的所有会议记录（或尚未编制成会议记录的近期会议的行动纲要），并允许注册会计师不受限制地接触所有相关信息以及被审计单位内部人员和其他相关人员。

2. 我们认为所有交易均已正确记录并反映在财务报表中，不存在其他未被正确记录的重大交易。

3. 我们确认已就关联方的识别提供了完整的相关信息。我们已向贵事务所披露了所有已知的关联方和关联方交易，包括销售、采购、贷款、资产转让、负债和服务、租赁安排、担保、非货币性交易和本期间内发生的无对价交易，以及2021年年末与关联方之间的有关应付或应收账户余额。这些交易已经按照适用的企业会计准则在财务报表中进行了恰当的会计处理和披露。

三、舞弊与错误

1. 我们确知我方有责任设计、执行和维护内部控制以防止和发现舞弊与错误。

2. 我们已向贵事务所披露了我们对财务报表可能因舞弊而存在重大错报这一风险的评估结果。

3. 我们未得知任何涉及管理层或在本公司针对财务报告的内部控制中起重要作用的其他员工的舞弊行为或潜在的舞弊行为。此外，我们未得知可能对财务报表具有重大影响的、涉及其他员工的任何舞弊行为或潜在的舞弊行为。我们未得知任何针对可能导致财务报表的错报或对本公司财务报告产生影响的不当行为，包括舞弊或潜在的舞弊行为的指控（无论来源或形式，并且包括但不限于“内部举报人”发出的任何检举）。

四、对法律与法规的遵循情况

1. 我们已向贵事务所披露了在编制财务报表时，应对其影响加以考虑的所有已知实际发生的或可能存在的未遵循法律与法规的情况。

2. 我们认为不存在不符合监管当局要求且此类不合规可能对财务报表产生重大影响的情况。

五、评估审计过程中识别出的错报

本次审计未发现属于财务报表最近一期列报数的未调整审计差异。

六、确认、计量与披露

1. 我们认为编制财务报表时所使用的公允价值计量与披露所基于的重要假设，在当时的情况下是合理并且适当的。这些假设反映了我们代表本公司执行长期股权投资行为的意图和能力。

2. 我们并无对财务报表中所反映的资产和负债的账面价值或分类可能产生重大影响的计划或意图。

3. 我们已向贵事务所披露，而且本公司已遵循了相关合同的所有方面，包括所有尚未偿还债务的全部契约、条件或其他要求。

七、资产的所有权

1. 除了资本化的使用权资产以外，本公司对资产负债表中列示的所有资产均享有完全的权利，并且不存在他人置于本公司资产上的留置权或保留权；而且除财务报表附注6中披露的内容外，本公司无其他任何用作抵押的资产。本公司享有完全权利的所有资产均列示于资产负债表中。

2. 与已售出资产有关的所有回购协议和期权，已在财务报表中得以正确记录和充分披露。

3.我们并无废弃生产线的计划或者将会导致存货过多或过时的其他计划或意图。存货的列报金额均不高于可变现净值。

4.我们的任何现金和投资账户均不存在正式或非正式的补偿性余额安排。除财务报表附注2中的披露外，我们无其他信用额度安排。

八、负债与或有事项

1.我们已向贵事务所披露，并在财务报表中正确反映了所有负债及或有事项，包括与书面或口头担保有关的负债及或有事项。

2.我们已告知贵事务所所有知悉的、已经或可能发生的、在编制财务报表时应考虑的诉讼和索赔事项，并已按照适用的企业会计准则进行了会计处理和披露，无论是否已就其与法律顾问进行讨论。

3.我们已正确地记录或披露了实际发生的和可能发生的所有负债，并已在财务报表附注9中披露了所有向第三方提供的担保。

4.我们预计不会收到与诉讼有关的索赔要求。

九、权益

我们已在财务报表中适当记录或披露了股本回购的期权和协议，以及为期权、认股权证、股份转换和其他需要而储备的股份。

十、采购和销售承诺以及销售条款

1.我们已在财务报表中适当记录并充分披露了采购和销售承诺造成的损失。

2.2021年年末，本公司无正常商业活动以外的并且可能对公司产生不利影响的异常承诺或任何形式的合同义务。

3.我们已向贵事务所提供了向经销商和转销商进行销售的所有相关协议。这些协议涵盖了销售的整个安排，且无需其他书面或口头协议补充。

十一、持续经营

财务报表附注13披露了我们所知悉的、与本公司持续经营能力有关的所有事项，包括重要情况和事项以及管理层的计划。

十二、期后事项

资产负债表日后未发生需对财务报表或其附注进行调整或于其中进行披露的事项。

林胜股份有限公司（盖章）
法定代表人：韩林胜（签名）
主管会计工作负责人：王可心（签名）
财务会计机构负责人：毕业舜（签名）
2022年3月1日

9.2.2 获取律师声明书

在对被审计单位期后事项和或有事项以及其他相关业务进行审计时，注册会计师往往要向被审计单位的法律顾问和律师进行函证，以获取与资产负债表日业已存在的以及资产负债表日至复函日这一时期内存在的期后事项和或有事项等有关的审计证据。被审计单位的律师对函证问题的答复和说明，就是律师声明书。

对律师的函证，通常以被审计单位的名义，通过寄发审计询证函的方式实施。律师声明书所用的格式和措辞并没有定式。单位不同或情况不同，律师出具的声明书也不相同。

注册会计师张明在出具审计报告前按照计划程序对林胜公司的律师进行了函证，获取了律师声明书，具体内容如下：

索引号：SM2

律师询证函

甄成功律师事务所并甄成功律师：

本公司已聘请希冀会计师事务所对本公司2021年12月31日（以下简称资产负债表日）的资产负债表及2021年度利润表、现金流量表、所有者权益变动表和财务报表附注进行审计。为了配合该项审计，谨请贵律师事务所基于受理本公司委托的工作（诸如常年法律顾问、专项咨询和诉讼代理等），提供下述资料，并函告希冀会计师事务所：

一、请说明存在于资产负债表日并且自该日起至本函回复日止本公司所有的涉及无论作为原告或被告的诉讼（潜在的或已经存在的），该说明中谨请包含以下内容：

1.案件的简要事实经过与目前的发展进程；

2.在可能范围内，贵律师对于本公司管理层就上述案件所持看法及处理计划（包括庭外和解设想）的了解，以及您对可能发生结果的意见；

3.在可能范围内，您对可能发生的损失或收益的可能性及金额的估计。

二、请说明存在于资产负债表日并且自该日起至本函回复日止，本公司曾向贵律师事务所咨询的其他诸如未决诉讼或索赔事项、追索债权、被追索债务以及政府有关部门对本公司进行的调查等可能涉及本公司法律责任的案件。

三、请说明贵律师事务所是否注意到如下其他事项：

1.是否了解到任何具有以下情形的法律诉讼：在这些法律诉讼中本公司对应承担的责任没有提出异议，或者已认可应承担的责任。

2.是否了解到有任何对公司有管辖权的政府机构的调查涉及本公司。

3.是否了解到从2021年1月1日开始存在任何税务机关对本公司涉税事项的检查或稽查。

4.是否了解到有任何因本公司违反适用的法律法规而导致重大负债的情况。

四、请说明截至资产负债表日本公司与贵律师事务所之间律师服务费的结算情况（如有可能，请依服务项目区分）。

五、其他事项：

如果贵律师事务所认为有必要对前面提及的任何信息加以补充，请直接向希冀会计师事务所提供解释，包括贵律师事务所持有不同观点的本公司涉及的任何已结案的重大诉讼和索赔的遗漏事项声明，以及提供这些事项的清单。

贵律师事务所的反馈应包括2021年12月31日已存在的事项和从2021年12月31日到贵律师事务所的反馈生效日这段时间关于已存在事项的进一步信息或新发生的事项。

如果在此函的反馈内容中存在任何限制，请明确说明性质和原因。

希冀会计师事务所预计约在2022年3月16日完成审计工作，因此希冀会计师事务所希望能在2022年3月1日到2022年3月6日期间收到贵律师事务所的回复。

希冀会计师事务所已承诺：在未和贵律师事务所协商的情况下，将不会提及或引用贵律师事务所的反馈。

请将贵所的反馈直接寄给希冀会计师事务所（回复地址：申州市诗林路47号11号信箱，邮政编码：500 000；电话：0333-12356891，联系人：张明）。同时将复印件寄给本公司（注：已附上已填写地址的回邮信封）。

谢谢合作！

林胜股份有限公司（盖章）

公司负责人：韩林胜（签名）

2022年2月26日

律师询证函复函

希冀会计师事务所：

本律师事务所自2021年1月1日至今担任林胜股份有限公司的法律顾问，向林胜股份有限公司提供一般性法律咨询服务。

资产负债表日并且自该日起至本函回复日止林胜股份有限公司未涉及无论作为原告或被告的诉讼，也不存在未决诉讼或索赔事项、追索债权、被追索债务以及政府有关部门对该公司进行的调查等可能涉及公司法律责任的案件。

另截至2022年2月28日，该公司未积欠本律师事务所任何律师服务费。

甄成功律师事务所（盖章）

律师：甄成功（签名）

2022年3月1日

注册会计师应根据该律师的职业水准和声誉情况来确定律师声明书的可靠性。如果注册会计师对代理被审计单位重大法律事务的律师并不熟悉，则应查询诸如该律师的职业背景、声誉及其在法律界的地位等情况，并考虑从律师协会获取信息。如果律师声明书表明或暗示律师拒绝提供信息或隐瞒信息，则注册会计师应将其视为审计范围受到限制。在本案例中，注册会计师张明认为该律师的复函可靠。

9.3 编制审计差异调整表和试算平衡表

9.3.1 编制审计差异调整表

注册会计师在审计过程中发现的不符合企业会计准则及相关会计法规的行为、需要调整财务报表的重大事项等都属于审计差异。审计差异按是否需要调整账户记录可分为核算误差和重分类误差。核算误差是指因企业对经济业务进行了不正确的会计核算而引起的误差，可用审计重要性原则来衡量每一项核算误差，这些核算误差又可被区分为建议调整的不符事项和未调整的不符事项；重分类误差是指因企业未按有关会计准则、会计制度的规定编制财务报表而引起的误差。注册会计师应以书面形式对审计差异提出调整财务报表的建议，调整建议通常以审计差异调整表的形式提出。

审计差异调整表是注册会计师用于汇总在审计过程中发现的财务报表差错的一种工作底稿。按其汇总内容不同，审计差异调整表具体分为三种：第一种是调整分录汇总表，用于汇总在审计过程中发现的被审计单位应予调整的会计事项；第二种是重分类分录汇总表，用于汇总在审计过程中发现的需要被审计单位对财务报表项目予以重新分类的事项；第三种是未调整不符事项汇总表，用于汇总被审计单位未调整的审计差异，如汇总后对净资产、净利润等的影响超过重要性水平，则需进一步提请被审计单位进行调整，以使未调整的差异影响不超过重要性水平。

注册会计师张明发现，林胜公司于2021年12月3日购入机器设备一台，原值合计100万元，应增加固定资产100万元，而被审计单位将其记入“周转材料”科目。2021年12月发生的管理费用120万元误记入“销售费用”科目，此类事项属于核算误差。注册会计师建议该公司进行调整，建议调整分录为：

借：固定资产 1 000 000

　贷：周转材料 1 000 000

借：管理费用 1 200 000

　贷：销售费用 1 200 000

除上述事项外，被审计单位不存在其他需要调整的事项，具体审计差异调整表见表9-1。

表9-1 审计差异调整表——调整分录汇总表

被审计单位名称：林胜公司　编制：张明　日期：2022年3月5日　索引号：SJCYTZ-1

会计期间或截止日：2021年1月1日—12月31日　复核：付民　日期：2022年3月5日　页次：1/1

序号	调整分录及说明	资产负债表项目（元）		利润表项目（元）		被审计单位调整情况及未调整原因
		借方	贷方	借方	贷方	
1	借：固定资产 1 000 000 贷：周转材料 1 000 000 将购入的固定资产作为周转材料入账，原值100万元	1 000 000	1 000 000			同意调整
2	借：管理费用 1 200 000 贷：销售费用 1 200 000 将发生的管理费用120万元误记入“销售费用”科目			1 200 000	1 200 000	同意调整
合计		1 000 000	1 000 000	1 200 000	1 200 000	

审计说明：

此项调整对资产负债表无影响；对利润表期间费用构成有影响，对利润总额无影响。

注册会计师张明还发现，林胜公司“应收账款——A企业”科目有贷方余额60万元，该公司在资产负债表上是以借贷方相抵后的余额填列的“应收账款”项目。此类事项属于重分类误差，应反映在“预收账款”科目内。建议应进行的重分类调整分录为：

借：应收账款——A企业　　600 000

　贷：预收账款　　600 000

具体审计差异调整表见表9-2。

表9-2　**审计差异调整表——重分类分录汇总表**

被审计单位名称：林胜公司　编制：张明　日期：2022年3月5日　索引号：SJCYTZ-2

会计期间或截止日：2021年1月1日—12月31日　复核：付民　日期：2022年3月5日　页次：1/1

序号	调整分录及说明	资产负债表项目（元）		利润表项目（元）		被审计单位调整情况及未调整原因
		借方	贷方	借方	贷方	
1	借：应收账款——A企业　600 000 　贷：预收账款　600 000 将“应收账款——A企业”科目贷方余额60万元误冲减了“应收账款”科目余额，建议重分类调整	600 000	600 000			同意调整
合　计		600 000	600 000			

审计说明：

此项调整对资产负债表的影响是使资产和负债同时增加了60万元；对利润表无影响。

对审计中发现的核算误差，如何运用审计重要性原则来划分建议调整的不符事项与未调整的不符事项，是正确编制审计差异调整表的关键。在划分建议调整的不符事项与未调整的不符事项时，注册会计师应当考虑核算误差的金额和性质：（1）对于单笔核算误差超过所涉及财务报表项目（或账项）层次重要性水平的，应视为建议调整的不符事项；（2）对于单笔核算误差低于所涉及财务报表项目（或账项）层次重要性水平但性质重要的，比如涉及舞弊与违法行为的核算误差、影响收益趋势的核算误差、股本项目等不期望出现的核算误差，应视为建议调整的不符事项；（3）对于单笔核算误差低于所涉及财务报表项目（或账项）层次重要性水平并且性质不重要的，一般应视为未调整的不符事项。但是，当若干笔同类型未调整的不符事项汇总数超过财务报表项目（或账项）层次重要性水平时，被审计单位应从中选取几笔转为建议调整的不符事项，过入调整分录汇总表，使未调整的不符事项汇总金额降至重要性水平之下。审计差异调整表——未调整的不符事项汇总表的格式见表9-3。林胜公司不存在未调整的不符事项。

表9-3 审计差异调整表——未调整的不符事项汇总表

被审计单位名称： 编制： 日期： 索引号：

会计期间或截止日： 复核： 日期： 页次：

<table>
<tr><td rowspan="2">序号</td><td rowspan="2">调整分录及说明</td><td colspan="2">资产负债表项目（元）</td><td colspan="2">利润表项目（元）</td><td rowspan="2">被审计单位调整情况及未调整原因</td></tr>
<tr><td>借方</td><td>贷方</td><td>借方</td><td>贷方</td></tr>
<tr><td></td><td></td><td></td><td></td><td></td><td></td><td></td></tr>
<tr><td></td><td></td><td></td><td></td><td></td><td></td><td></td></tr>
<tr><td colspan="2">合 计</td><td></td><td></td><td></td><td></td><td></td></tr>
<tr><td colspan="2">未予调整的影响</td><td colspan="2">项 目</td><td colspan="2">金额（万元）</td><td>百分比</td></tr>
<tr><td colspan="2">1.利润
2.净资产
3.资产负债表</td><td colspan="2"></td><td colspan="2"></td><td></td></tr>
<tr><td colspan="7">结论：</td></tr>
</table>

9.3.2 编制试算平衡表

试算平衡表是注册会计师在被审计单位提供未审财务报表的基础上，考虑调整分录、重分类分录等内容，以确定已审数与报表披露数的表格。

编制试算平衡表应注意以下几点：（1）试算平衡表中的“审计前金额”栏，应根据被审计单位提供的未审计财务报表填列。（2）有些财务报表项目往往会在为调整这些审计差异所编制的会计分录中多次出现，因此，在编制试算平衡表前，可先通过按财务报表项目设置的“丁”字账户，区分调整分录与重分类分录，分别进行汇总，然后按财务报表项目汇总后的借、贷方发生额分别过入试算平衡表中的“调整金额”和“重分类调整”栏内。（3）在编制完试算平衡表后，应注意核对相应的勾稽关系。例如，资产负债表试算平衡表左边的“审计前金额”“审定金额”“报表反映数”各栏合计数应分别等于其右边相应各栏合计数；资产负债表试算平衡表左边的“调整金额”栏中的借方合计数与贷方合计数之差应该等于右边的“调整金额”栏中的贷方合计数与借方合计数之差；资产负债表试算平衡表左边的“重分类调整”栏中的借方合计数与贷方合计数之差应该等于右边的“重分类调整”栏中的贷方合计数与借方合计数之差等。

注册会计师张明针对林胜公司的资产负债表编制的试算平衡表工作底稿见表9-4，针对林胜公司的利润表编制的试算平衡表工作底稿见表9-5。

表9-4

资产负债表试算平衡表工作底稿

客户：林胜公司　　编制：张明　　日期：2022年3月5日　　索引号：ZCFZBSSPH

会计截止日：2021年12月31日　　复核：付民　　日期：2022年3月5日　　页次：1/1

项　目	审计前金额（元）	调整金额（元）		审定金额（元）	重分类调整（元）		报表反映数（元）	项　目	审计前金额（元）	调整金额（元）		审定金额（元）	重分类调整（元）		报表反映数（元）
	借方	借方	贷方	借方	借方	贷方	借方		贷方	借方	贷方	贷方	借方	贷方	贷方
货币资金	471 483 290			471 483 290			471 483 290	短期借款	1 374 038 801			1 374 038 801			1 374 038 801
交易性金融资产								交易性金融负债							
应收票据								应付票据							
应收账款	1 323 487 485			1 323 487 485	600 000		1 324 087 485	应付账款	691 392 697			691 392 697			691 392 697
预付款项	175 761 053			175 761 053			175 761 053	预收款项	139 285 002			139 285 002		600 000	139 885 002
其他应收款	86 277 945			86 277 945			86 277 945	应付职工薪酬	127 612 008			127 612 008			127 612 008
存货	906 443 638		1 000 000	905 443 638			905 443 638	应交税费	33 269 712			33 269 712			33 269 712
一年内到期的非流动资产								其他应付款	292697898			292697898			292697898
其他流动资产								一年内到期的非流动负债	15 000 000			15 000 000			15 000 000
债权投资	9 000 000			9 000 000			9 000 000	其他流动负债	6 000 000			6 000 000			6 000 000
长期应收款								长期借款	2 100 000 000			2 100 000 000			2 100 000 000
长期股权投资	322 748 624			322 748 624			322 748 624	应付债券							
固定资产	2 721 961 307	1 000 000		2 722 961 307			2 722 961 307	长期应付款	3 036 491			3 036 491			3 036 491
在建工程	15 545 850			15 545 850			15 545 850	预计负债							
使用权资产								递延所得税负债							
无形资产								其他非流动负债	3 867 000			3 867 000			3 867 000
开发支出								股本	1 028 577 558			1 028 577 558			1 028 577 558
商誉								资本公积	256 263 931			256 263 931			256 263 931
长期待摊费用								减：库存股							
递延所得税资产								盈余公积	211 637 656			211 637 656			211 637 656
其他非流动资产								未分配利润	−249 969 562			−249 969 562			−249 969 562
合　计	6 032 709 192	1 000 000	1 000 000	6 032 709 192	600 000		6 033 309 192	合　计	6 032 709 192			6 032 709 192		600 000	6 033 309 192

表9-5 **利润表试算平衡表工作底稿**

客户：林胜公司　　编制：张明　　日期：2022年3月5日　　索引号：LRBSSPH

会计期间：2021年度　　复核：付民　　日期：2022年3月5日　　页次：1/1

项　目	审计前金额（元）	调整金额（元）		审定金额（元）
		借方	贷方	
一、营业收入	8 159 901 445			8 159 901 445
减：营业成本	5 591 415 534			5 591 415 534
税金及附加	483 270 780			483 270 780
销售费用	1 216 403 249		1 200 000	1 215 203 249
管理费用	222 402 303	1 200 000		223 602 303
财务费用	378 411 812			378 411 812
加：投资收益（损失以“-”号填列）	15 750 537			15 750 537
公允价值变动收益（损失以“-”号填列）	—			—
资产减值损失	—			—
二、营业利润（亏损以“-”号填列）	283 748 304			283 748 304
加：营业外收入	7 638 176			7 638 176
减：营业外支出	112 268 452			112 268 452
三、利润总额（亏损总额以“-”号填列）	179 118 028			179 118 028
减：所得税费用	54 829 696			54 829 696
四、净利润（净亏损以“-”号填列）	124 288 332			124 288 332
五、其他综合收益的税后净额（略）				
（一）不能重分类进损益的其他综合收益				
（二）将重分类进损益的其他综合收益				
六、综合收益总额（略）				
七、每股收益（略）：				
（一）基本每股收益				
（二）稀释每股收益				

9.4 与林胜公司治理层沟通

治理层对被审计单位的战略方向以及管理层履行经营管理责任负有监督责任。依据

《中国注册会计师审计准则第1151号——与治理层的沟通》的要求，注册会计师应当就与财务报表审计相关且根据职业判断认为与治理层责任相关的重大事项以适当的方式及时与被审计单位治理层进行沟通。注册会计师与治理层沟通的主要目的是：①就注册会计师与财务报表审计相关的责任、计划的审计范围和时间安排的总体情况，与治理层进行清晰的沟通；②向治理层获取与审计相关的信息；③及时向治理层通报审计中发现的与治理层监督财务报告过程的责任相关的重大事项；④推动注册会计师和治理层之间有效的双向沟通。

注册会计师应当就审计工作中发现的问题与治理层直接沟通下列事项：

（1）注册会计师应当与治理层沟通注册会计师与财务报表审计相关的责任，包括：注册会计师负责对管理层在治理层监督下编制的财务报表形成和发表意见；财务报表审计并不减轻管理层或治理层的责任。

（2）注册会计师应当与治理层沟通计划的审计范围和时间安排的总体情况，包括识别出的特别风险。

（3）注册会计师应当与治理层沟通审计中发现的下列事项：注册会计师对被审计单位会计实务（包括会计政策、会计估计和财务报表披露）重大方面的质量的看法，在适当的情况下，注册会计师应当向治理层解释为何某项在适用的财务报告编制基础下可以接受的重大会计实务，并不一定最适合被审计单位的具体情况；审计工作中遇到的重大困难；已与管理层讨论或需要书面沟通的审计中出现的重大事项，以及注册会计师要求提供的书面声明，除非治理层全部成员参与管理被审计单位；影响审计报告形式和内容的情形（如有）；审计中出现的、根据职业判断认为与监督财务报告过程相关的所有其他重大事项。

（4）如果被审计单位是上市实体，注册会计师还应当与治理层沟通下列内容：就审计项目组成员、会计师事务所其他相关人员以及会计师事务所和网络事务所按照相关职业道德要求保持了独立性作出声明；根据职业判断，注册会计师认为会计师事务所、网络事务所与被审计单位之间存在的可能影响独立性的所有关系和其他事项，包括会计师事务所和网络事务所在财务报表涵盖期间为被审计单位和受被审计单位控制的组成部分提供审计、非审计服务的收费总额，这些收费应当分配到适当的业务类型中，以帮助治理层评估这些服务对注册会计师独立性的影响；为消除对独立性的不利影响或将其降至可接受的水平，已经采取的相关防范措施。

在审计前期已经进行沟通的基础上，希冀会计师事务所于2022年3月2日与林胜公司治理层就审计中发现的需要调整的事项进行再次沟通，林胜公司同意注册会计师的全部调整建议。

9.5 撰写审计总结并核对审计工作完成情况

9.5.1 撰写审计总结

在完成审计外勤工作后，审计项目经理应当对审计工作底稿进行全面复核，组织工作总结会，并在此基础上撰写审计总结，概括地说明审计计划的执行情况以及审计目标是否实现。

审计总结一般包括以下内容：

（1）公司简介，阐述被审计单位的背景信息及重大会计政策的变更情况等。

（2）审计概况，主要阐述审计过程、审计计划的执行情况（包括所采用的审计方法、审计计划执行偏差及其原因等）、审计的总体评价（包括不符事项的调整或未调整的理由）、审计前后主要财务指标及应引起部门经理和主任会计师注意的重大事项（包括关联交易、财务承诺、资产负债表日后事项等）。

（3）审计中发现的主要问题和建议以及审计差异的汇总。

（4）关键审计事项及应对程序。

（5）审计结论，说明拟出具的审计报告的意见类型及对被审计单位经营管理的评价与建议。

项目经理张明在对审计工作底稿进行全面复核的基础上撰写了审计总结。

林胜股份有限公司2021年度财务报表审计总结

我们接受委托，对林胜股份有限公司2021年12月31日的资产负债表及2021年度利润表、现金流量表、所有者权益变动表和财务报表附注进行审计，并于2022年3月16日出具标准无保留意见的审计报告。

一、林胜股份有限公司的基本情况

林胜股份有限公司在1998年经国有企业改制后上市，是当前中国比较领先的化学制药企业之一。该公司目前生产抗生素与半合成抗生素、生物技术药物、农兽药、淀粉糖维生素、制剂共5个系列的400多个品种，主要产品在国内市场占有较大的份额，其中青霉素、维生素B12等品种的产销量位居世界前列，抗生素的规模和生产技术在国内均处于领先地位。公司建立了7 000平方米的质量检测中心，检测手段先进，有效地控制了各个环节的生产质量。该公司自上市以来，备受投资者青睐，市场表现稳健。

二、审计业务范围

根据与委托人签订的业务委托书内容（索引号：YA3），本次审计需要：

1.出具审计报告。

2.审计范围按约定书执行，审计范围未扩大、未受到限制。

三、独立性

1.项目组成员在形式上、实质上均独立于审计客户，没有任何关联关系。

2.项目组成员已全部在独立性声明书中签字（索引号：Z4-1）。

3.取得被审计单位治理层（董事会或审计委员会）与注册会计师就年度审计进行的沟通记录中涉及独立性的书面确认（索引号：Z4）。

四、评估的财务报表层次的重大错报风险及总体应对措施

公司财务报表层次的重大错报风险评估为低水平，认定层次的重大错报风险主要存在于销售与收款循环领域、生产与仓储领域、募投资金使用领域，涉及的财务报表项目为营业收入、应收账款、营业成本、存货、销售费用、在建工程、固定资产等。

基于审慎性考虑，决定采取以下总体应对措施，包括：（1）人员的适当分派和督导；（2）在选择进一步审计程序的性质、时间和范围时，注意使某些程序不为被审计单位预见或事先了解。

五、评估的特别风险及应对措施

经评估，未发现公司存在特别风险，特定事项中或有事项、期后事项、环境事项、关联交易事项均存在，但均较简单，业务少，内部控制严格，我们认为公司特别风险较小，但基于审慎性考虑，仍决定选派适当人员对上述事项实施较全面的审计程序。

六、审计计划的执行情况

在审计过程中及结束后，我们对初步风险评估结果满意，审计计划编制和执行得比较谨慎，未修改审计计划。

七、确定的重要审计领域的执行情况

1.函证情况

（1）银行发函及回函情况：银行询证函100%发函并100%回函。

（2）往来询证函：

①截至2022年2月25日，应收账款发函率95%，回函率88 %，替代测试金额占总额的19%；应付账款发函率35%，回函率91%，替代测试金额占总额的24%，检查及函证确认金额占总额的57%。

②其他往来金额较小，未发函。

2.盘点

2022年2月21日去现场对存货与固定资产进行抽盘，并与仓库账面、财务账面进行核对，参加盘点的人员在盘点过程中很认真，盘点结果可以信赖。

3.重点科目的审计情况

（1）收入、成本：

在审计过程中，我们通过分析复核、截止测试、抽查会计凭证等程序并结合应收账款、应付账款的函证和存货的盘点，对林胜股份有限公司收入、成本确认的完整性、准确性和真实性获取了审计证据。

报告期内，营业收入为8 159 901 445元，同比增长20.16%。营业收入较快增长的主要原因是：随着国际市场的逐步恢复，海外市场销售较上年实现大幅度增长，海外市场销售收入同比增加30.20%；同时，国内销售收入也实现了一定幅度的增长。

本年度随着原材料价格的逐步推高，公司产品成本逐步升高，比上年增长32.36%。

（2）在建工程、固定资产、无形资产：

在审计过程中，我们通过分析复核、实地盘点、检查合同、抽查凭证等并结合预付账款、应付账款函证、工程物资审计对林胜股份有限公司的在建工程、固定资产、无形资产等进行了详细审计，以确认其完整性、准确性、存在。

4.期后事项、或有事项、对外担保的审查情况

在审计中，我们执行了以下程序以识别期后事项，并考虑对财务报表和附注的影响：

（1）2022年2月14日，取得被审计单位及其所有关联方的贷款卡号，审计人员到公司贷款银行查询上述单位的全部与银行往来的余额、发生额、担保、被担保、欠息、垫款、不良负债等信息，并打印了有记录的信息，以核对表内外有关信息，并检查有无

需要披露的期后事项。经检查发现公司的两处房产仍存在抵押情况，经询问公司并取得银行的函件，是因为未办理注销手续，房产证尚在银行存放，但抵押事项已解除。

（2）与企业律师发函沟通，未发现诉讼、纠纷或其他或有事项、担保事项。在审计过程中，我们取得了为林胜股份有限公司服务的律师事务所及律师出具的函件，证明公司在审计截止日不存在法律诉讼等或有事项（索引号：S3-2-1）。

（3）2022年2月25日，询问管理层，除利润分配事项外尚无其他期后事项。

八、基于持续经营假设的考虑

在执行持续经营能力的审计程序后，结合对林胜公司生产经营能力、产品市场占有率、现金流量的分析、潜在风险等因素以及被审计单位董事会对未来的经营判断，发现被审计单位的持续经营假设没有异常（索引号：S2）。

九、关键审计事项及其应对程序

在审计中识别出的关键审计事项为收入的确认。

1.事项描述

如林胜公司合并财务报表附注五（三十六）所述，2021年度的营业收入为主要来源于医药工业产品的生产销售、医药批发配送业务以及医药零售业务。因为收入是林胜公司的关键绩效指标之一，而当中涉及因收入计入错误的会计期间或遭到操控而产生固有风险，所以我们把收入的确认作为关键审计事项。

2.审计应对程序

我们执行的主要审计程序如下：

（1）了解行业政策和环境变动，评价林胜公司的收入变动是否合理。

（2）测试有关收入循环的关键内部控制的设计和执行，以确认内部控制的有效性；获取林胜公司与客户签订的协议，对合同关键条款进行核实，如发货及签收、付款及结算、换货及退货政策、服务提供等。

（3）检查林胜公司与客户的购货订单、发货单据、运输单据、记账凭证、回款单据等资料、向客户函证款项余额、当期销售额及对外销售数量；通过查询主要客户的工商资料，询问林胜公司相关人员，以确认客户与林胜公司是否存在关联关系。

（4）通过了解重大客户的变动情况，了解双方的合同执行情况、终端销售情况等，以确认是否存在货物虽存放于客户但产品仍由林胜公司控制的情况。

（5）对主要客户进行实地走访，在走访过程中，对主要客户的主要管理人员进行访谈，现场查看客户的经营场所，取得客户的主要经营资质及关联关系确认函等资料。

（6）对收入执行分析性程序，将收入数据与非财务信息核对，对收入变动及毛利率变动等进行分析。

（7）选取重大样本，核对从商品的发出到客户签收的单据相关时间节点，以评估收入是否在恰当的期间确认，是否存在跨期问题。

十、审计结论

综合以上分析判断，我们认为：

1.按照中国注册会计师审计准则的规定执行审计工作，我们的审计范围未受到限制。

2.财务报表在所有重大方面符合企业会计准则的规定，公允地反映了林胜股份有限公司2021年12月31日的财务状况以及2021年度的经营成果和现金流量。

3.可以出具标准无保留意见审计报告。

十一、提请下年度审计关注事项

1.市场变化以及疫情防控对下年度的影响；

2.合同的签署与管理问题。

林胜股份有限公司2021年年报审计小组

希冀会计师事务所有限责任公司

2022年3月15日

9.5.2 审计工作完成情况核对

在最终出具审计报告前，基于谨慎性原则，要对整个审计工作的完成情况进行逐项核对，只有在获取充分、适当的审计证据的基础上才可以得出审计结论。此环节形成的审计工作底稿见表9-6。

表9-6 **审计工作完成情况核对表**

被审计单位：林胜公司　编制：张明　日期：2022年3月15日　索引号：HDB

财务报表截止日/期间：2021年度　复核：付民　日期：2022年3月15日　页次：1/1

审计工作	是/否/不适用	备注	索引号
1.是否执行了业务承接或保持的相关程序？	是		
2.是否签订了审计业务约定书？	是		
3.是否制定了总体审计策略？	是		
4.在审计计划的制订过程中，是否了解了被审计单位及其环境并评估了重大错报风险，包括舞弊风险、IT环境调查和评价？	是		
5.是否召开了项目组会议？	是		
6.审计计划是否经适当人员批准？	是		
7.是否与被审计单位就审计计划进行了沟通？	是		
8.计划的审计程序是否已得到较好执行，对计划的修改是否已得到记录？	是		
9.是否已获取所有必要的来自银行、律师、债权人、债务人、持有存货的第三方等外部机构的询证函回函或确认函？	是		
10.对于所有重要的实物资产是否均已实施监盘？	是		
11.当涉及利用IT专家及其他注册会计师的工作时，对其工作结果是否满意？	不适用		
12.计划执行的各项审计程序是否全部执行完毕，对于未能执行的审计程序是否实施了替代审计程序？	是		
13.审计范围是否受到限制？	否		

续表

审计工作	是/否/不适用	备注	索引号
14.计划确定的重大错报风险（包括舞弊导致的重大错报风险）是否恰当？	是		
15.是否恰当应对了在审计过程中识别的舞弊导致的重大错报风险？	是		
16.是否审查了期后事项并考虑其对财务报表的影响？	是		
17.是否审查了或有事项并考虑其对财务报表的影响？	不适用		
18.是否审查了关联方及关联方交易并考虑其对财务报表的影响？	是		
19.是否审查了对被审计单位持续经营能力具有重大影响的事项？	是		
20.是否及时查阅了与已审计财务报表相关的其他信息，并充分考虑了其他信息对已审计财务报表的影响？	是		
21.是否已就审计中发现的重大错报及其他对财务报表产生重大影响的重大事项与适当层次的管理层或治理层沟通？	是		
22.是否在审计结束时或临近结束时对财务报表进行了总体复核？	是		
23.是否召开了项目组会议，并确定了建议调整事项和试算平衡表草表？	是		
24.是否编制了重大事项概要，所有重大事项是否均已得到满意解决？	是		
25.是否与被审计单位召开总结会，就建议调整事项进行了沟通，形成总结会会议纪要，并经被审计单位确认？	是		
26.是否与被审计单位治理层讨论了有关事务所的客观性和独立性的重要事项？	是		
27.是否与被审计单位治理层讨论了有关业务委托、审计计划、审计中发现的重要问题等事项？	是		
28.是否获取了被审计单位对所有调整事项的确认？	是		
29.是否累计了所有未更正错报，包括错误和推断差异，并评估了未更正错报对财务报表的影响？	是		
30.未更正错报汇总表是否经被审计单位确认？	不适用		
31.董事会或管理层是否接受了已审计财务报表？	是		
32.项目负责经理是否复核了工作底稿？	是		
33.项目合伙人是否复核了工作底稿？	是		
34.是否已取得经签署的管理层声明书原件，并确定其签署日期与审计报告日期一致？	是		
35.是否完成了审计总结？	是		

9.6 确定审计意见类型并出具审计报告

通过对审计工作底稿进行复核并对审计结果进行评价，林胜股份有限公司2021年度财务报表符合出具无保留意见审计报告的条件。

无保留意见审计报告应当包括下列要素：（1）标题；（2）收件人；（3）审计意见；（4）形成审计意见的基础；（5）管理层对财务报表的责任；（6）注册会计师对财务报表审计的责任；（7）按照相关法律法规的要求报告的事项（如适用）；（8）注册会计师的签名和盖章；（9）会计师事务所的名称、地址和盖章；（10）报告日期。

在适用的情况下，注册会计师还应当按照《中国注册会计师审计准则第1324号——持续经营》《中国注册会计师审计准则第1504号——在审计报告中沟通关键审计事项》《中国注册会计师审计准则第1521号——注册会计师对其他信息的责任》的相关规定，在审计报告中对与持续经营相关的重大不确定性、关键审计事项、被审计单位年度报告中包含的除财务报表和审计报告之外的其他信息进行报告。

其中，审计报告的收件人是指注册会计师按照业务约定书的要求致送审计报告的对象，一般是指审计业务的委托人。审计报告应当按照审计业务的约定载明收件人的全称。注册会计师应当与委托人在业务约定书中约定致送审计报告的对象，以防止在此问题上发生分歧或审计报告被委托人滥用。针对整套通用目的财务报表出具的审计报告，审计报告的致送对象通常为被审计单位的股东或治理层。

审计意见由两部分构成。

第一部分指出已审计财务报表，应当包括下列方面：指出被审计单位的名称；说明财务报表已经审计；指出构成整套财务报表的每一财务报表的名称；提及财务报表附注；指明构成整套财务报表的每一财务报表的日期或涵盖的期间。

第二部分应当说明注册会计师发表的审计意见。如果对财务报表发表无保留意见，除非法律法规另有规定，审计意见应当使用“我们认为，后附的财务报表在所有重大方面按照［适用的财务报告编制基础（如企业会计准则等）］的规定编制，公允反映了［……］”的措辞。审计意见说明财务报表在所有重大方面按照适用的财务报告编制基础编制，公允反映了财务报表旨在反映的事项。例如，对于按照企业会计准则编制的财务报表，这些事项是“被审计单位期末的财务状况、截至期末某一期间的经营成果和现金流量”。

审计报告应当包含标题为“形成审计意见的基础”的部分。该部分提供关于审计意见的重要背景，应当紧接在审计意见部分之后，并包括下列方面：（1）说明注册会计师按照审计准则的规定执行了审计工作；（2）提及审计报告中用于描述审计准则规定的注册会计师责任的部分；（3）声明注册会计师按照与审计相关的职业道德要求独立于对被审计单位，并履行了职业道德方面的其他责任，声明中应当指明适用的职业道德要求，如中国注册会计师职业道德守则；（4）说明注册会计师是否相信获取的审计证据是充分、适当的，为发表审计意见提供了基础。

审计报告应当包含标题为“管理层对财务报表的责任”的部分。该部分应当说明管理层负责下列方面：(1) 按照适用的财务报告编制基础的规定编制财务报表，使其实现公允反映，并设计、执行和维护必要的内部控制，以使财务报表不存在由于舞弊或错误导致的重大错报；(2) 评估被审计单位的持续经营能力和使用持续经营假设是否适当，并披露与持续经营相关的事项（如适用），对管理层评估责任的说明应当包括描述在何种情况下使用持续经营假设是适当的。

审计报告应当包含标题为“注册会计师对财务报表审计的责任”的部分。该部分应当包括下列内容：

(1) 说明注册会计师的目标是对财务报表整体是否不存在由于舞弊或错误导致的重大错报获取合理保证，并出具包含审计意见的审计报告。

(2) 说明合理保证是高水平的保证，但并不能保证按照审计准则执行的审计在某一重大错报存在时总能发现。

(3) 说明错报可能由于舞弊或错误导致。当说明错报可能由于舞弊或错误导致时，注册会计师应当从下列两种做法中选取一种：①描述如果合理预期错报单独或汇总起来可能影响财务报表使用者依据财务报表作出的经济决策，则通常认为错报是重大的；②根据适用的财务报告编制基础，提供关于重要性的定义或描述。

(4) 说明在按照审计准则执行审计工作的过程中，注册会计师运用职业判断，并保持职业怀疑。

(5) 通过说明注册会计师的责任，对审计工作进行描述。这些责任包括：①识别和评估由于舞弊或错误导致的财务报表重大错报风险，设计和实施审计程序以应对这些风险，并获取充分、适当的审计证据，作为发表审计意见的基础。由于舞弊可能涉及串通、伪造、故意遗漏、虚假陈述或凌驾于内部控制之上，因此，注册会计师未能发现由于舞弊导致的重大错报的风险高于未能发现由于错误导致的重大错报的风险。②了解与审计相关的内部控制，以设计恰当的审计程序，但目的并非对内部控制的有效性发表意见。当注册会计师有责任在财务报表审计的同时对内部控制的有效性发表意见时，应当略去上述“目的并非对内部控制的有效性发表意见”的表述。③评价管理层选用会计政策的恰当性和作出会计估计及相关披露的合理性。④对管理层使用持续经营假设的恰当性得出结论。同时，根据获取的审计证据，就可能导致对被审计单位持续经营能力产生重大疑虑的事项或情况是否存在重大不确定性得出结论。如果注册会计师得出结论认为存在重大不确定性，审计准则要求注册会计师在审计报告中提请报表使用者关注财务报表中的相关披露；如果披露不充分，注册会计师应当发表非无保留意见。注册会计师的结论基于截至审计报告日可获得的信息。然而，未来的事项或情况可能导致被审计单位不能持续经营。⑤评价财务报表的总体列报（包括披露）、结构和内容，并评价财务报表是否公允反映相关交易和事项。

(6) 说明注册会计师与治理层就计划的审计范围、时间安排和重大审计发现等事项进行沟通，包括沟通注册会计师在审计中识别的值得关注的内部控制缺陷。

(7) 对于上市实体财务报表审计，指出注册会计师就已遵守与独立性相关的职业道德要求向治理层提供声明，并与治理层沟通可能被合理认为影响注册会计师独立性的所有关系和其他事项，以及相关的防范措施（如适用）。

（8）对于上市实体财务报表审计，以及决定按照《中国注册会计师审计准则第1504号——在审计报告中沟通关键审计事项》的规定沟通关键审计事项的其他情况，说明注册会计师从与治理层沟通过的事项中确定哪些事项对本期财务报表审计最为重要，因而构成关键审计事项。注册会计师应当在审计报告中描述这些事项，除非法律法规禁止公开披露这些事项，或在极少数情形下，注册会计师合理预期在审计报告中沟通某事项造成的负面后果超过在公众利益方面产生的益处，因而确定不应在审计报告中沟通该事项。

通过对林胜股份有限公司的审计，注册会计师认为该公司的财务报表在所有重大方面按照企业会计准则的规定编制，公允反映了林胜公司2021年12月31日的财务状况、2021年度的经营成果和现金流量；在按照中国注册会计师审计准则的规定计划和执行审计工作的过程中没有受到限制。符合出具标准无保留意见审计报告的条件。

林胜股份有限公司2021年度财务报表审计报告列示如下：

审计报告

林胜股份有限公司全体股东：

（一）审计意见

我们审计了林胜股份有限公司（以下简称“林胜公司”）财务报表，包括2021年12月31日的资产负债表，2021年度的利润表、现金流量表、股东权益变动表以及相关财务报表附注。

我们认为，后附的财务报表在所有重大方面按照企业会计准则的规定编制，公允反映了林胜公司2021年12月31日的财务状况以及2021年度的经营成果和现金流量。

（二）形成审计意见的基础

我们按照中国注册会计师审计准则的规定执行了审计工作。审计报告的“注册会计师对财务报表审计的责任”部分进一步阐述了我们在这些准则下的责任。按照中国注册会计师职业道德守则，我们独立于林胜公司，并履行了职业道德方面的其他责任。我们相信，我们获取的审计证据是充分、适当的，为发表审计意见提供了基础。

（三）关键审计事项

关键审计事项是我们根据职业判断，认为对本期财务报表审计最为重要的事项。这些事项的应对以对财务报表整体进行审计并形成意见为背景，我们不对这些事项单独发表意见。

我们在审计中识别出的关键审计事项如下：

1.事项描述

如林胜公司合并财务报表附注五（三十六）所述，2021年度的营业收入为主要来源于医药工业产品的生产销售、医药批发配送业务以及医药零售业务。因为收入是林胜公司的关键绩效指标之一，而当中涉及因收入计入错误的会计期间或遭到操控而产生固有风险，所以我们把收入的确认作为关键审计事项。

2.审计应对程序

我们执行的主要审计程序如下：

（1）了解行业政策和环境变动，评价林胜公司的收入变动是否合理。

（2）测试有关收入循环的关键内部控制的设计和执行，以确认内部控制的有效性；获取林胜公司与客户签订的协议，对合同关键条款进行核实，如发货及签收、付款及结算、换货及退货政策、服务提供等。

（3）检查林胜公司与客户的购货订单、发货单据、运输单据、记账凭证、回款单据等资料、向客户函证款项余额、当期销售额及对外销售数量；通过查询主要客户的工商资料，询问林胜公司相关人员，以确认客户与林胜公司是否存在关联关系。

（4）通过了解重大客户的变动情况，了解双方的合同执行情况、终端销售情况等，以确认是否存在货物虽存放于客户但产品仍由林胜公司控制的情况。

（5）对主要客户进行实地走访，在走访过程中，对主要客户的主要管理人员进行访谈，现场查看客户的经营场所，取得客户的主要经营资质及关联关系确认函等资料。

（6）对收入执行分析性程序，将收入数据与非财务信息核对，对收入变动及毛利率变动等进行分析。

（7）选取重大样本，核对从商品的发出到客户签收的单据相关时间节点，以评估收入是否在恰当的期间确认，是否存在跨期问题。

（四）管理层和治理层对财务报表的责任

林胜公司管理层负责按照企业会计准则的规定编制财务报表，使其实现公允反映，并设计、执行和维护必要的内部控制，以使财务报表不存在由于舞弊或错误导致的重大错报。

当编制财务报表时，管理层负责评估林胜公司的持续经营能力，披露与持续经营相关的事项，并运用持续经营假设，除非管理层计划清算林胜公司、终止运营或别无其他现实的选择。

治理层负责监督林胜公司的财务报告过程。

（五）注册会计师对财务报表审计的责任

我们的目标是对财务报表整体是否不存在由于舞弊或错误导致的重大错报获取合理保证，并出具包含审计意见的审计报告。合理保证是高水平的保证，但并不能保证按照审计准则执行的审计在某一重大错报存在时总能发现。错报可能由于舞弊或错误导致，如果合理预期错报单独或汇总起来可能影响财务报表使用者依据财务报表作出的经济决策，则通常认为错报是重大的。

在按照审计准则执行审计的过程中，我们运用职业判断，并保持职业怀疑。同时，我们也执行以下工作：

（1）识别和评估由于舞弊或错误导致的财务报表重大错报风险；设计和实施审计程序以应对这些风险，并获取充分、适当的审计证据，作为发表审计意见的基础。由于舞弊可能涉及串通、伪造、故意遗漏、虚假陈述或凌驾于内部控制之上，因此，注册会计师未能发现由于舞弊导致的重大错报的风险高于未能发现由于错误导致的重大错报的风险。

（2）了解与审计相关的内部控制，以设计恰当的审计程序，但目的并非对内部控制的有效性发表意见。

(3) 评价管理层选用会计政策的恰当性和作出会计估计及相关披露的合理性。

(4) 对管理层使用持续经营假设的恰当性得出结论。同时，根据获取的审计证据，就可能导致对林胜公司持续经营能力产生重大疑虑的事项或情况是否存在重大不确定性得出结论。如果我们得出结论认为存在重大不确定性，审计准则要求我们在审计报告中提请报表使用者注意财务报表中的相关披露；如果披露不充分，我们应当发表非无保留意见。我们的结论基于截至审计报告日可获得的信息。然而，未来的事项或情况可能导致林胜公司不能持续经营。

(5) 评价财务报表的总体列报（包括披露）、结构和内容，并评价财务报表是否公允反映相关交易和事项。

我们与治理层就计划的审计范围、时间安排和重大审计发现等事项进行沟通，包括沟通我们在审计中识别出的值得关注的内部控制缺陷。

我们还就已遵守关于独立性相关的职业道德要求向治理层提供声明，并与治理层沟通可能被合理认为影响我们独立性的所有关系和其他事项，以及相关的防范措施。

从与治理层沟通过的事项中，我们确定哪些事项对本期财务报表审计最为重要，因而构成关键审计事项。我们在审计报告中描述这些事项，除非法律法规禁止公开披露这些事项，或在极少数情形下，如果合理预期在审计报告中沟通某事项造成的负面后果超过在公众利益方面产生的益处，我们确定不应在审计报告中沟通该事项。

希冀会计师事务所（盖章）　　　　中国注册会计师：张明（签名并盖章）

中国注册会计师：李丽（签名并盖章）

中国·申州　　　　2022年3月16日

关键概念

与被审计单位沟通　审计差异调整表　试算平衡表　审计意见　审计报告　关键审计事项

本章小结

本章以林胜公司2021年度财务报表审计过程中编制审计报告阶段的事项为例，全面描述了获取管理层声明书和律师声明书、编制审计差异调整表和试算平衡表、与治理层沟通、撰写审计总结并核对审计工作完成情况、确定审计意见类型、与林胜公司沟通关键审计事项并出具审计报告、总结审计工作的全过程。

课程思政

全面总结审计工作、出具高质量审计报告的过程所引发的思考。

思政目标：通过专业思维培养与专业精神领悟，教育引导学生深刻理解并自觉实践审计的职业精神和职业规范，增强职业责任感、职业自豪感，培养遵纪守法、爱岗敬业、无私奉献、诚实守信、公道办事、开拓创新的职业品格和行为习惯。尤其是使学生树立正确的劳动观点和劳动态度，热爱劳动，养成劳动习惯，能直接决定着学生的劳动精神面貌、劳动价值取向和劳动技能水平。

练习题

1.林峰会计师事务所的注册会计师王益满担任多家被审计单位2021年度财务报表审计的项目合伙人，遇到下列导致出具非无保留意见审计报告的事项：

（1）晴空公司为林峰会计师事务所2021年度承接的新客户。前任注册会计师由于未就2020年12月31日的存货余额获取充分、适当的审计证据，对晴空公司2020年度的财务报表发表了保留意见。

（2）2021年10月，上市公司无云公司因涉嫌信息披露违规被证券监管机构立案稽查。截至审计报告日，尚无稽查结论。管理层在财务报表附注中披露了上述事项。

（3）严热公司管理层对固定资产实施减值测试，按照未来现金流量现值与固定资产账面净值的差额确认了重大减值损失。管理层无法提供相关信息以支持现金流量预测中假设的未来5年的营业收入，审计项目组也无法进行估计。

（4）2022年2月，旺丰公司由于生产活动产生严重污染，被当地政府部门责令无限期停业整改。截至审计报告日，管理层的整改计划尚待董事会批准。管理层按照持续经营假设编制了2021年度的财务报表，并在财务报表附注中披露了上述情况。审计项目组认为管理层运用持续经营假设符合旺丰公司的具体情况。

（5）旺雨公司自2021年9月起停止经营活动，董事会拟于2022年清算旺雨公司。2021年12月31日，旺雨公司的账面资产余额主要为货币资金、其他应收款以及办公家具等固定资产，账面负债余额主要为其他应付款和应付职工薪酬。管理层认为，如采用持续经营编制基础，对上述资产和负债的计量并无重大影响，因此，仍以持续经营假设编制旺雨公司2021年度的财务报表，并在财务报表附注中披露了清算计划。

要求：针对上述第（1）至（5）项，假定不考虑其他条件，逐项指出注册会计师王益满应当出具何种类型的审计报告，并简要说明理由。

2.林峰会计师事务所的注册会计师王益全是清凉公司2021年度财务报表审计项目合伙人。清凉公司2020年度财务报表由林慧会计师事务所实施审计并因存货项目存在重大错报被发表了保留意见。其他相关情况如下：

（1）注册会计师王益全对清凉公司2021年年末的存货实施审计后，据此调节得出的存货期初余额与2021年度财务报表列报的对应数据存在重大差异，管理层拒绝调整。注册会计师王益全认为该事项对财务报表的影响无法确定，应出具无法表示意见审计报告。

（2）清凉公司存货跌价准备的计提存在特别风险，注册会计师王益全与治理层进行了沟通，并在审计过程中进行了重点关注。由于导致特别风险的事项不影响审计意见类型，因此，注册会计师王益全认为不必在审计报告中反映。

（3）清凉公司管理层将2021年年初实现的营业收入提前在2020年确认，2020年度财务报表尚未更正，也未重新出具审计报告，但对应数据已在2021年度财务报表中得到适当重述。注册会计师王益全认为该事项对财务报表没有重大影响，可以不在审计报告中反映。

（4）通过对清凉公司2021年年末的存货实施监盘和计价审计程序，注册会计师王益全确信2021年年末的存货余额不存在重大错报，据此认为上期期末存货错报的事项在本期已经解决，不必在审计报告中反映。

（5）清凉公司在编制2021年度财务报表时运用的持续经营假设合理，但存在重大不确定性。虽然清凉公司已进行适当披露，但注册会计师王益全仍拟在审计报告中增加强调事项段予以说明。

（6）注册会计师王益全拟在审计报告的“关键审计事项”部分声明独立于被审计单位，并履行了职业道德方面的其他责任。

要求：针对上述第（1）至（6）项，假定不考虑其他条件，逐项指出注册会计师王益全的做法是否恰当；如不恰当，提出改进建议。

3.明律公司系公开发行A股的上市实体，北京诚言会计师事务所的注册会计师A担任明律公司2021年度财务报表审计的项目经理，B为主任会计师，他们在汇总各审计人员的审计工作底稿时，有下列事项尚未处理：

（1）2021年1月1日，明律公司分别借入三年期专门借款1 000万元（年利率6%）和两年期专门借款2 000万元（年利率8%）用于扩建生产大楼。工程自2021年7月1日开始，购入工程物资1 170万元，领用该工程物资600万元，同时用借款支付工程费用60万元。注册会计师在审计该借款利息时，全年合计计提利息共220万元，全部计入在建工程。

（2）2021年5月，明律公司购买价格为30万元的生产部门用轿车1辆并入账，当月启用，但当年未计提折旧（公司采用平均年限法核算固定资产折旧，该类固定资产预计使用年限为5年，预计净残值率为2%）。

（3）2021年12月28日，明律公司销售商品50万元，成本为35万元，收到1个月的银行承兑汇票一张，发票、提货单已交付购货方，会计部门未予入账，由于该商品仍在仓库中，因此已记入期末存货盘点表中（不考虑增值税问题）。

（4）明律公司于2021年12月10日支付了180万元的下年度广告费，已计入当期的期间费用。

（5）明律公司2021年12月31日未审计的资产负债表反映的应收款项项目中“应收账款”科目的借方余额为100 000万元，“坏账准备”科目的贷方余额为100万元。另外，经审计发现，应收账款明细账中记录了一笔应收账款，贷方余额15 000万元（明律公司根据债务人的信用情况决定采用备抵法核算坏账，坏账准备按应收账款期末余额的5%计提，明律公司尚未对应收账款计算并计提相应的坏账准备）。

（6）2021年6月30日，鉴于更为先进的技术被采用，经明律公司董事会决议批准，决定将甲设备的使用年限由10年缩短至6年，预计净残值为0，仍采用年限平均法计提折旧。甲设备系2019年12月购入，并于当月投入公司管理部门使用，入账价值为10 500万元；购入时预计使用年限为10年，预计净残值为500万元。该公司本年度未对该设备进行账务处理。

（7）明律公司于2021年10月向B公司出售一项专利权，该专利权的账面余额为100万元，已计提减值准备10万元，售价为120万元，应交增值税6万元，明律公司的会计处理如下：

借：银行存款	1 200 000	
无形资产减值准备	100 000	
贷：无形资产		1 000 000
应交税费——应交增值税		60 000
其他业务收入		240 000

（8）2021年12月22日，明律公司被华清公司指控侵犯了其专利权，要求明律公司赔偿损失500万元。法院已经受理，但尚未审理。明律公司的法律顾问认为，明律公司很可能败诉，估计可能赔偿450万元。明律公司对此未进行处理。

假定注册会计师在审计计划中确定明律公司2021年度财务报表层次的重要性水平为150万元；未审利润总额为5 000万元；注册会计师于2022年2月28日完成审计工作，并于当日同明律公司管理层正式签署了2021年度财务报表。

要求：

（1）如果不考虑重要性水平，针对上述事项，请分别回答注册会计师是否需要提出审计调整建议；若需提出审计调整建议，请直接列示审计调整分录（不考虑错报对当期所得税费用、期末损益结转和利润分配的影响）。

（2）如果考虑审计重要性水平，假定明律公司分别只存在上述事项中的（1）、（4）、（5）、（7）和（8），并且被审计单位均不同意注册会计师提出的审计调整建议（如果有），在不考虑其他条件的前提下，请分别指出针对上述每个事项，注册会计师应出具何种类型的审计报告，并简要说明理由。

（3）假定明律公司不同意接受注册会计师提出的对事项（5）和事项（8）的审计调整建议，但接受其他调整建议，请判断注册会计师应该出具何种类型的审计报告。

主要参考文献

[1] 比斯利，巴克利斯，格洛弗，等．审计案例：一种互动学习方法［M］．张立民，等译．5版．北京：北京大学出版社，2013．

[2] 高雅青，李三喜，于维言．审计整合框架与操作案例分析［M］．北京：中国市场出版社，2018．

[3] 李晓慧，孙龙渊．审计案例与实训［M］．3版．北京：中国人民大学出版社，2022．

[4] 李晓慧．审计学：原理与案例［M］．3版．北京：中国人民大学出版社，2020．

[5] 刘华．审计案例［M］．上海：上海财经大学出版社，2013．

[6] 刘华．审计理论与案例［M］．上海：复旦大学出版社，2005．

[7] 刘静．审计案例与模拟实验［M］．北京：经济科学出版社，2007．

[8] 刘明辉．高级审计理论与实务［M］．大连：东北财经大学出版社，2006．

[9] 纳普．审计案例［M］．池国华，等译．11版．大连：东北财经大学出版社，2020．

[10] 纳普．审计案例［M］．刘颖，译．9版．大连：东北财经大学出版社，2014．

[11] 企业内部控制编审委员会．企业内部控制配套指引解读与案例分析［M］．上海：立信会计出版社，2010．

[12] 孙含晖，王苏颖，阎歌．让数字说话：审计，就这么简单［M］．北京：机械工业出版社，2016．

[13] 夏灿华，张笑，皮军华．会计舞弊审计实务与案例分析［M］．长沙：湖南人民出版社，2016．

[14] 颜晓燕，朱清贞，陈福庭．注册会计师审计经典案例教程［M］．2版．北京：清华大学出版社，2017．

[15] 杨罡．财务报表审计案例分析［M］．2版．上海：立信会计出版社，2018．

[16] 杨琪．审计学：原理与案例［M］．2版．大连：东北财经大学出版社，2021．

[17] 杨志国．风险导向审计方法与案例［M］．2版．北京：中国财政经济出版社，2017．

[18] 张景山．审计案例精析——揭开财报背后的秘密［M］．北京：中国市场出版社，2015．

[19] 致同会计师事务所（特殊普通合伙）专业技术部．新审计报告准则解读及上市公司审计报告案例解析［M］．北京：经济科学出版社，2018．

[20] 中国注册会计师协会．中国注册会计师执业准则应用指南2017（套装上下册）［M］．北京：中国财政经济出版社，2017．

[21] 中国注册会计师协会．审计［M］．北京：中国财政经济出版社，2022．

[22] 朱锦余．审计案例分析与实训［M］．北京：高等教育出版社，2021．